Basic & Essential Chinese Expression
즉석에서 바로바로 활용하는
토론 & 인터뷰
중국어표현
완전정복

즉석에서 바로바로 활용하는
토론&인터뷰 중국어표현 완전정복

저 자 이원준
발행인 고본화
발 행 반석출판사
2016년 5월 1일 초판 1쇄 인쇄
2016년 5월 5일 초판 1쇄 발행
홈페이지 www.bansok.co.kr
이메일 bansok@bansok.co.kr
블로그 blog.naver.com/bansokbooks

157-779 서울시 강서구 양천로 583번지 B동 904호
(서울시 강서구 염창동 240-21번지 우림블루나인 비즈니스센터 B동 904호)
대표전화 02) 2093-3399 **팩 스** 02) 2093-3393
출 판 부 02) 2093-3395 **영업부** 02) 2093-3396
등록번호 제315-2008-000033호

ISBN 978-89-7172-799-7(13720)

즉석에서 바로바로 활용하는

토론&인터뷰
중국어표현
완전정복

Bansok

　우리나라 사람들이 중국어 회화를 하는 단계를 살펴보면 [교재로 공부하면서 따라 하기] → [우리나라 사람들끼리 서툴지만 프리토킹 해보기] → [최종적으로 원어민과의 대화하기]가 일반적인 순서일 것입니다. 결국 원어민에게 모르는 것도 물어보고 발음도 세련되게 바로잡고 다양한 표현도 익혀야 하는데 막상 그들 앞에 서면 평소에 잘 알고 있던 기본 동사조차 떠오르지 않습니다.

　그래서 필요한 것이 표현 사전입니다. 온갖 상황에 따른 대화 표현이 잘 정리되어 있는 표현 사전을 가지고 다니면서 하고 싶은 말을 미리 찾다보면 의외로 머릿속에 오래 남습니다. 표현 사전은 깊은 학문을 연구하는 책이 아니며 극히 실용적인 책일 수밖에 없습니다. 따라서 관련 표현을 찾아보기 편리해야 합니다. 특히 일정한 표현에 얽매이기보다는 다양한 표현을 익힘으로써 특정 상황에서 자유자재로 활용할 수 있다면 금상첨화입니다.

　중국권 국가에서 태어나거나 어린 시절을 거기에서 보낸 적이 없는 사람은 현지인과 똑같이 회화를 구사할 수는 없습니다. 목표를 너무 높게 두지 말고 우리가 전달하고 싶은 의미를 오류 없이 전달할 수 있는 수준이면 충분합니다.

　이 책을 볼 때는 중국어 부분을 가리고 우리말만 보고 중국어 문장을 추측해보는 훈련이 필요합니다. 이런 식으로 이 책을 소화한다면 기본적인 표현들을 머릿속에서 자유자재로 꺼내어 쓸 수 있습니다.

　그리고 읽고 쓸 줄 알아도 듣기가 약하다면 반문맹입니다. 우리나라 중국어 학습자들이 청취가 근본적으로 약한 이유는 어려운 단어가 나왔을 때 원어민이 알아듣지 못하는, 그야말로 한국식으로 발음하여 단어와 어구를 대충 넘기기 때문입니다. 자기식대로 발음하는 것을 방지하고 청취를 정복하려면 반드시 원어민이 녹음한 mp3파일을 들으면서 반복 학습해야 합니다.

중국어를 정복하는 데는 엄청난 시간과 돈과 노력(time, money and effort)이 필요합니다. 인재를 채용하는 데 중국어 시험을 요구하는 것은 비단 현대 사회가 중국어 회화 능력만을 필요로 하기 때문은 아닙니다. 중국어 실력뿐 아니라 중국어를 정복하기 위해 반드시 필요한 장시간의 노력, 인내 등을 동시에 평가할 수 있기 때문입니다.

독자 여러분, 인생은 어차피 혼자 개척해 가야 하는 외로운 길입니다. 앞으로 큰 성취를 이루시길 바라며 인생의 교훈이 되는 경구를 전합니다. – 사람의 일생은 무거운 짐을 지고 먼 길을 가는 것과 같으니 서두르지 말지어다.

이원준

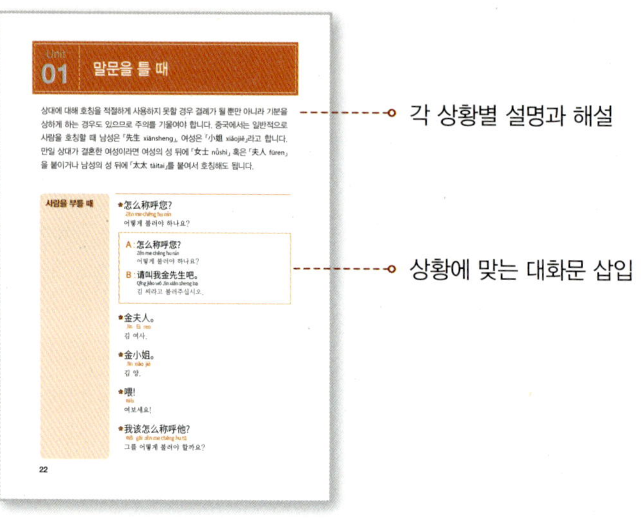

각 상황별 설명과 해설

상황에 맞는 대화문 삽입

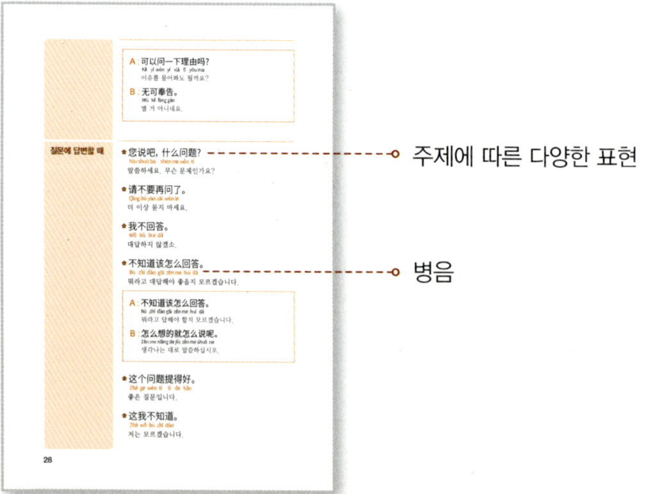

주제에 따른 다양한 표현

병음

중국어 회화를 정복하기 위해서는 자나 깨나 중국어로 생각하고 중국어에 미쳐야 한다. 본사에서 제시하는 효율적인 중국어 회화 학습방법은 다음과 같다.

1. 소설책처럼 틈만 나면 읽어보자.

이 책을 자주 접하다보면 자기가 필요한 부분을 재빠르게 찾을 수 있고 문장 암기에도 효과적이다. 자투리 시간을 이용하여 틈틈이 읽는다면 책이 너덜거리기 전에 이미 이 책이 필요 없어질 것이다.

2. 언제 어디서나 휴대하자.

이 책은 휴대가 간편한 포켓북 사이즈이다. 주머니에 넣고 다니면서 언제 어디서나 가벼운 마음으로 펼쳐보자. 전철이나 열차나 버스 안에서 자투리 시간을 이용하면 더 효과적이다.

3. 우리말만 보고 중국어를 추측해보자.

책갈피를 이용하여 중국어 부분을 가리고 우리말만 보고 중국어 문장을 추측해보는 훈련이 필요하다. 이런 식으로 소리 내어 읽는 연습을 겸한다면 외국인 앞에서 상당한 자신감을 유지할 수 있을 것이다.

4. 머릿속에서 중국어 문장을 만들어보자.

평소에 머릿속에서 중국어 문장을 의식적으로 만들어보자. 이런 훈련을 꾸준히 하다보면 라이팅, 스피킹 실력이 자신도 모르는 사이에 크게 향상된다. 자신이 생각했던 표현을 매일 글로 정리하는 것도 많은 도움이 된다.

5. 원어민과 접촉하는 기회를 자주 갖자.

새로 들은 표현은 꼭 메모하여 본 책에서 그 표현을 찾아보자. 하지만 책에서 열 번 읽는 것보다는 원어민과의 직접 대화가 훨씬 효과적이다.

:: 목차

Part 02   **Business Expression | 비즈니스 표현**

Part 03   Basic Expression | 기본 표현

Part **01**

Expression of Conversation
대화 표현

말문을 틀 때

상대에 대해 호칭을 적절하게 사용하지 못할 경우 결례가 될 뿐만 아니라 기분을 상하게 하는 경우도 있으므로 주의를 기울여야 합니다. 중국에서는 일반적으로 사람을 호칭할 때 남성은 「先生 xiānsheng」, 여성은 「小姐 xiǎojiě」라고 합니다. 만일 상대가 결혼한 여성이라면 여성의 성 뒤에 「女士 nǚshì」 혹은 「夫人 fūren」을 붙이거나 남성의 성 뒤에 「太太 tàitai」를 붙여서 호칭해도 됩니다.

사람을 부를 때

❋ **怎么称呼您?**
Zěn me chēng hu nín
어떻게 불러야 하나요?

A : **怎么称呼您?**
Zěn me chēng hu nín
어떻게 불러야 하나요?

B : **请叫我金先生吧。**
Qǐng jiào wǒ Jīn xiān sheng ba
김 씨라고 불러주십시오.

❋ **金夫人。**
Jīn fū ren
김 여사.

❋ **金小姐。**
Jīn xiǎo jiě
김 양.

❋ **喂!**
Wèi
여보세요!

❋ **我该怎么称呼他?**
Wǒ gāi zěn me chēng hu tā
그를 어떻게 불러야 할까요?

✽ **女士们先生们!**
Nǚ shì men xiān sheng men
신사 숙녀 여러분!

✽ **诸位!**
Zhū wèi
여러분!

✽ **爸爸! / 父亲!**
Bà ba / Fù qīn
아빠! / 아버지!

✽ **妈妈! / 母亲!**
Mā ma / Mǔ qīn
엄마! / 어머니!

✽ **大夫!**
Dài fu
의사 선생님!

✽ **教授先生!**
Jiào shòu xiān sheng
교수님!

✽ **那边那人!**
Nà biān nà rén
거기 너!

말을 걸 때

✽ **我能跟你谈谈吗?**
Wǒ néng gēn nǐ tán tan ma
이야기 좀 할 수 있을까요?

A : **我能跟你谈谈吗?**
Wǒ néng gēn nǐ tán tan ma
이야기 좀 할 수 있을까요?

B : **不急的话，一会儿下班以后行吗?**
Bù jí de huà yí huìr xià bān yǐ hòu xíng ma
급하지 않다면, 조금 있다가 퇴근 후에 해도 괜찮겠습니까?

❋ **我想跟你说个事。**
Wǒ xiǎng gēn nǐ shuō ge shì
말씀드릴 게 좀 있습니다.

❋ **请问，你有时间吗?**
Qǐngwèn　nǐ yǒu shí jiān ma
시간 좀 있으세요?

❋ **我有话跟你说。**
Wǒ yǒu huà gēn nǐ shuō
드릴 말씀이 있는데요.

❋ **想跟你谈谈，可以吗?**
Xiǎng gēn nǐ tán tan　kě yǐ ma
잠깐 이야기를 나누고 싶은데요.

❋ **有件事，我想跟你说。**
Yǒu jiàn shì　wǒ xiǎng gēn nǐ shuō
당신에게 할 이야기가 좀 있습니다.

❋ **我们俩谈谈?**
Wǒ men liǎ tán tan
잠깐 이야기 좀 할까요?

❋ **想跟你聊一聊**
Xiǎng gēn nǐ liáo yi liáo
할 이야기가 좀 있습니다.

❋ **我想跟你谈谈，只要一会儿就行。**
Wǒ xiǎng gēn nǐ tán tan　zhǐ yào yí　huìr jiù xíng
잠깐만 이야기하면 됩니다.

❋ **您正说着呢，我想打断一下可以吗?**
Nín zhèng shuō zhe ne wǒ xiǎng dǎ duàn yí xià kě yǐ ma
말씀 중에 잠깐 실례하겠습니다.

❋ **对不起，打断一下。**
Duì bu qǐ　dǎ duàn yí xià
말씀 도중에 죄송합니다.

A : 对不起, 打断一下。你说的王总是谁?
　　Duì bu qǐ　　dǎ duàn yí xià　　Nǐ shuō de WángZǒng shì shéi
　　말씀 도중에 죄송합니다. 말씀하신 왕쫑은 누구입니까?

B : 王总是杨总的同学。他们两家公司关 系 十分密切。
　　Wáng Zǒng shì Yáng Zǒng de tóng xué. Tā men liǎng jiā gōng sī guān xi shí fēn mì qiè
　　왕쫑은 양쫑의 동창생입니다. 그들 두 회사 관계는 매우 밀접합니다.

❊ 您这是跟我说呢吗?
　　Nín zhè shì gēn wǒ shuō ne ma
　　저에게 말씀하시는 겁니까?

❊ 人家正谈话呢, 你别打岔。
　　Rén jia zhèng tán huà ne　　nǐ bié dǎ chà
　　말하는 중이니까 끼어 들지 마세요.

A : 人家正谈话呢, 你别打岔。
　　Rén jia zhèng tán huà ne　　nǐ bié dǎ chà
　　말하는 중이니까 끼어 들지 마세요.

B : 没关系。他着急就让他先说。
　　Méi guān xi　　Tā zháo jí jiù ràng tā xiān shuō
　　상관없습니다. 그가 급하니까 먼저 말하게 하세요.

용건을 물을 때

❊ 您想谈什么?
　　Nín xiǎng tán shén me
　　무슨 이야기를 하고 싶으세요?

❊ 你到底想说什么?
　　Nǐ dào dǐ xiǎng shuō shén me
　　무슨 말을 하고 싶으신 거죠?

❊ 你是不是有话跟我说?
　　Nǐ shì bú shì yǒu huà gēn wǒ shuō
　　나한테 뭔가 할 이야기가 있어요?

❊ 当然了, 什么事啊?
　　Dāng rán le　　shén me shì a
　　물론이죠. 무슨 일이죠?

질문

낯선 곳에서 모르는 사람에게 뭔가를 물을 때는 「请问一下 Qǐng wèn yí xià(말 좀 물읍시다)」라고 합니다. 또한 의문점이 생기면 사용되는 말은 묻는 주제에 따라서 표현법이 다릅니다. 이유를 물을 때는 「为什么 wèishénme」, 방법을 물을 때는 「怎么 zěnme」, 정도를 물을 때는 「多么 duōme」, 때를 물을 때는 「什么时候 shénmeshíhou」, 방향이나 장소를 물을 때는 「哪儿 nǎr」 등을 쓰는데, 우리말의 육하원칙이 여기에 해당합니다.

질문할 때

✱ 请问一下。
Qǐng wèn yí xià
말 좀 물읍시다.

✱ 我有个问题。
Wǒ yǒu gè wèn tí
질문 하나 있습니다.

✱ 可以问一个私人问题吗?
Kě yǐ wèn yí gè sī rén wèn tí ma
사적인 질문을 하나 해도 되겠습니까?

✱ 下面我问几个具体问题。
Xià mian wǒ wèn jǐ gè jù tǐ wèn tí
구체적인 질문 몇 가지를 드리겠습니다.

✱ 我有许多问题向您请教。
Wǒ yǒu xǔ duō wèn tí xiàng nín qǐng jiào
당신에게 질문할 것이 많습니다.

A : 我有许多问题向您请教。
Wǒ yǒu xǔ duō wèn tí xiàng nín qǐng jiào
당신에게 질문할 것이 많습니다.

B : 别客气。请讲。
Bié kè qi　Qǐng jiǎng
어려워하지 말고, 말씀하세요.

✽ **那是用什么做的?**
Nà shì yòng shén me zuò de
그건 무엇으로 만드셨어요?

✽ **请问这个中文怎么说?**
Qǐng wèn zhè ge Zhōng wén zěn me shuō
이것은 중국어로 뭐라고 하죠?

✽ **请问这个词怎么发音?**
Qǐng wèn zhè ge cí zěn me fā yīn
이 단어를 어떻게 발음하죠?

✽ **不知应该问哪位?**
Bù zhī yīng gāi wèn nǎ wèi
누구한테 물어봐야 되죠?

✽ **那是用在什么地方的?**
Nà shì yòng zài shén me dì fang de
그건 어디에 쓰는 거죠?

✽ **请听好我的提问。**
Qǐng tīng hǎo wǒ de tí wèn
질문을 잘 들으세요.

✽ **你不知道吗?**
Nǐ bù zhī dào ma
모르시겠어요?

✽ **请说出答案。**
Qǐng shuō chū dá àn
답을 말해 보세요.

✽ **请您回答我的问题。**
Qǐng nín huí dá wǒ de wèn tí
제 질문에 답해 주세요.

✽ **到底为什么呢?**
Dào dǐ wèi shén me ne
도대체 이유가 뭡니까?

✽ **可以问一下理由吗?**
Kě yǐ wèn yí xià lǐ yóu ma
이유를 물어봐도 될까요?

질문에 답변할 때

✱ 您说吧，什么问题?
Nín shuō ba　shén me wèn tí
말씀하세요. 무슨 문제인가요?

✱ 请不要再问了。
Qǐng bú yào zài wèn le
더 이상 묻지 마세요.

✱ 我不回答。
Wǒ bù huí dá
대답하지 않겠소.

✱ 不知道该怎么回答。
Bù zhī dào gāi zěn me huí dá
뭐라고 대답해야 좋을지 모르겠습니다.

A : 不知道该怎么回答。
Bù zhī dào gāi zěn me huí dá
뭐라고 답해야 할지 모르겠습니다.

B : 怎么想的就怎么说呢。
Zěn me xiǎng de jiù zěn me shuō ne
생각나는 대로 말씀하십시오.

✱ 这个问题提得好。
Zhè ge wèn tí tí de hǎo
좋은 질문입니다.

✱ 这我不知道。
Zhè wǒ bù zhī dào
저는 모르겠습니다.

* 我上哪儿知道去呢?
Wǒ shàng nǎr zhī dào qù ne
제가 이걸 어떻게 알겠어요?

때를 물을 때

* 什么时候走?
Shén me shí hou zǒu
언제 가세요?

* 你什么时候到那儿的?
Nǐ shén me shí hou dào nàr de
언제 거기에 갔어요?

* 你什么时候最方便?
Nǐ shén me shí hou zuì fāng biàn
언제가 가장 편하세요?

A : 你什么时候最方便?
Nǐ shén me shí hou zuì fāng biàn
가장 편한 시간이 언제입니까?

B : 看你了，我无所谓，什么时候都可以。
Kàn nǐ le wǒ wú suǒ wèi shén me shí hou dōu kě yǐ
편한대로 하세요. 상관없습니다. 아무 때나 좋습니다.

장소를 물을 때

* 你住在哪里?
Nǐ zhù zài nǎ li
어디에 살고 있습니까?

* 这里是哪儿?
Zhè li shì nǎr
여기가 어디야?

* 你昨天在哪儿来着?
Nǐ zuó tiān zài nǎr lái zhe
어제 어디에 있었니?

* 你是什么地方的人?
Nǐ shì shén me dì fang de rén
어디 출신입니까?

상대의 질문에 전적으로 동의할 때는 「完全 wánquán, 很 hěn, 真 zhēn」 등을 사용하여 강조할 수 있습니다. 반면, 부정과 반대를 나타낼 때에는 「不 bù, 没 méi, 没有 méiyǒu」라는 부정어구가 들어가게 되는데, 「不」는 의지를 나타내며 앞으로 일어날 일에 대한 부정을 할 때 사용되고, 「没」는 과거의 일에 대한 부정과 소유에 대한 부정을 나타냅니다.

긍정적으로 대답할 때

❉ 是。/ 对。
Shì　Duì
예. / 맞아요.

❉ 是的。/ 是啊。
Shì de　Shì a
그렇습니다.

❉ 当然了。
Dāng rán le
당연합니다.

❉ 真的。
Zhēn de
정말입니다.

❉ 不。
Bù
아니오.

❉ 不，不是。
Bù　bú shì
아니오, 그렇지 않습니다.

❉ 好。
Hǎo
좋습니다.

✱ **可以，可以。**
Kě yǐ   kě yǐ
좋고 말고요.

✱ **我也是。**
Wǒ yě shì
저도 그래요.

✱ **对，不错。**
Duì   bú cuò
네, 맞아요.

✱ **那好。**
Nà hǎo
그거 잘됐군요.

✱ **好极了。**
Hǎo jí le
매우 좋아요.

✱ **也行。**
Yě xíng
그래도 돼요.

✱ **也可以。**
Yě kě yǐ
역시 좋아요.

✱ **没意见。**
Méi yì jiàn
옳아요.(의의 없어요).

A : **你看咱们先去医院看看赵晓兰，然后再去逛商店怎么样？**
Nǐ kàn zán men xiān qù yī yuàn kàn kan Zhào Xiǎo lán   rán hòu zài qù guàng shāng diàn zěn me yàng
우리 우선 병원에 가서 자오샤오란을 보고난 후에 쇼핑가는 게 어떨까요?

B : **没意见，就这么定了。**
Méi yì jiàn   jiù zhè me dìng le
좋아요, 그렇게 해요.

好主意!
Hǎo zhǔ yi
좋은 생각이야!

随你的便。
Suí nǐ de biàn
당신 마음대로 하세요.

那没办法。
Nà méi bàn fǎ
그럼 하는 수 없지.

太过分了。
Tài guò fen le
너무 과분합니다.

我记住了。
Wǒ jì zhù le
명심할게요.

真是这样。
Zhēn shi zhè yàng
정말 그래요.

别胡说。
Bié hú shuō
헛소리 마.

哪里哪里，您过奖了。
Nǎ li nǎ li   nín guò jiǎng le
천만에요. 과찬이십니다.

绝对不是。
Jué duì bú shì
절대 아니에요.

不会吧。
Bú huì ba
그럴 리가 없어.

**불확실하게
대답할 때**

* **绝对不行。**
  Jué duì bù xíng
  절대 안 돼.

* **也许你说得不错。**
  Yě xǔ nǐ shuō de bú cuò
  당신 말이 맞을걸요.

* **那也不错。**
  Nà yě bú cuò
  그것도 괜찮네요.

* **也算是吧。**
  Yě suàn shi ba
  그렇다고 할 수 있지.

* **那好像不对。**
  Nà hǎo xiàng bú duì
  그건 옳지 않은 것 같네요.

맞장구

대화의 흐름을 원활하게 하기 위한 방법의 하나는 맞장구를 잘 치는 일입니다. 이것은 상대방에게 자기의 이야기를 잘 듣고 있다는 신뢰감을 줄 수 있기 때문입니다. 우리말의 「그래 맞아, 그렇구나」의 중국어 표현은 「你说的对 Nǐ shōu de duì, 就是 Jiù shì」 등을 들 수 있습니다. 맞장구는 상대방의 말에 동의하는 경우가 많지만, 되물을 때도 쓸 수 있습니다. 「是吗 Shì ma?, 真的 Zhēn de?」는 부정의 의미를, 「嗯 èng」은 긍정도 부정도 아닌 의미를 나타냅니다.

확실하게 맞장구칠 때

❋ 是的。
Shì de
맞아요. / 그래요.

❋ 对。
Duì
맞아요.

❋ 对了, 对了。
Duì le   duì le
맞습니다, 맞고요.

❋ 好了。
Hǎo le
됐습니다.

❋ 知道了。
Zhī dào le
알겠어요.

❋ 当然。
Dāng rán
당연합니다.

❋ 那不错嘛。
Nà bú cuò ma
그거 괜찮은데요.

✽ **啊，原来是这样。**
Ā　yuán lái　shì zhè yàng
아, 그랬군요.

> A : **他在韩国生活过，他太太是韩国人，所以**
>   **他韩国情况比较熟悉。**
> Tā　zài Hán guó shēng huó guo tā tài tai shì Hán guó rén　suǒ yǐ
> tā　Hán guó qíng kuàng bǐ jiào shú xī
> 그는 한국에서 생활한 적이 있어요. 그의 부인이 한국
> 인이어서 한국 상황에 비교적 익숙합니다.
>
> B : **啊，原来是这样。**
> Ā　yuán lái shì zhè yàng
> 아, 어쩐지.

✽ **真了不起!**
Zhēn liǎo bu qǐ
대단하시네요!

✽ **那还用说。**
Nà　hái yòng shuō
두말하면 잔소리지.

**애매하게
맞장구칠 때**

✽ **真的吗?**
Zhēn de ma
정말이세요?

✽ **真好。**
Zhēn hǎo
정말 좋습니다.

✽ **是吗?**
Shì ma
그렇습니까?

✽ **也许是那样的吧。**
Yě　xǔ shì nà yàng de　ba
그럴지도 모르지요.

＊啊，你这么说才想起来。
Ā nǐ zhè me shuō cái xiǎng qǐ lái
아, 그렇게 말씀하시니까 생각이 나는군요.

＊也许你说得不错。
Yě xǔ nǐ shuō de bú cuò
아마 당신 말이 맞을 거예요.

＊好的。
Hǎo de
좋아요.

＊可以。
Kě yǐ
좋아요. / 괜찮아요.

＊可不是吗。
Kě bú shì ma
그렇고 말고요. / 물론이죠.

＊行。
Xíng
좋아요. / 괜찮아요.

＊是啊。
Shì a
예, 그렇습니다.

＊这话有道理。
Zhè huà yǒu dào li
당신 말이 맞아요.

> A : 这次我们做一些让步，建立起关系来说
> 不定我们今后发展有好处。
> Zhè cì wǒ men zuò yì xiē ràng bù jiàn lì qǐ guān xi lái shuō
> bú dìng wǒ men jīn hòu fā zhǎn yǒu hǎo chu
>
> 이번에 우리가 약간 양보를 하면, 좋은 관계를 맺게
> 되어 반드시 나중에 좋은 점이 있을 것입니다.
>
> B : 这话有道理。
> Zhè huà yǒu dào li
> 당신 말이 맞네요.

* 你的话很对。
  Nǐ de huà hěn duì
  맞는 말이에요.

* 你的话对极了。
  Nǐ de huà duì jí le
  지당하신 말씀이에요.

* 你说得对极了。
  Nǐ shuō de duì jí le
  당신 말이 지극히 옳아요.

부정의 맞장구

* 不行。
  Bù xíng
  안 돼요.

* 我觉得不对。
  Wǒ jué de bú duì
  그렇지 않은 것 같아요.

* 不会。
  Bú huì
  그럴리가요.

* 我看不对。
  Wǒ kàn bú duì
  틀린 것 같아요.

* 恐怕不是那样。
  Kǒng pà bú shì nà yàng
  그렇지 않을 거예요.

* 不能。
  Bù néng
  그럴 리가 없어요.

* 那不好办。
  Nà bù hǎo bàn
  그건 하기 힘들겠어요.

✱ **我看不必了。**
Wǒ kàn bú bì le
그렇게 하지 않아도 될 것 같아요.

> A : **要不要我再去她解释一下儿?**
> Yào bú yào wǒ zài qù tā jiě shì yí xiàr
> 내가 다시 가서 그녀에게 해명할까요?
>
> B : **我看不必了。**
> Wǒ kàn bú bì le
> 그러실 필요까지는 없어요.

✱ **那可不行。**
Nà kě bù xíng
그건 안 됩니다.

✱ **哪儿的话呢。**
Nǎr   de huà ne
천만의 말씀입니다.

✱ **绝对不行。**
Jué duì bù xíng
절대 안 돼요.

✱ **明白了。**
Míng bai le
알겠습니다.

✱ **这恐怕比较难。**
Zhè kǒng pà bǐ jiào nán
어려울 듯합니다.

Unit 05 | 되물음

대화를 할 때 자신의 말을 우선하다 보면 상대의 말에 소홀해지기 마련입니다. 원활한 대화의 기술은 상대의 말을 잘 듣는 것이 무엇보다도 중요합니다. 더구나 우리말이 아닌 중국어로 대화를 하다보면 언어나 문화의 차이로 인해 의사소통에 장애를 느끼는 경우가 많습니다. 상대의 말을 알아듣지 못해 다시 한번 말해달라고 요구할 때는 「请你再说一遍 Qǐng nǐ zài shuō yí biàn」이라고 하면 됩니다.

잘 알아듣지 못했을 때

＊ **对不起，听不清楚。**
Duì bu qǐ tīng bù qīng chu
죄송하지만, 잘 못 들었어요.

＊ **请给我解释一下吧？**
Qǐng gěi wǒ jiě shì yí xià ba
설명 좀 해주시겠습니까?

＊ **全然不知道是什么意思。**
Quán rán bù zhī dào shì shén me yì si
무슨 말인지 전혀 모르겠어요.

＊ **一点儿摸不着头绪。**
Yì diǎnr mō bu zháo tóu xù
도무지 감이 잡히질 않습니다.

＊ **我听不出来要旨。**
Wǒ tīng bu chū lái yào zhǐ
요지가 뭔지 알아듣지 못하겠어요.

되물을 때

＊ **什么？**
Shén me
뭐라고?

＊ **说什么来着？**
Shuō shén me lái zhe
뭐라고 했지?

* **你刚才说什么?**
  Nǐ gāng cái shuō shén me
  방금 뭐라고 말씀하셨죠?

* **你说什么?**
  Nǐ shuō shén me
  뭐라고요?

**다시 한번 말해
달라고 할 때**

* **你能再说一遍吗?**
  Nǐ néng zài shuō yí biàn ma
  다시 말씀해 주시겠어요?

* **请你再说一遍。**
  Qǐng nǐ zài shuō yí biàn
  다시 한번 말씀해 주십시오.

* **不好意思, 请再说一遍。**
  Bù hǎo yì si qǐng zài shuō yí biàn
  미안하지만, 다시 말씀해 주십시오.

* **我听不清楚, 请再说一遍, 好吗?**
  Wǒ tīng bù qīng chu qǐng zài shuō yí biàn hǎo ma
  잘 못 들었어요. 다시 한번 말씀해 주시겠어요?

* **你刚才说什么, 能再说一遍吗?**
  Nǐ gāng cái shuō shén me néng zài shuō yí biàn ma
  방금 뭐라고 했죠, 다시 한번 말해줄래요?

* **麻烦你, 能说得更详细一点吗?**
  Má fan nǐ néng shuō de gèng xiáng xì yì diǎn ma
  죄송한데요, 좀더 자세히 말씀해 주시겠습니까?

Unit 06 확답을 피할 때

상대가 모처럼 어렵게 부탁이나 제안을 했는데 즉석에서 바로 거절하게 된다면
무례하게 비칠 뿐만 아니라 상대방도 민망하기 짝이 없을 것입니다. 여기서는
즉석에서 답을 피하는 표현을 배우도록 합시다. 중국어에서 확답을 피할 때에는
가정을 나타내는 「想 xiǎng, 好像 hǎo xiàng」 등의 표현이 쓰입니다. 「~모르겠다」
라는 의미로 「不知道 bù zhī dào」가 많이 사용됩니다.

확답을 피할 때

✽ 也许不会吧!
Yě xǔ bú huì ba
아마 아닐 거예요.

A : 如果我再给他加些钱，他会不会留下来呢?
Rú guǒ wǒ zài gěi tā jiā xiē qián　tā huì bú huì liú xià lái ne
만약 내가 그에게 돈을 더 준다면, 그가 머무르지 않
을까요?

B : 也许不会吧。他不是为钱才走的。
Yě xǔ bú huì ba　　Tā bú shì wèi qián cái zǒu de
아마 아닐 거예요. 그는 돈 때문에 가는 사람이 아니
거든요.

✽ 可能不是那样。
Kě néng bú shì nà yàng
그렇지는 않을 겁니다.

✽ 这我不知道。
Zhè wǒ bù zhī dào
저는 잘 모르겠습니다.

✽ 我也同样不知道。
Wǒ yě tóng yàng bù zhī dào
모르기는 저도 마찬가지입니다.

✽ 确切的我也不太清楚。
Què qiè de wǒ yě bú tài qīng chu
확실히는 잘 모르겠습니다.

❋ 我看不是那样。
Wǒ kàn bú shì nà yàng
전 그렇지 않다고 봅니다.

❋ 我不想回答。
Wǒ bù xiǎng huí dá
답변하고 싶지 않습니다.

❋ 是啊，这怎么讲呢？
Shì a zhè zěn me jiǎng ne
글쎄요, 뭐라고 말씀드려야 할지.

A : 这个决定是不是带些个人色彩？
Zhè ge jué dìng shì bú shì dài xiē ge rén sè cǎi
이 결정은 일부 사람들의 개인적인 경향을 갖고 있지 않습니까?

B : 是啊，这怎么讲呢？ 恐怕没那么简单吧。
Shì a zhè zěn me jiǎng ne Kǒng pà méi nà me jiǎn dān ba
글쎄요. 뭐라고 말씀드려야 할지. 아마 그렇게 간단하지 않을 것입니다.

❋ 下次再谈吧。
Xià cì zài tán ba
다음에 다시 얘기합시다.

❋ 那下次再继续聊吧。
Nà xià cì zài jì xù liáo ba
나중에 계속해서 이야기합시다.

❋ 真希望下次再有机会跟您聊。
Zhēn xī wàng xià cì zài yǒu jī huì gēn nín liáo
나중에 기회가 되면 당신과 얘기했으면 좋겠어요.

❋ 我改天再来拜访。
Wǒ gǎi tiān zài lái bài fǎng
나중에 다시 찾아뵙겠습니다.

Unit 07 | 이해와 확인

중국인과 대화를 하면서 잘 알아듣지 못했을 때 무작정 묻기보다는 미안하다는 표현인 「对不起 duìbuqǐ / 不好意思 bùhǎoyìsi」 등을 덧붙이면 더욱 정중하겠죠? 설명을 요구할 때에는 문장 앞이나 동사 앞에 정중한 표현인 「请 qǐng(~해 주십시오)」을 써주는 것이 좋습니다. 부분적인 설명을 요구할 때에는 해당 부분에 「什么 shénme」를 넣어서 물어 보면 됩니다.

이해를 확인할 때

❋ **你能理解吗?**
Nǐ néng lǐ jiě ma
이해하시겠어요?

❋ **你明白我说的话吗?**
Nǐ míng bai wǒ shuō de huà ma
제가 한 말을 알겠어요?

❋ **你理解我说的意思吗?**
Nǐ lǐ jiě wǒ shuō de yì si ma
제 말 뜻을 이해하시겠어요?

> A : **你理解我说的意思吗?**
> Nǐ lǐ jiě wǒ shuō de yì si ma
> 제 말 뜻을 이해하시겠어요?
>
> B : **理解，不过我不能赞同。**
> Lǐ jiě bú guò wǒ bù néng zàn tóng
> 이해합니다만, 저는 동의할 수 없습니다.

❋ **你能理解我说的这些话吗?**
Nǐ néng lǐ jiě wǒ shuō de zhè xiē huà ma
지금까지 제가 한 말을 이해하시겠어요?

❋ **我先帮您确认一下吧!**
Wǒ xiān bāng nín què rèn yí xià ba
먼저 확인 좀 할게요.

이해를 했을 때

❉ 我理解。
Wǒ lǐ jiě
이해했어요.

❉ 哦，明白了。
Ō míng bai le
아, 알겠습니다.

❉ 啊，我明白是什么意思了。
À wǒ míng bai shì shén me yì si le
아, 무슨 말씀인지 알겠습니다.

❉ 明白了。
Míng bai le
알겠군요.

❉ 可以理解。
Kě yǐ lǐ jiě
이해가 되는군요.

❉ 哇，这下我摸到头绪了。
Wā zhè xià wǒ mō dào tóu xù le
와, 그러니까 감이 잡히는군요.

❉ 我能够理解。
Wǒ néng gòu lǐ jiě
충분히 이해할 수 있어요.

❉ 我理解你的立场。
Wǒ lǐ jiě nǐ de lì chǎng
당신의 입장을 이해합니다.

이해를 못했을 때

❉ 我没法理解。
Wǒ méi fǎ lǐ jiě
이해가 안 됩니다.

✽ 我不知你讲的是什么。
Wǒ bù zhī nǐ jiǎng de shì shén me
무슨 말을 하는지 모르겠어요.

✽ 我理解不了你的话。
Wǒ lǐ jiě bu liǎo nǐ de huà
당신 말을 이해할 수 없습니다.

✽ 很难理解。
Hěn nán lǐ jiě
이해하기 어렵군요.

✽ 这点我无法理解。
Zhè diǎn wǒ wú fǎ lǐ jiě
그건 이해가 안 되는군요.

✽ 你不太明白吗?
Nǐ bú tài míng bai ma
이해가 잘 안 됩니까?

A : 你不太明白吗? 他这是在拍你马屁呢。
Nǐ bú tài míng bai ma   Tā zhè shì zài pāi nǐ mǎ pì ne
그래도 모르겠니? 그가 지금 네게 아부하는 거잖아.

B : 怎么会呢!
Zěn me huì ne
설마!

✽ 那真费解。
Nà zhēn fèi jiě
그걸 전혀 이해할 수 없군요.

✽ 怎么会呢!
Zěn me huì ne
설마!

✽ 难以置信!
Nán yǐ zhì xìn
믿을 수 없어!

대화의 연결과 진행

대화는 인격의 반영으로 우리의 삶을 원활하게도 하지만 잘못된 대화로 서로에게 상처를 주기도 하고 인간관계를 망치는 경우도 있습니다. 따라서 대화를 어떻게 하느냐 하는 것은 매우 중요한 일입니다. 상대방에게 뭔가 말을 하고 싶을 때는 「我说啊, Wǒ shuō a(있잖아요)」라고 조심스럽게 말을 꺼낸 다음 자신이 하고 싶은 질문이나 의견 등을 말하면 자연스럽게 대화가 이루어질 것입니다.

**말을 꺼내거나
주저할 때**

✽ 我说啊…
　Wǒ shuō a
　있잖아요…

✽ 你也知道…
　Nǐ yě zhī dào
　있잖아요(알다시피)…

✽ 让我想一想。
　Ràng wǒ xiǎng yi xiǎng
　생각 좀 해보고요.

✽ 要说嘛…
　Yào shuō ma
　말하자면…

✽ 真不知该从何说起。
　Zhēn bù zhī gāi cóng hé shuō qǐ
　어디서부터 말을 해야 할지 정말 모르겠군요.

A : 你是什么时候开始对他上心的?
　　Nǐ shì shén me shí hou kāi shǐ duì tā shàng xīn de
　　당신은 언제부터 그에게 관심이 있었습니까?

B : 嗯, 这个…。真不知该从何说起。
　　Ng zhè ge　　Zhēn bù zhī gái cóng hé shuō qǐ
　　음, 뭐랄까, 어디서부터 말을 해야 할지 정말 모르겠네요.

말이 막힐 때

✱ 嗯，这个…。
Ng　　zhè ge
음, 그게…

✱ 啊，我的意思是…。
Ā　　wǒ de yì si shì
글쎄, 제 말은…

✱ 其实是…。
Qí　shí shì
실은…

✱ 这不知道该怎么说…。
Zhè bù zhī dào gāi zěn me shuō
그걸 어떻게 말해야 될까요…

✱ 我说到哪儿啦？
Wǒ shuō dào　nǎr　 la
제가 어디까지 말했죠?

✱ 我们刚才说到哪儿了？
Wǒ men gāng cái shuō dào nǎr　 le
우리가 어디까지 이야기했죠?

말을 재촉할 때

✱ 你说说是谁干的。
Nǐ shuō shuo shì shéi gàn de
누가 그랬는지 말해 보세요.

✱ 那你说什么了？
Nà　nǐ shuo shén me le
그래서 당신은 뭐라고 했습니까?

A : 那你说什么了？
Nà　nǐ shuo shén me le
그래서 당신은 뭐라고 했습니까?

B : 我能说什么？默认了呗。
Wǒ néng shuō shén me Mò rèn le bei
제가 뭐라고 할 수 있겠습니까? 묵인하는 수 밖에요.

✽ 你想说什么就说吧。
Nǐ xiǎng shuō shén me jiù shuō ba
하고 싶은 말을 하세요.

✽ 您快讲。
Nín kuài jiǎng
빨리 말씀하세요.

✽ 告诉我，出了什么事?
Gào su wǒ chū le shén me shì
무슨 일이 생겼는지 말해 봐.

A : 告诉我，出了什么事?
Gào su wǒ chū le shén me shì
무슨 일이 생겼는지 말해 봐.

B : 因为台风，那个地区闹水灾了。他家房子
被冲塌了。
Yīn wèi tái fēng nà ge dì qū nào shuǐ zāi le   Tā jiā fáng zi
bèi chōng tā le
태풍 때문에, 그 지역에 홍수가 났어. 그 사람 집이
홍수로 무너졌어.

✽ 有什么想说的就说吧。
Yǒu shén me xiǎng shuō de jiù shuō ba
하시고 싶은 말씀이 있으면 하세요.

✽ 那你怎么说的?
Nà nǐ zěn me shuō de
그래서 당신은 뭐라고 했습니까?

간단히 말할 때

✽ 说简单一点。
Shuō jiǎn dān yì diǎn
간단히 말해!

✽ 请言归正传吧。
Qǐng yán guī zhèng zhuàn ba
본론을 말씀하세요.

✽ 你就直奔主题吧。
Nǐ jiù zhí bèn zhǔ tí ba
바로 요점을 말하세요.

48

✹ **假如讲要点的话…。**
Jiǎ rú jiǎng yào diǎn de huà
요점을 말씀드리자면…

화제를 바꿀 때

✹ **下面换一换话题。**
Xià mian huàn yi huàn huà tí
화제를 바꿉시다.

✹ **不要转换话题。**
Bú yào zhuǎn huàn huà tí
화제를 바꾸지 마세요.

✹ **你说的是另外一回事儿。**
Nǐ shuō de shì lìng wài yì huí shìr
그건 다른 이야기잖아요.

✹ **我取消刚才说的话。**
Wǒ qǔ xiāo gāng cái shuō de huà
제가 한 말을 취소하겠습니다.

말이 통할 때

✹ **你跟他怎么样? 谈得来吗?**
Nǐ gēn tā zěn me yàng Tán de lái ma
당신은 그와 어때요? 서로 통해요?

✹ **我们俩挺谈得来的。**
Wǒ men liǎ tǐng tán de lái de
저희 둘은 서로 말이 잘 통해요.

✹ **我想的跟你一样。**
Wǒ xiǎng de gēn nǐ yí yàng
당신과 같은 생각입니다.

> A : **咱们俩想到一块儿去了。**
> Zán men liǎ xiǎng dào yí kuàir qù le
> 당신과 같은 생각입니다.
>
> B : **英雄所见略同嘛?**
> Yīng xióng suǒ jiàn lüè tóng ma
> 훌륭한 사람의 생각은 대체로 같지 않습니까?

다른 사람에게 의견을 제시하거나 물어볼 때, 흔히 「〜怎么样 zěnmeyàng」을 많이 사용합니다. 이것은 「〜하면 어떨까요?」라고 상대방의 의중을 물어보는 표현입니다. 상대의 의견에 찬성할 때는 「请随便。Qǐng suíbiàn.(좋으실 대로 하십시오.)」라고 하고, 반대로 상대방의 의견에 부정할 때는 「我不那么认为。 Wǒ bù nà me rènwei.(저는 그렇게 생각하지 않습니다.)」라고 하면 됩니다.

의견을 물을 때

❋ **你觉得怎么样?**
Nǐ jué de zěn me yàng
당신 생각은 어때요?

A : **你觉得怎么样?**
Nǐ jué de zěn me yàng
당신 생각은 어때요?

B : **目前看，也只好如此了。**
Mù qián kàn   yě zhǐ hǎo rú cǐ le
지금으로서는 이렇게 하는 수 밖에 없지요.

❋ **你看怎么样?**
Nǐ kàn zěn me yàng
당신이 보기에 어때요?

❋ **你想怎么样?**
Nǐ xiǎng zěn me yàng
어떻게 생각해?

❋ **这样做怎么样?**
Zhè yàng zuò zěn me yàng
이렇게 하면 어떨까?

❋ **有没有什么好主意?**
Yǒu méi yǒu shén me hǎo zhǔ yi
무슨 좋은 생각이 있어요?

✽ **你认为怎么样?**
Nǐ rèn wéi zěn me yàng
어떻게 생각하세요?

✽ **那真是那样吗?**
Nà zhēn shi nà yàng ma
그게 정말 그런 거예요?

✽ **大家真的这么想吗?**
Dà jiā zhēn de zhè me xiǎng ma
다들 정말 그렇게 생각해요?

✽ **有什么办法?**
Yǒu shén me bàn fǎ
무슨 방법이 있어?

✽ **这样做合适吗?**
Zhè yàng zuò hé shì ma
이렇게 하는 게 맞을까?

✽ **你说, 能有那事吗?**
Nǐ shuō néng yǒu nà shì ma
그런 일이 있을 수 있는지 말해봐.

✽ **还要我怎么样?**
Hái yào wǒ zěn me yàng
뭘 더 어쩌란 말입니까?

✽ **你要是我, 你会怎么样?**
Nǐ yào shì wǒ nǐ huì zěn me yàng
당신이 나라면 어떻게 할 겁니까?

> A : **你要是我, 你会怎么样?**
> Nǐ yào shi wǒ nǐ huì zěn me yàng
> 당신이 나라면 어떻게 할 겁니까?
>
> B : **我可能会私了了。**
> Wǒ kě néng huì sī liǎo le
> 나는 아마도 당사자끼리 해결하라고 할 겁니다.

✽ **怎么可能?**
Zěn me kě néng
어떻게 가능해요?

✽ 是你做错了。
Shì nǐ zuò cuò le
당신은 일을 잘못 하셨네요.

✽ 这样做，就行吗?
Zhè yàng zuò jiù xíng ma
이렇게 하면 돼요?

✽ 我的感觉和你一样。
Wǒ de gǎn jué hé nǐ yí yàng
내 생각도 너와 똑같아.

A : 这个人不太地道，咱们赶紧摆脱他，走吧。
zhè ge rén bú tài dì dao zán men gǎn jǐn bǎi tuō tā zǒu ba
이 사람은 그다지 순수하지 못하니, 우리 어서 빨리
그에게서 벗어나자, 가자.

B : 我的感觉和你一样。
Wǒ de gǎn jué hé nǐ yí yàng
내 생각도 너와 똑같아.

✽ 随便吧。
Suí biàn ba
좋으실 대로 하십시오.

✽ 我保证。
Wǒ bǎo zhèng
제가 보증하지요.

✽ 你的话也有道理。
Nǐ de huà yě yǒu dào li
너의 말도 일리가 있어.

✽ 好，就这样吧。
Hǎo jiù zhè yàng ba
좋아요, 이렇게 합시다.

❋ 还不算坏。
Hái bú suàn huài
나쁘다고만 볼 수 없어.

❋ 你想怎么办，就怎么办吧。
Nǐ xiǎng zěn me bàn jiù zěn me bàn ba
하고 싶은 대로 하세요.

❋ 随你的便。
Suí nǐ de biàn
당신 마음대로 하세요.

❋ 我看这件事不太难。
Wǒ kàn zhè jiàn shì bú tài nán
제가 보기에 이 일은 그리 어렵지 않네요.

❋ 我和您想的一样。
Wǒ hé nín xiǎng de yí yàng
당신과 같은 생각입니다.

의견에 대해 부정할 때

❋ 我也觉得不会。
Wǒ yě jué de bú huì
나는 그럴 리가 없다고 생각해요.

❋ 那怎么行。
Nà zěn me xíng
그럼 안되지요.

A : 这电脑我现在不用，你拿去用吧。
Zhè diàn nǎo wǒ xiàn zài bú yòng nǐ ná qù yòng ba
이 컴퓨터는 내가 지금 쓰지 않으니, 당신이 가져가서 쓰세요.

B : 那怎么行。
Nà zěn me xíng
어떻게 그래요.

❋ 绝对不是。
Jué duì bú shì
절대 아니에요.

* 我不想说。
Wǒ bù xiǎng shuō
말하고 싶지 않아요.

* 我什么都不知道。
Wǒ shén me dōu bù zhī dào
난 아무것도 몰라요.

* 不会吧。
Bú huì ba
그럴 리가 없어.

* 我不好说。
Wǒ bù hǎo shuō
뭐라 말할 수 없네요.

* 老实讲，我也不知道。
Lǎo shi jiǎng wǒ yě bù zhī dào
솔직히 말하면 저도 잘 모르겠어요.

* 真奇怪。
Zhēn qí guài
정말 이상하네.

* 我能做什么?
Wǒ néng zuò shén me
제가 뭘 할 수 있겠어요?

* 我有点儿负担。
Wǒ yǒu diǎnr fù dān
좀 부담스럽네요.

* 你别胡说八道。
Nǐ bié hú shuō bā dào
말도 안 되는 소리 말아요.

* 那是不可能的。
Nà shì bù kě néng de
그건 불가능해요.

* 没办法。
Méi bàn fǎ
방법이 없어요.

✳ **对不起，这对我可有点儿难了。**
Duì bu qǐ　zhè duì wǒ kě yǒu　diǎnr nán le
미안하지만 좀 곤란한데요.

> A : **我能不能借你车用几天？**
> Wǒ néng bù néng jiè nǐ chē yòng jǐ tiān
> 제가 당신의 차를 며칠 간 빌려도 될까요?
>
> B : **对不起，这对我可有点儿难了。**
> Duì bu qǐ　zhè duì wǒ kě yǒu　diǎnr nán le
> 미안하지만, 좀 곤란한데요.

✳ **那是绝不可能的事。**
Nà shì jué bù kě néng de shì
그건 절대 불가능해요.

의견을 칭찬할 때

✳ **真是这样。**
Zhēn shì zhè yàng
정말 그래요.

✳ **真不简单。**
Zhēn bù jiǎn dān
정말 대단하네요.

✳ **这可就有点儿意思了。**
Zhè kě jiù yǒu diǎnr yì si le
그것 참 재미있네요.

✳ **你很有办法。**
Nǐ hěn yǒu bàn fǎ
당신은 수완이 아주 좋군요.

> A : **你很有办法。**
> Nǐ hěn yǒu bàn fǎ
> 당신은 수완이 아주 좋군요.
>
> B : **哪里，不过是经验罢了。**
> Nǎ li　bú guò shì jīng yàn ba le
> 별말씀을, 단지 경험일 뿐이지요.

✱ 你很有眼光。
Nǐ hěn yǒu yǎn guāng
당신은 안목이 뛰어나시네요.

✱ 感谢您出了个好主意。
Gǎn xiè nín chū le ge hǎo zhǔ yi
훌륭한 의견 감사합니다.

✱ 你的话也有道理。
Nǐ de huà yě yǒu dào li
당신 말에도 일리가 있어요.

✱ 真是个好想法!
Zhēn shì ge hǎo xiǎng fǎ
정말 좋은 생각이군요.

✱ 我想那主意挺好。
Wǒ xiǎng nà zhǔ yì tǐng hǎo
그거 좋은 생각 같군요.

✱ 你竟然能想出这么个主意!
Nǐ jìng rán néng xiǎng chū zhè me ge zhǔ yi
어떻게 이런 생각을 해 내셨죠?

✱ 您提出的问题太中肯了。
Nín tí chū de wèn tí tài zhòng kěn le
대단히 훌륭한 지적을 해 주셨습니다.

✱ 就是它!
Jiù shì tā
바로 그겁니다.

✱ 感谢您的正确意见。
Gǎn xiè nín de zhèng què yì jiàn
정확한 의견 감사합니다.

Unit
10 | 동의

상대방의 동의를 구할 때는 「怎么样? Zěnmeyàng(어때요?)」이라고 합니다. 이때 중국인들은 「좋다」라는 표현인 「好的好的。Hǎode hǎode」를 연발합니다. 만일 중국인과 어떤 비즈니스를 할 경우에 「好的好的」만 듣고 모든 일이 잘된 줄 알고 있다가는 크게 낭패를 보게 됩니다. 중국인이 입버릇처럼 하는 말이기 때문입니다. 부정할 때는 「不是。Búshì」나 「没有。Méiyou」를 많이 사용합니다.

동의를 구할 때

❋ 同意吗?
Tóng yì ma
동의합니까?

❋ 你也跟我的想法一样吗?
Nǐ yě gēn wǒ de xiǎng fǎ yí yàng ma
당신도 내 생각과 같으세요?

> A : 你也跟我的想法一样吗?
> Nǐ yě gēn wǒ de xiǎng fǎ yí yàng ma
> 당신도 내 생각과 같나요?
>
> B : 大同小異吧。
> Dà tóng xiǎo yì ba
> 대동소이합니다.

❋ 怎么样?
Zěn me yàng
어때요?

❋ 真的?
Zhēn de
그래요?

동의·찬성할 때

❋ 是, 同意。
Shì tóng yì
예, 동의합니다.

✽ 赞成。
Zàn chéng
찬성합니다.

✽ 我也有同感。
Wǒ yě yǒu tóng gǎn
동감입니다.

A : 目前的困难是暂时的，重要的是我们内部
要团结。
Mù qián de kùn nán shì zàn shí de zhòng yào de shì wǒ men nèi bù
yào tuán jié
지금의 어려움은 일시적인 것입니다. 중요한 것은 우
리들 스스로 단결해야 한다는 겁니다.

B : 我也有同感。
Wǒ yě yǒu tóng gǎn
저도 동감입니다.

✽ 我没别的意见。
Wǒ méi bié de yì jiàn
다른 의견은 없습니다.

✽ 我同意。
Wǒ tóng yì
동의합니다.

✽ 我同意你的意见。
Wǒ tóng yì nǐ de yì jiàn
당신의 의견에 동의합니다.

✽ 我完全同意。
Wǒ wán quán tóng yì
전적으로 동의합니다.

✽ 我赞成那意见。
Wǒ zàn chéng nà yì jiàn
그 의견에 찬성합니다.

✽ 这意见好像不错。
Zhè yì jiàn hǎo xiàng bú cuò
이 의견은 좋은 것 같습니다.

* 我也那么想。
  Wǒ yě nà me xiǎng
  저도 그렇게 생각합니다.

* 我也那么想来着。
  Wǒ yě nà me xiǎng lái zhe
  저도 그렇게 생각했어요.

* 我赞同那计划。
  Wǒ zàn tóng nà jì huà
  그 계획에 찬성합니다.

* 您说得很中肯。
  Nín shuō de hěn zhòng kěn
  지당하신 말씀입니다.

* 对那点，我也有同感。
  Duì nà diǎn wǒ yě yǒu tóng gǎn
  그 점에 대해서는 저도 동감입니다.

* 知道了，你说得对。
  Zhī dào le nǐ shuō de duì
  알았어요. 당신 말이 맞습니다.

* 我没有異议。
  Wǒ méi you yì yì
  이의가 없습니다.

* 我没事儿。
  Wǒ méi shìr
  저는 괜찮습니다.

A : 工作太忙，休假推迟一个星期怎么样？
　　Gōng zuò tài máng xiū jià tuī chí yí gè xīng qī zěn me yàng
　　일이 너무 바쁜데, 휴가를 한 주 미루는 것이 어때요?

B : 我没事儿。不知道孩子们怎么样。
　　Wǒ méi shìr Bù zhī dào hái zi men zěn me yàng
　　저는 괜찮습니다. 아이들이 어떨지 모르겠네요.

---

* 怎么方便怎么来吧。
  Zěn me fāng biàn zěn me lái ba
  당신 좋을 대로 하세요.

* 好了!
Hǎo le
됐어!

* 我完全赞成。
Wǒ wán quán zàn chéng
전적으로 찬성입니다.

* 我完全同意你的话。
Wǒ wán quán tóng yì nǐ de huà
당신 말씀에 전적으로 동의합니다.

* 真的是那样的。
Zhēn de shì nà yàng de
정말 그렇습니다.

* 确实如此。
Què shí rú cǐ
확실합니다.

* 我赞同你的一切意见。
Wǒ zàn tóng nǐ de yí qiè yì jiàn
당신의 모든 의견에 찬성합니다.

* 没有丝毫怀疑的余地。
Méi yǒu sī háo huái yí de yú dì
의심할 여지가 없습니다.

반대할 때

* 我有意见。
Wǒ yǒu yì jiàn
의견이 있습니다.

* 我不赞成。
Wǒ bú zàn chéng
저는 찬성하지 않습니다.

* 反对。
Fǎn duì
반대합니다.

＊ **我不能同意。**
Wǒ bù néng tóng yì
저는 동의할 수 없습니다.

＊ **我不能同意你的做法。**
Wǒ bù néng tóng yì nǐ de zuò fǎ
당신 의견에 동의할 수 없습니다.

＊ **我反对这意见。**
Wǒ fǎn duì zhè yì jiàn
이 의견에 반대합니다.

＊ **我不能支持你的意见。**
Wǒ bù néng zhī chí nǐ de yì jiàn
당신의 의견을 지지할 수 없습니다.

＊ **我跟你的看法不一样。**
Wǒ gēn nǐ de kàn fǎ bù yí yàng
당신과 생각이 다릅니다.

＊ **我不那么认为。**
Wǒ bú nà me rèn wéi
저는 그렇게 생각하지 않아요.

A : **这么快打入市场, 是不是有点操之过急了?**
Zhè me kuài dǎ rù shì chǎng shì bú shì yǒu diǎn cāo zhī guò jí le
이렇게 빠르게 시장에 진입하는 것은 좀 성급한 일이
아닙니까?

B : **我不那么认为。**
Wǒ bú nà me rèn wéi
저는 그렇게 생각하지 않아요.

＊ **我不相信会是那样。**
Wǒ bù xiāng xìn huì shì nà yàng
저는 그렇게 믿지 않아요.

＊ **我无法赞成那计划。**
Wǒ wú fǎ zàn chéng nà jì huà
그 계획에 찬성할 수 없어요.

✱ 我反对那计划。
Wǒ fǎn duì nà jì huà
그 계획에는 반대합니다.

✱ 很遗憾，不是的。
Hěn yí hàn bú shì de
유감스럽지만, 아닙니다.

✱ 很遗憾，我不能同意你的看法。
Hěn yí hàn wǒ bù néng tóng yì nǐ de kàn fǎ
유감스럽지만 당신의 견해에 동의할 수 없습니다.

✱ 我想你不对。
Wǒ xiǎng nǐ bú duì
당신이 틀린 것 같아요.

✱ 我不能那么做。
Wǒ bù néng nà me zuò
저는 그렇게 할 수 없습니다.

✱ 那不过是你的想法。
Nà bú guò shì nǐ de xiǎng fǎ
그건 당신 생각이죠.

✱ 这简直不像话。
Zhè jiǎn zhí bú xiàng huà
그건 말도 안 되는 소리예요.

A : 他把次品降价处理给对方了，估计不久市
场上会出现这种产品了。
Tā bǎ cì pǐn jiàng jià chǔ lǐ gěi duì fāng le　　gū jì bù jiǔ shì
chǎng shang huì chū xiàn zhè zhǒng chǎn pǐn le
가격을 낮추어서 질이 낮은 물품을 상대방에게 제공
한다면, 머지않아 시장에 이런 종류의 상품이 출현할
것입니다.

B : 这简直不像话。太有损于我们品牌形象了。
Zhè jiǎn zhí bú xiàng huà　Tài yǒu sǔn yú wǒ men pǐn pái xíng xiàng le
그건 말도 안돼요. 우리 브랜드 이미지가 너무 큰 손
해를 입게 됩니다.

Unit 11 격려와 위로

상대가 어려운 상황에 처해 있을 때나 슬퍼할 때는 따뜻하게 위로나 동정의 말을 건네는 것이 상대와의 친밀감을 더욱 돈독히 할 수 있는 방법입니다. 일반적인 표현으로는 「힘내세요.」 혹은 「넌 할 수 있어.」 등의 표현을 자주 사용합니다. 이는 「加油, 你是能干的(Jiāyóu, nǐ shì néng gàn de)」 등으로 표현할 수 있습니다.

격려할 때

❋ **加油! 加油!**
Jiā yóu jiā yóu
힘내! 파이팅!

❋ **鼓起勇气吧!**
Gǔ qǐ yǒng qì ba
용기를 내요!

* 鼓起勇气 : 용기를 북돋우다

❋ **机会有的是。**
Jī huì yǒu de shì
기회는 얼마든지 있어요.

❋ **来，加把劲，你会做到的!**
Lái jiā bǎ jìn nǐ huì zuò dào de
자, 힘을 내. 너는 할 수 있어.

❋ **我相信你肯定能做到。**
Wǒ xiāng xìn nǐ kěn dìng néng zuò dào
당신은 틀림없이 해낼 수 있을 거라고 믿어요.

A : **我相信你肯定能做到。**
Wǒ xiāng xìn nǐ kěn dìng néng zuò dào
당신은 틀림없이 해낼 수 있을 거라고 믿어요.

B : **谢谢你的信任，我一定会努力的。**
Xiè xie nǐ de xìn rèn wǒ yí dìng huì nǔ lì de
믿어주셔서 고맙습니다. 저는 반드시 노력할 겁니다.

✽ 这简直不成问题。
Zhè jiǎn zhí bù chéng wèn tí
그것은 문제도 안 돼요.

✽ 你再加把劲!
Nǐ zài jiā bǎ jìn
좀더 힘내세요.

✽ 我想你决不会失败。
Wǒ xiǎng nǐ jué bú huì shī bài
당신은 절대 실패할 리 없어요.

✽ 你肯定会克服的。
Nǐ kěn dìng huì kè fú de
너는 이겨낼 거야.

✽ 有志者事竟成。
yǒu zhì zhě shì jìng chéng
하려고 하면 못 할 것도 없어.

위로할 때

✽ 别难过。
Bié nán guò
괴로워하지 마.

✽ 不要太伤心了。
Bú yào tài shāng xīn le
너무 상심하지 마세요.

✽ 你别难过了。
Nǐ bié nán guò le
너무 마음 아파하지 마세요.

✽ 冷静点儿。
Lěng jìng diǎnr
좀 진정하세요.

✽ 镇静一下。
Zhèn jìng yí xià
진정 좀 해요.

❈ **太伤心了会对身体不好。**
Tài shāng xīn le huì duì shēn tǐ bù hǎo
너무 상심하면 건강에 해로워요.

❈ **哭能解决问题吗?**
Kū néng jiě jué wèn tí ma
운다고 문제가 해결되나요?

❈ **怎么了，你哭什么?**
Zěn me le nǐ kū shén me
왜 그래, 너 왜 울어?

A : **怎么了，你哭什么?**
Zěn me le nǐ kū shén me
왜 그래, 너 왜 울어?

B : **想孩子了。**
Xiǎng hái zi le
아이가 보고 싶어서.

❈ **擦干眼泪吧。**
Cā gān yǎn lèi ba
눈물을 닦아요.

❈ **你不要担心。**
Nǐ bú yào dān xīn
걱정하지 마.

❈ **我对这件事，一点儿也不在乎。**
Wǒ duì zhè jiàn shì yì diǎnr yě bú zài hū
나는 이 일에 대해서 조금도 개의치 않아.

❈ **用不着担心。**
Yòng bù zháo dān xīn
걱정할 필요 없어요.

❈ **你放心好了。**
Nǐ fàng xīn hǎo le
안심해도 돼요.

❋ 我早就忘了那件事。
Wǒ zǎo jiù wàng le nà jiàn shì
나는 벌써 그 일을 잊었어.

❋ 都会好起来的。
Dōu huì hǎo qǐ lái de
모두 잘 될 거예요.

❋ 人生原本就是这样的。
Rén shēng yuán běn jiù shì zhè yàng de
인생은 원래 이런 거예요.

❋ 别失望。
Bié shī wàng
실망하지 마.

❋ 现在才是开始。
Xiàn zài cái shì kāi shǐ
지금부터가 시작이야.

❋ 这还不算什么。
Zhè hái bú suàn shén me
이건 아무것도 아니야.

❋ 会有办法的。
Huì yǒu bàn fǎ de
방법이 있을 거야.

❋ 相信自己。
Xiāng xìn zì jǐ
자신을 믿으세요.

❋ 我不好说。
Wǒ bù hǎo shuō
뭐라 말할 수 없네요.

A : 你说我是不是该跟他分手?
Nǐ shuō wǒ shì bú shì gāi gēn tā fēn shǒu
그와 헤어져야 할까요?

B : 这我可不好说什么，还是你自己拿主意吧。
Zhè wǒ kě bù hǎo shuō shén me hái shì nǐ zì jǐ ná zhǔ yi ba
뭐라고 말할 수 없네요, 스스로 결정하는 게 좋겠어요.

＊ **不要太在乎别人怎么看。**
Bú yào tài zài hū bié rén zěn me kàn
남의 눈을 너무 의식하지 마세요.

＊ **不管哪儿，都一样。**
Bù guǎn nǎr　　dōu yí yàng
어디를 가보나 다 마찬가지예요.

＊ **大部分的人没有自知之明。**
Dà bù fen de rén méi yǒu zì zhī zhī míng
대부분의 사람은 자기 능력을 가늠하지 못해요.

＊ **别失望。**
Bié shī wàng
실망하지 마.

＊ **振作起来!**
Zhèn zuò qǐ lái
기운 내!

A : **振作起来! 太阳明天还会升起来的。**
Zhèn zuò qǐ lái　　Tài yáng míng tiān hái huì shēng qǐ lái de
힘내세요! 태양은 내일 다시 떠오른답니다.

B : **对，我不能就这么认输。**
Duì　　wǒ bù néng jiù zhè me rèn shū
맞습니다, 이렇게 무릎 꿇을 수는 없습니다.

제안과 권유

상대에게 뭔가를 제안하거나 권유할 때는 「跟我一起怎么样? Gēn wǒ yìqǐ zěnmeyàng?(같이 해 보는 게 어때요?)」처럼 「평서문 + 怎么样 zěnmeyàng」의 형태로 만들 수 있습니다. 또 「吧 ba」를 이용하여 문장을 만들 수도 있는데, 「吧」로 물어보는 것은 긍정적인 대답을 예상하고 묻는 질문이 대부분입니다. 따라서 상대의 제안을 흔쾌히 받아들일 때는 「好吧。Hǎo ba.(좋습니다.)」라고 응답하면 됩니다.

제안할 때

＊ 我们是不是该回去了?
Wǒ men shì bú shì gāi huí qù le
우리 돌아가야 하지 않을까요?

＊ 我们得出发了。
Wǒ men děi chū fā le
지금 출발해야겠어요.

＊ 有没有需要我帮忙的?
Yǒu méi yǒu xū yào wǒ bāng máng de
제가 도와드릴 일이라도 있나요?

A : 有没有需要我帮忙的?
Yǒu méi yǒu xū yào wǒ bāng máng de
제가 도와드릴 일이라도 있습니까?

B : 现在暂时没有。
Xiàn zài zàn shí méi yǒu
현재로서는 없습니다.

＊ 那我们就试一试。
Nà wǒ men jiù shì yí shì
시험 삼아 한번 해 봅시다.

＊ 咱们打开天窗说亮话。
Zán men dǎ kāi tiān chuāng shuō liàng huà
터놓고 얘기합시다.

❋ **今天就到这儿吧。**
Jīn tiān jiù dào zhèr ba
오늘은 이만 합시다.

❋ **咱们和好吧。**
Zán men hé hǎo ba
화해합시다.

❋ **我倒有个好主意。**
Wǒ dào yǒu ge hǎo zhǔ yi
내게 좋은 생각이 있어요.

❋ **我看还是注意点好。**
Wǒ kàn hái shi zhù yì diǎn hǎo
조심하는 것이 좋겠어요.

❋ **还是立即开始好一些。**
Hái shì lì jí kāi shǐ hǎo yì xiē
지금 시작하는 것이 좋습니다.

❋ **你还是戒酒吧。**
Nǐ hái shi jiè jiǔ ba
술을 끊는 게 좋겠어요.

A : **你还是戒酒吧。**
Nǐ hái shi jiè jiǔ ba
술을 끊는 게 좋겠어요.

B : **我很想戒，可朋友们不答应啊!**
Wǒ hěn xiǎng jiè kě péng you men bù dā ying a
저도 매우 끊고 싶습니다만, 친구들이 안 도와주네요!

**제안을
받아들일 때**

❋ **好吧。**
Hǎo ba
좋습니다.

❋ **好，就那样吧。**
Hǎo jiù nà yàng ba
네, 그렇게 하겠습니다.

❊ 谢谢，那就请吧。
Xiè xie nà jiù qǐng ba
감사합니다. 그렇게 해 주세요.

❊ 那想法真不错。
Nà xiǎng fǎ zhēn bú cuò
그거 좋은 생각이군요.

❊ 肯定会有意思的。
Kěn dìng huì yǒu yì si de
그거 재미있겠는데요.

❊ 就那么着吧。
Jiù nà me zhe ba
그렇게 합시다.

❊ 那好哇。
Nà hǎo wa
그거 괜찮겠군요.

A : 没拿到休假的人，年底给你们两个北京
往返机票怎么样?
Méi ná dào xiū jià de rén   nián dǐ gěi nǐ men liǎng gè Běi jīng
wǎng fǎn jī piào zěn me yàng
휴가를 얻지 못한 사람들은 연말에 두 사람 분의 북경
왕복 비행기표를 주는 것이 어떻습니까?

B : 那好哇。
Nà hǎo wa
그거 괜찮겠군요.

제안을 거절할 때

❊ 我没有心思这么做。
Wǒ méi yǒu xīn sī zhè me zuò
그럴 기분이 아닙니다.

❊ 不要那么做。
Bú yào nà me zuò
그렇게 하지 마세요.

❊ 谢谢，不用了。
Xiè xie bú yòng le
고맙지만, 됐습니다.

✳ **我不想那样。**
Wǒ bù xiǎng nà yàng
그럴 생각이 없습니다.

✳ **下次再找机会好不好?**
Xià cì zài zhǎo jī huì hǎo bu hǎo
다음 기회로 미룰까요?

✳ **我倒是想去，可已经约了人。**
Wǒ dào shi xiǎng qù kě yǐ jīng yuē le rén
그러고 싶지만, 선약이 있어요.

권유할 때

✳ **请坐。**
Qǐng zuò
앉으십시오.

✳ **请看。**
Qǐng kàn
보십시오.

✳ **请进。**
Qǐng jìn
들어오십시오.

✳ **请用。**
Qǐng yòng
드십시오.

✳ **请再多吃点儿。**
Qǐng zài duō chī diǎnr
좀더 드십시오.

✳ **可不可以边吃边谈。**
Kě bu kě yǐ biān chī biān tán
식사하며 이야기를 나눌 수 있을까요?

✳ **别客气。**
Bié kè qi
편하실 대로 하십시오.

❋ 去不去打网球?
Qù bu qù dǎ wǎng qiú
테니스 치러 갈까요?

❋ 跟我一起去购物，好吗?
Gēn wǒ yì qǐ qù gòu wù hǎo ma
저하고 쇼핑 가실래요?

❋ 我给你做导游，好吗?
Wǒ gěi nǐ zuò dǎo yóu hǎo ma
제가 안내를 해 드릴까요?

A : 我给你做导游，好吗?
Wǒ gěi nǐ zuò dǎo yóu hǎo ma
제가 안내를 해 드릴까요?

B : 那不耽误你时间吗?
Nà bù dān wù nǐ shí jiān ma
당신 시간을 빼앗는 것 아닙니까?

❋ 谢谢你的关心。
Xiè xie nǐ de guān xīn
진심으로 감사드립니다.

❋ 如果可以的话，我陪您去吧。
Rú guǒ kě yǐ de huà wǒ péi nín qù ba
괜찮다면, 제가 함께 가 드리겠습니다.

A : 如果可以的话，我陪您去吧。
Rú guǒ kě yǐ de huà wǒ péi nín qù ba
괜찮다면, 제가 함께 가드리겠습니다.

B : 那可真过意不去。
Nà kě zhēn guò yì bú qù
정말 죄송합니다.

❋ 就照你说的去做。
Jiù zhào nǐ shuō de qù zuò
네가 말한 대로 할게.

Unit 13 견해와 소감

동양인은 대체적으로 자신의 견해나 주장을 확고하게 말하지 않는 경향이 있습니다. 이것은 문화적인 특성으로 상대방에 대한 배려의 마음에서 나오는 게 아닌가 생각됩니다. 하지만 이러한 마음은 상호교제에서는 큰 손실로 이어질 수 있으므로 분명하게 자신의 견해를 밝혀야 합니다. 따라서 여기서는 자신의 견해를 물을 때와 말할 때, 소감을 묻거나 답할 때, 구상을 말하거나 물을 때 필요한 표현을 살펴보겠습니다.

견해를 물을 때

❋ **你对这计划有什么想法?**
　Nǐ duì zhè jì huà yǒu shén me xiǎng fǎ
　이 계획에 대해 어떻게 생각하십니까?

❋ **有没有别的提议?**
　Yǒu méi yǒu bié de tí yì
　다른 제안이 있습니까?

❋ **你有什么好主意吗?**
　Nǐ yǒu shén me hǎo zhǔ yi ma
　좋은 아이디어가 있습니까?

❋ **有什么好想法吗?**
　Yǒu shén me hǎo xiǎng fǎ ma
　어떤 좋은 생각이 나셨습니까?

❋ **你认为那个女的怎么样?**
　Nǐ rèn wéi nà ge nǚ de zěn me yàng
　그 여자에 대해 어떻게 생각하세요?

A : **你认为那个女的怎么样?**
　　Nǐ rèn wéi nà ge nǚ de zěn me yàng
　　그 여자에 대해 어떻게 생각하세요?

B : **是个人杰。**
　　Shì ge rén jié
　　인물이지요.

✽ 你认为他会是谁?
　　Nǐ rèn wéi tā huì shì shéi
그가 누구라고 생각하십니까?

✽ 你对我的意见怎么想?
　　Nǐ duì wǒ de yì jiàn zěn me xiǎng
내 의견에 대해 어떻게 생각하세요?

✽ 啊, 你想我应该怎么做?
　　À nǐ xiǎng wǒ yīng gāi zěn me zuò
자, 제가 어떻게 하면 됩니까?

✽ 我可以坦率地谈谈我的想法吗?
　　Wǒ kě yǐ tǎn shuài de tán tan wǒ de xiǎng fǎ ma
솔직하게 말씀드려도 될까요?

> A : 我可以坦率地谈谈我的想法吗?
> 　　Wǒ kě yǐ tǎn shuài de tán tan wǒ de xiǎng fǎ ma
> 솔직하게 말씀드려도 될까요?
>
> B : 那当然。
> 　　Nà dāng rán
> 물론이죠.

✽ 还是那样好。
　　Hái shi nà yàng hǎo
그게 좋겠어요.

✽ 我想那个好得多。
　　Wǒ xiǎng nà ge hǎo de duō
그게 훨씬 더 좋은데요.

✽ 那个程度挺合适的。
　　Nà ge chéng dù tǐng hé shì de
그 정도가 타당할 겁니다.

✽ 我想那也不见得有效。
　　Wǒ xiǎng nà yě bú jiàn dé yǒu xiào
그것도 역시 효과가 없을 겁니다.

✱ 严格地讲，那个并不准确。
Yán gé de jiǎng nà ge bìng bù zhǔn què
엄밀히 말하자면, 그건 정확하지 않아요.

✱ 我想不会有什么特别好的办法了。
Wǒ xiǎng bú huì yǒu shén me tè bié hǎo de bàn fǎ le
다른 뾰족한 수가 없는 것 같아요.

✱ 还是这个好一些。
Hái shi zhè ge hǎo yì xiē
오히려 이것이 나아요.

✱ 那谈谈我的个人意见吧。
Nà tán tan wǒ de ge rén yì jiàn ba
제 소견(사견)을 말씀드리겠습니다.

✱ 这不过是我个人的想法。
Zhè bú guò shì wǒ ge rén de xiǎng fǎ
이건 단지 제 사견입니다.

✱ 从长远的观点看，那个方法更好。
Cóng cháng yuǎn de guān diǎn kàn nà ge fāng fǎ gèng hǎo
긴 안목으로 보면 그 방법이 더 나아요.

✱ 这样就可以了。
Zhè yàng jiù kě yǐ le
이 정도면 무난할 겁니다.

✱ 用这种方式表达怎么样?
Yòng zhè zhǒng fāng shì biǎo dá zěn me yàng
이런 식으로 표현하는 게 어떨까요?

✱ 我个人并不那么认为。
Wǒ ge rén bìng bú nà me rèn wéi
제 개인적으로는 그렇게 생각하지 않습니다.

✱ 我需要的不是这个。
Wǒ xū yào de bú shì zhè ge
제가 필요로 하는 건 이게 아닙니다.

✱ 我可以谈谈吗?
Wǒ kě yǐ tán tan ma
한 말씀드려도 될까요?

✳ 恕我直言…。
Shù wǒ zhí yán
직접적으로 말씀드리면…

✳ 我再补充一点。
Wǒ zài bǔ chōng yì diǎn
한 말씀 덧붙이겠습니다.

소감을 물을 때

✳ 在韩国生活得怎么样?
Zài Hán guó shēng huó de zěn me yàng
한국 생활은 어떻습니까?

> A : 在韩国生活得怎么样?
> Zài Hán guó shēng huó de zěn me yàng
> 한국 생활은 어떻습니까?
>
> B : 开始因为语言不通有些麻烦, 现在没问题了。
> Kāi shǐ yīn wèi yǔ yán bù tōng yǒu xiè má fan xiàn zài méi wèn tí le
> 처음에는 말이 통하지 않아서 좀 괴로웠는데, 지금은 문제없습니다.

✳ 过得很好。
Guò de hěn hǎo
잘 지내고 있습니다.

✳ 请谈谈您的感想。
Qǐng tán tan nín de gǎn xiǎng
소감을 말씀해 주세요.

✳ 您对韩国有什么感受?
Nín duì Hán guó yǒu shén me gǎn shòu
한국에 대한 인상은 어떻습니까?

✳ 您对韩国的哪些方面印象最深?
Nín duì Hán guó de nǎ xiē fāng miàn yìn xiàng zuì shēn
한국의 어느 분야가 가장 인상적이었나요?

✳ 韩国哪方面给你印象最深?
Hán guó nǎ fāng miàn gěi nǐ yìn xiàng zuì shēn
한국에 대해 가장 인상적인 것은 무엇이었습니까?

✽ 哪点有那么好?
Nǎ diǎn yǒu nà me hǎo
어떤 점이 그렇게 좋았습니까?

구상을 말할 때

✽ 你打算什么时候跟她结婚?
Nǐ dǎ suan shén me shí hou gēn tā jié hūn
그 여자하고 언제 결혼할 겁니까?

✽ 是啊, 现在还没有具体计划。
Shì a xiàn zài hái méi yǒu jù tǐ jì huà
글쎄요. 아직 구체적인 계획이 없습니다.

✽ 我想去滑滑雪。
Wǒ xiǎng qù huá hua xuě
나는 스키타러 갈 생각입니다.

✽ 我正在筹备一个新项目。
Wǒ zhèng zài chóu bèi yí gè xīn xiàng mù
새로운 사업을 하나 시작하려고 합니다.

✽ 我改变主意了。
Wǒ gǎi biàn zhǔ yì le
제 생각을 바꿨어요.

✽ 我决定接受他的道歉。
Wǒ jué dìng jiē shòu tā de dào qiàn
그의 사과를 받아들이기로 결정했습니다.

느낌을 말할 때

✽ 我看他心情不好。
Wǒ kàn tā xīn qíng bù hǎo
그는 기분이 안 좋은 것 같아요.

✽ 我想你说得不错。
Wǒ xiǎng nǐ shuō de bú cuò
당신 말이 옳은 것 같군요.

✽ 我看他是一时疏忽了。
Wǒ kàn tā shì yì shí shū hu le
그가 잠시 실수한 것 같아요.

A : 我看他是一时疏忽了，不像是故意的。
Wǒ kàn tā shì yì shí shū hu le　bú xiàng shì gù yì de
제가 보기에 그가 잠시 실수한 것이지, 일부로 그런 것 같지는 않은데요.

B : 是吗? 再等等看。
Shì ma　Zài děng deng kàn
그래요? 조금 더 기다려 봅시다.

❋ 你昨天是不是没睡好?
Nǐ zuó tiān shì bú shì méi shuì hǎo
간밤에 잘못 주무셨습니까?

❋ 我想他不会来的。
Wǒ xiǎng tā bú huì lái de
그가 안 올 것 같아요.

❋ 他们是不是在策划什么事?
Tā men shì bú shì zài cè huà shén me shì
그들이 뭔가 꾸미고 있는 것 같아요.

A : 他们是不是在策划什么事?
Tā men shì bú shì zài cè huà shén me shì
그들이 뭔가 꾸미고 있는 것 같아요.

B : 怎么你也看出来了?
Zěn me nǐ yě kàn chū lái le
어떻게 너도 알아차렸니?

❋ 我觉得莉莉好像出了什么事。
Wǒ jué de Lì lì hǎo xiàng chū le shén me shì
리리에게 무슨 일이 있는 것 같아요.

❋ 我有预感，他来不了了。
Wǒ yǒu yù gǎn　tā lái bu liǎo le
그가 못 올 것 같은 예감이 들어요.

Unit 14 | 부탁과 요구

부탁을 할 때에는 「请 qǐng」을 문장 앞에 붙여서 부탁의 의미나 공경의 의미를 표현합니다. 부탁이나 의뢰를 할 때는 「可以 kěyǐ, 能 néng」 등의 기능을 물어보는 능원동사가 함께 쓰입니다. 이때 문장 마지막에 「吗 ma」를 붙여서 의문문을 만들 수도 있지만 능원동사의 긍정과 부정을 함께 사용하여 의문문을 만들 수도 있습니다. 부탁과 의뢰의 대답은 상대방이 묻는 문장에서 사용한 능원동사를 이용하여 대답을 하면 됩니다.

부탁할 때

❋ **托你办件事, 行吗?**
Tuō nǐ bàn jiàn shì xíng ma
부탁드려도 되겠습니까?

❋ **可以拜托您一件事吗?**
Kě yǐ bài tuō nín yí jiàn shì ma
부탁 하나 해도 될까요?

❋ **有件事想拜托您。**
Yǒu jiàn shì xiǎng bài tuō nín
부탁드릴 일이 있습니다.

❋ **我可以托付你几件事吗?**
Wǒ kě yǐ tuō fù nǐ jǐ jiàn shì ma
몇 가지 부탁드려도 될까요?

❋ **请给我一点儿时间。**
Qǐng gěi wǒ yì diǎnr shí jiān
잠시 시간 좀 내 주시겠어요?

❋ **请快点儿。**
Qǐng kuài diǎnr
좀 서둘러 주세요.

❋ **可以打扰您一下吗?**
Kě yǐ dǎ rǎo nín yí xià ma
잠시 폐를 끼쳐도 될까요?

A : 可以打扰您一下吗?
Kě yǐ dǎ rǎo nín yí xià ma
잠시 귀찮게 해드려도 될까요?

B : 可以, 怎么了?
Kě yǐ　Zěn me le
괜찮습니다. 무슨 일입니까?

❋ 可以算我一个吗?
Kě yǐ suàn wǒ yí gè ma
제가 좀 끼어도 될까요?

❋ 请多关照。
Qǐng duō guān zhào
잘 부탁드립니다.

❋ 谢谢。麻烦你们了。
Xiè xie　Má fan nǐ men le
감사합니다. 귀찮게 해 드렸습니다.

구체적으로
부탁할 때

❋ 请介绍一下。
Qǐng jiè shào yí xià
소개 좀 부탁드립니다.

❋ 请给我带路, 好吗?
Qǐng gěi wǒ dài lù　hǎo ma
길 안내 좀 부탁드립니다.

❋ 你给我打电话, 好吗?
Nǐ gěi wǒ dǎ diàn huà　hǎo ma
전화 좀 해 주시겠어요?

❋ 麻烦你, 打听一下。
Má fan nǐ　dǎ tīng yí xià
미안하지만, 좀 여쭙겠습니다.

❋ 请给我看看这个。
Qǐng gěi wǒ kàn kan zhè ge
이것 좀 잠깐 보여 주세요.

✻ 麻烦您帮我打开车门行吗?
Má fan nín bāng wǒ dǎ kāi chē mén xíng ma
제 자동차 문 좀 열어 주시겠습니까?

✻ 能不能替我一会儿?
Néng bù néng tì wǒ yí huìr
잠깐 제 대신 좀 해줄 수 있어요?

> A : 能不能替我一会儿?
> Néng bù néng tì wǒ yí huìr
> 잠깐 제 대신 좀 해줄 수 있어요?
>
> B : 可以, 你快去快回啊!
> Kě yǐ nǐ kuài qù kuài huí a
> 괜찮습니다. 빨리 갔다 오세요!

부탁을 들어줄 때

✻ 行。
Xíng
좋습니다.(됩니다).

✻ 可以, 请。
Kě yǐ qǐng
좋습니다. 하십시오.

✻ 好, 请吧。
Hǎo qǐng ba
좋아요, 하세요.

✻ 没关系。
Méi guān xi
괜찮습니다.

✻ 没问题。
Méi wèn tí
문제없습니다.

✻ 当然可以。
Dāng rán kě yǐ
물론 됩니다.

✽ 没问题，我一定给你办。
Méi wèn tí　　wǒ yí dìng gěi nǐ bàn
문제없습니다. 꼭 해드리겠습니다.

✽ 没问题，我一定帮助你。
Méi wèn tí　　wǒ yí dìng bāng zhù nǐ
문제없어, 꼭 도와줄게.

✽ 要是可能的话，我来。
Yào shi kě néng de huà　　wǒ lái
가능하다면, 제가 하겠습니다.

✽ 咳，那算什么。
Hāi　　nà suàn shén me
뭐, 그 정도쯤이야.

✽ 我会尽力的。
Wǒ huì jìn lì　de
힘껏 해보겠습니다.

✽ 太可以了。
Tài kě yǐ le
기꺼이 하지요.

부탁을 거절할 때

✽ 对不起，不行。
Duì bu qǐ　　bù xíng
미안합니다만, 안 됩니다.

✽ 可能不至于吧。
Kě néng bú zhì yú ba
그렇게는 안 되겠습니다.

✽ 谢谢，我不要了。
Xiè xie　　wǒ bú yào le
고맙지만, 필요 없습니다.

✽ 对不起，我真的不会。
Duì bu qǐ　　wǒ zhēn de bú huì
미안합니다, 정말 못합니다.

✽ 这恐怕不行。
Zhè kǒng pà bù xíng
안 되겠는데요.

A : 你告诉我老婆说昨天晚上我和你在一起吗?
Nǐ gào sù wǒ lǎo pó shuō zuó tiān wǎn shang wǒ hé nǐ zài yì qǐ ma
당신이 내 아내에게 어제 저녁 나와 함께 있었다고 말해 주시겠어요?

B : 这恐怕不行。
Zhè kǒng pà bù xíng
안 되겠는데요.

✽ 对不起, 我帮不了您的忙。
Duì bu qǐ wǒ bāng bu liǎo nín de máng
미안하지만, 도와드릴 수 없습니다.

✽ 实在不好意思, 我帮不了你。
Shí zài bù hǎo yì si wǒ bāng bu liǎo nǐ
정말 미안하지만, 너를 도와줄 수가 없어.

✽ 今天我不能帮你的忙。
Jīn tiān wǒ bù néng bāng nǐ de máng
오늘은 당신을 도울 수 없어요.

우회적으로 거절할 때

✽ 我实在是无能为力啊。
Wǒ shí zài shì wú néng wéi lì a
이건 너무 심한 것 같습니다.

✽ 下次机会吧。
Xià cì jī huì ba
다음 기회로 하죠.

✽ 下次再请我吧。
Xià cì zài qǐng wǒ ba
다음에 다시 불러 주십시오.

❋ 下次再说吧。
Xià cì zài shuō ba
다음에 다시 이야기합시다.

❋ 以后还会有机会的。
Yǐ hòu hái huì yǒu jī huì de
나중에 또 기회가 있겠지요.

요청하거나 요구할 때

❋ 请等一下。
Qǐng děng yí xià
잠깐만 기다려 주십시오.

❋ 请跟我来。
Qǐng gēn wǒ lái
저를 따라 오십시오.

❋ 请再说一遍。
Qǐng zài shuō yí biàn
다시 한번 말씀해 주십시오.

❋ 请说慢一点儿。
Qǐng shuō màn yì diǎnr
좀 천천히 말씀해 주십시오.

❋ 请写在这儿。
Qǐng xiě zài zhèr
여기에 써 주십시오.

❋ 请转告。
Qǐng zhuǎn gào
말을 전해 주십시오.

바람을 나타낼 때

❋ 请勿打扰。
Qǐng wù dǎ rǎow
방해하지 말아 주십시오.

❋ 我愿意。
Wǒ yuàn yì
원합니다.

✻ **我不愿意。**
Wǒ bú yuàn yì
원하지 않습니다.

✻ **我什么都不要。**
Wǒ shén me dōu bú yào
아무것도 필요 없습니다.

✻ **我想买点儿礼品。**
Wǒ xiǎng mǎi diǎnr lǐ pǐn
선물을 좀 사려고 합니다.

A : **你出门啊?**
Nǐ chū mén a
외출해?

B : **快回国了，我想买点儿礼品。**
Kuài huí guó le　　wǒ xiǎng mǎi diǎnr lǐ pǐn
곧 귀국하니까, 선물을 좀 사려고요.

✻ **我不想去。**
Wǒ bù xiǎng qù
가고 싶지 않습니다.

✻ **我什么都不想吃。**
Wǒ shén me dōu bù xiǎng chī
아무것도 먹고 싶지 않습니다.

설득과 결심

상대에게 자신의 말을 들으라고 설득할 때는 「你且听听我的话。Nǐ qiě tīngting wǒ de huà.(제 말을 들으세요.)」라고 합니다. 또한 자신의 결심을 밝힐 때는 「我下定决心~了 Wǒ xià dìng juéxīn ~le(저는 ~을 결심했어요)」라고 합니다. 이미 어떤 결정을 내렸을 때는 「我已经决定~了 Wǒ yǐjīng juédìng ~le(저는 이미 ~ 결정했어요)」라고 표현합니다. 물론 상황에 따라 「我要~ Wǒ yào~」 등으로도 표현할 수 있습니다.

설득할 때

✳ **你且听听我的话。**
Nǐ qiě tīng ting wǒ de huà
제 말을 들으세요.

✳ **不, 你还是听听我的吧。**
Bù nǐ hái shi tīng ting wǒ de ba
아니오, 당신이 제 말을 들으세요.

✳ **你可别想强迫我。**
Nǐ kě bié xiǎng qiáng pò wǒ
저에게 강요하지 마세요.

✳ **他总想为所欲为。**
Tā zǒng xiǎng wéi suǒ yù wéi
그는 항상 자기 마음대로 하려고 해요.

✳ **我得按我的方式去做。**
Wǒ děi àn wǒ de fāng shì qù zuò
저는 제 방식대로 하겠어요.

✳ **这个工作我无法再干下去了。**
Zhè ge gōng zuò wǒ wú fǎ zài gàn xià qù le
이 일은 더 이상 못 맡겠습니다.

✳ **实在那样, 我们也不强求了。**
Shí zài nà yàng wǒ men yě bù qiǎng qiú le
그렇다면 구태여 말리지 않겠습니다.

* 这样你还不想干吗?
Zhè yàng nǐ hái bù xiǎng gàn ma
이래도 안 하시겠어요?

A : 这样你还不想干吗?
Zhè yàng nǐ hái bù xiǎng gàn ma
이래도 안 하시겠어요?

B : 让我再想想。
Ràng wǒ zài xiǎng xiang
다시 한번 생각해 볼게요.

* 我说服他接受你的提案就是了。
Wǒ shuō fú tā jiē shòu nǐ de tí àn jiù shì le
당신의 제안을 그가 받아들이도록 할게요.

* 实在不行就算了。
Shí zài bù xíng jiù suàn le
정 그렇다면 그만둡시다.

* 你想怎么处理他的提案?
Nǐ xiǎng zěn me chǔ lǐ tā de tí àn
그의 제안을 어떻게 처리하실 건가요?

* 你支持哪一头?
Nǐ zhī chí nǎ yì tóu
당신은 누구 편이세요?

* 你这话是真心吗?
Nǐ zhè huà shì zhēn xīn ma
진심으로 그런 말을 하시는 겁니까?

A : 你这话是真心吗?
Nǐ zhè huà shì zhēn xīn ma
진심으로 하신 말씀입니까?

B : 我从不跟你开玩笑。
Wǒ cóng bù gēn nǐ kāi wán xiào
이제껏 당신에게 농담한 적 없어요.

＊ 你想怎么办?
Nǐ xiǎng zěn me bàn
어쩔 작정이니?

＊ 我没有任何条件。
Wǒ méi yǒu rèn hé tiáo jiàn
아무런 조건도 없습니다.

＊ 我知道你心里怎么想的。
Wǒ zhī dào nǐ xīn li zěn me xiǎng de
당신이 뭘 생각하고 있는지 알아요.

A : 我知道你心里怎么想的。
Wǒ zhī dào nǐ xīn li zěn me xiǎng de
당신이 뭘 생각하고 있는지 알아요.

B : 那你就别再劝我了。
Nà nǐ jiù bié zài quàn wǒ le
그렇다면, 다시는 나를 설득하려 들지 말아요.

결심할 때

＊ 现在我还不想说。
Xiàn zài wǒ hái bù xiǎng shuō
지금은 말하고 싶지 않습니다.

＊ 是啊,应该怎么办呢?
Shì a yīng gāi zěn me bàn ne
글쎄, 어떻게 해야 할까?

＊ 请给我几天时间考虑。
Qǐng gěi wǒ jǐ tiān shí jiān kǎo lǜ
며칠 동안 생각할 시간을 주세요.

＊ 这事先放一放吧。
Zhè shì xiān fàng yi fàng ba
이 일을 좀더 두고 봅시다.

＊ 真是难能可贵的决心啊。
Zhēn shi nán néng kě guì de jué xīn a
어려운 결심을 하셨군요.

* 我下定了决心。
  Wǒ xià dìng le jué xīn
  저는 굳게 결심했어요.

> A : 我下定了决心。
>   Wǒ xià dìng le jué xīn
>   저는 굳게 결심했어요.
>
> B : 好，那就付之于行动吧。
>   Hǎo nà jiù fù zhī yú xíng dòng ba
>   좋아요, 그렇다면 행동으로 옮기세요.

결정할 때

* 这可不能由我随便决定啊。
  Zhè kě bù néng yóu wǒ suí biàn jué dìng a
  그건 제 마음대로 결정할 수가 없습니다.

* 这个还没决定呢。
  Zhè ge hái méi jué dìng ne
  아직 결정을 못 했어요.

* 这事还没有确定。
  Zhè shì hái méi yǒu què dìng
  이 일은 아직 결정되지 않았습니다.

> A : 这事还没有确定。
>   Zhè shì hái méi yǒu què dìng
>   이 일은 아직 결정되지 않았어요.
>
> B : 知道了。确定了以后告诉我。
>   Zhī dào le Què dìng le yǐ hòu gào su wǒ
>   알겠어요. 결정되면 나에게 알려주세요.

* 那事已经全场一致通过了。
  Nà shì yǐ jīng quán chǎng yí zhì tōng guò le
  그것은 만장일치로 결정되었습니다.

* 你决定了?
  Nǐ jué dìng le
  결정하셨습니까?

* 我们干脆掷硬币决定吧。
  Wǒ men gān cuì zhì yìng bì jué dìng ba
  깨끗하게 동전을 던져서 결정합시다.

89

「想 xiǎng」은 「생각하다」의 뜻을 나타내는 동사이지만 「~하고 싶다, ~하려고 하다」라는 뜻으로 희망을 나타내기도 합니다. 상대의 희망을 물을 때는 「你想 做什么? Nǐ xiǎng zuò shénme?(넌 뭘 하고 싶니?)」라고 합니다. 반대로 자신의 희망을 말할 때는 「我想~ Wǒ xiǎng(나는 ~하고 싶어)」 또는 「我希望~ Wǒ xīwàng」이라고 대답할 수 있습니다. 또한 바람을 나타낼 때는 「我要~ Wǒ yào」 로 표현합니다.

희망을 물을 때

＊ **你长大以后，想做什么?**
Nǐ zhǎng dà yǐ hòu xiǎng zuò shén me
이 다음에 크면 무슨 일을 하고 싶니?

> A : **你长大以后，想做什么?**
> Nǐ zhǎng dà yǐ hòu xiǎng zuò shén me
> 이 다음에 크면 무슨 일을 하고 싶니?
>
> B : **还没想过呢。**
> Hái méi xiǎng guo ne
> 아직 생각해본 적 없어요.

＊ **将来你想做什么?**
Jiāng lái nǐ xiǎng zuò shén me
이 다음에 넌 뭘 하고 싶니?

＊ **你以后想当什么?**
Nǐ   yǐ hòu xiǎng dāng shén me
넌 장차 뭐가 되고 싶니?

＊ **你要吃什么?**
Nǐ   yào chī shén me
뭘 먹고 싶니?

＊ **我想当医生，你呢?**
Wǒ xiǎng dāng yī shēng nǐ   ne
난 의사가 되고 싶어, 너는?

희망을 말할 때

✱ 我想当歌手。
Wǒ xiǎng dāng gē shǒu
가수가 되고 싶어요.

✱ 我想当老师。
Wǒ xiǎng dāng lǎo shī
난 선생님이 되고 싶어.

✱ 我希望当老师。
Wǒ xī wàng dāng lǎo shī
나는 선생님이 되고 싶어요.

✱ 我想当护士。
Wǒ xiǎng dāng hù shi
나는 간호사가 되고 싶어.

✱ 我想当教授。
Wǒ xiǎng dāng jiào shòu
나는 교수님이 되고 싶어요.

✱ 我想当飞行员。
Wǒ xiǎng dāng fēi xíng yuán
나는 파일럿이 되고 싶어요.

✱ 我希望当公务员。
Wǒ xī wàng dāng gōng wù yuán
나는 공무원이 될 거야.

✱ 我想当总经理。
Wǒ xiǎng dāng zǒng jīng lǐ
나는 사장님이 되고 싶어.

✱ 你为什么想当出家人?
Nǐ wèi shén me xiǎng dāng chū jiā rén
너는 왜 승려가 되고 싶은 거죠?

✱ 你说得一板一眼的清楚极了。
Nǐ shuō de yì bǎn yì yǎn de qīng chu jí le
너는 말하는 것이 또박또박 아주 분명하구나.

✱ 所以我想当播音员。
Suǒ yǐ wǒ xiǎng dāng bō yīn yuán
그래서 저는 아나운서가 되고 싶어요.

❋ 有机会希望再见一面。
Yǒu jī huì xī wàng zài jiàn yí miàn
기회가 되면 다시 만나고 싶습니다.

❋ 不想给你添麻烦。
Bù xiǎng gěi nǐ tiān má fan
당신께 폐를 끼치고 싶지 않습니다.

> A : 不想给你添麻烦。
> Bù xiǎng gěi nǐ tiān má fan
> 당신께 폐를 끼치고 싶지 않습니다.
>
> B : 看你说的。
> Kàn nǐ shuō de
> 말하는 것 좀 보세요.

❋ 坦率地讲, 我想跟你合作。
Tǎn shuài de jiǎng wǒ xiǎng gēn nǐ hé zuò
솔직히 말해서 당신과 합작하고 싶습니다.

❋ 我也想去。
Wǒ yě xiǎng qù
저도 가고 싶습니다.

❋ 我想早点出去找工作。
Wǒ xiǎng zǎo diǎn chū qù zhǎo gōng zuò
빨리 나가서 취업하고 싶어요.

❋ 我想去西餐馆吃牛排。
Wǒ xiǎng qù xī cān guǎn chī niú pái
레스토랑에 가서 스테이크를 먹고 싶습니다.

❋ 我想喝咖啡。
Wǒ xiǎng hē kā fēi
커피를 마시고 싶습니다.

❋ 我不想吃面包。
Wǒ bù xiǎng chī miàn bāo
빵은 먹고 싶지 않습니다.

❋ 我要换到那个位子上去。
Wǒ yào huàn dào nà ge wèi zi shang qù
저 좌석으로 바꾸고 싶습니다.

Unit 17 명령과 금지

일상생활에서 일방적으로 지시나 명령을 내리는 경우는 그리 흔하지 않으며 대개 부탁의 형식을 취하는 편입니다. 상대방에게 명령이나 지시 또는 금지를 나타낼 때는 나이, 관계, 상황 따위를 고려할 필요가 있습니다. 또한 어투도 다소 딱딱해질 수 있으므로 부탁의 어조를 유지하는 것도 좋을 것입니다. 중국어 청유문에서 앞에 「请 qǐng」을 붙이면 정중한 표현이 되며, 「别 bié」 또는 「请别 qǐngbié」를 붙이면 금지의 표현이 됩니다.

명령할 때

✽ **到这周五无论如何得结束!**
Dào zhè zhōu wǔ wú lùn rú hé děi jié shù
이번 주 금요일까지 확실히 끝내게나!

> A : **到这周五无论如何得结束!**
> Dào zhè zhōu wǔ wú lùn rú hé děi jié shù
> 이번 주 금요일까지 확실히 끝내게나!
>
> B : **是，我们会全力以赴。**
> Shì wǒ men huì quán lì yǐ fù
> 네, 최선을 다하겠습니다.

✽ **你快点把那人叫来!**
Nǐ kuài diǎn bǎ nà rén jiào lái
그 사람 좀 빨리 데려 오세요!

✽ **你就听他的指示吧。**
Nǐ jiù tīng tā de zhǐ shì ba
그 사람 지시를 따르세요.

✽ **那事就这么办吧。**
Nà shì jiù zhè me bàn ba
그건 이렇게 하세요.

✽ **我不接受你的任何指令。**
Wǒ bù jiē shòu nǐ de rèn hé zhǐ lìng
당신한테 어떤 지시도 받지 않겠소.

✽ **你没有权利命令我。**
Nǐ méi yǒu quán lì mìng lìng wǒ
너는 나한테 명령할 권리가 없어.

✽ **你凭什么让我干这干那?**
Nǐ píng shén me ràng wǒ gàn zhè gàn nà
네가 뭔데 나보고 이래라 저래라 해?

✽ **你没权利指使我。**
Nǐ méi quán lì zhǐ shǐ wǒ
나에게 지시할 권리 없어요.

✽ **绝对不行。**
Jué duì bù xíng
절대 안 돼.

A : **我想参加工作, 不想上大学。**
Wǒ xiǎng cān jiā gōng zuò bù xiǎng shàng dà xué
저는 일하고 싶어요, 대학에 진학하고 싶지 않아요.

B : **那是绝对不行的。**
Nà shì jué duì bù xíng de
그건 절대 안 돼.

✽ **那是绝对不可以的。**
Nà shì jué duì bù kě yǐ de
그건 절대 안 돼.

✽ **抽烟是绝对不行的。**
Chōu yān shì jué duì bù xíng de
담배 피우는 것은 절대 금지입니다.

✽ **不可以, 你还小, 要学的还很多。**
Bù kě yǐ nǐ hái xiǎo yào xué de hái hěn duō
안 돼. 너 아직 어려서 배워야 할 것들이 너무 많아.

✽ **这种行为在这里是不允许的。**
Zhè zhǒng xíng wéi zài zhè li shì bù yǔn xǔ de
이런 행위는 여기에서 금지된 것입니다.

Unit 18 추측과 확신

「아마(도) ～일 것이다」라는 뜻의 추측을 나타낼 때는 「也许 yěxǔ, 或许 huòxǔ, 恐怕 kǒngpà」라는 부사가 사용됩니다. 여기서 「恐怕」는 「恐怕不行。Kǒngpà bù xíng.(아마도 안될 거예요.)」처럼 주로 좋지 않은 결과가 예상될 때 쓰입니다. 「大约 dàyuē(대략), 大概 dàgài(대개)」도 역시 추측이나 추정을 할 때 쓰이며 확신이나 단언을 나타낼 때는 「没错 Méicuò(틀림없이)」라고 합니다.

추측할 때

✻ **早知道会那样!**
Zǎo zhī dào huì nà yàng
그럴 줄 알았어!

> A : **早知道会是这个结果，我说什么来着?**
> Zǎo zhī dào huì shì zhè ge jié guǒ wǒ shuō shén me lái zhe
> 진작에 이럴 줄 알았어, 내가 뭐라고 그랬니?
>
> B : **你可真是料事如神呐!**
> Nǐ kě zhēn shi liào shì rú shén na
> 정말 귀신같이 알아맞추네!

✻ **你推测得一丝不差。**
Nǐ tuī cè de yì sī bú chà
당신 추측이 딱 맞았어요.

✻ **结果正如我们的预想。**
Jié guǒ zhèng rú wǒ men de yù xiǎng
결과가 우리 예상대로 되었어요.

✻ **我真的没想到你能来。**
Wǒ zhēn de méi xiǎng dào nǐ néng lái
당신이 오리라고는 전혀 생각을 못했어요.

✻ **那可是全然没有预料到的状况啊。**
Nà kě shì quán rán méi yǒu yù liào dào de zhuànkuàng a
그건 전혀 예상 밖의 상황이었어요.

* 这事还说不准。
Zhè shì hái shuō bu zhǔn
아직 모르는 일이에요.

* 真是没法捉摸。
Zhēn shi méi fǎ zhuō mō
전혀 짐작이 안 가요.

* 结论不能下得过早。
Jié lùn bù néng xià de guò zǎo
속단하지 마세요.

* 尽可能推测推测看看。
Jǐn kě néng tuī cè tuī cè kàn kan
최대한으로 추측해 보세요.

* 当然了。
Dāng rán le
물론이죠.

* 我相信你是对的。
Wǒ xiāng xìn nǐ shì duì de
당신이 옳다고 확신합니다.

* 我敢跟你打赌。
Wǒ gǎn gēn nǐ dǎ dǔ
내기를 해도 좋아요.

* 没问题, 百分之百。
Méi wèn tí   bǎi fēn zhī bǎi
100% 확실합니다.

A : 你确定他们两在谈恋爱呢?
Nǐ què dìng tā men liǎng zài tán liàn ài ne
그 두 사람 연애하는 중인 거 확실해?

B : 没问题, 百分之百。
Méi wèn tí   bǎi fēn zhī bǎi
100% 확실합니다.

✽ **你有什么根据那么确信?**
Nǐ yǒu shén me gēn jù nà me què xìn
무슨 근거로 그렇게 확신하죠?

✽ **这点我保证。**
Zhè diǎn wǒ bǎo zhèng
그건 제가 보증합니다.

✽ **我敢断言。**
Wǒ gǎn duàn yán
단언합니다.

✽ **你凭什么那么肯定?**
Nǐ píng shén me nà me kěn dìng
어떻게 그렇게 확신하세요?

> A : **你凭什么那么肯定?**
> Nǐ píng shén me nà me kěn dìng
> 무슨 근거로 그렇게 확신하세요?
>
> B : **我听他母亲讲的。**
> Wǒ tīng tā mǔ qīn jiǎng de
> 제가 그 사람 어머니가 말씀하시는 것을 들었습니다.

✽ **现在还不大清楚。**
Xiàn zài hái bú dà qīng chu
아직은 확실하지 않습니다.

✽ **确切的我也不知道。**
Què qiè de wǒ yě bù zhī dào
확실한 것은 모르겠습니다.

> A : **我也是只知道个大概, 确切的我也不知道?**
> Wǒ yě shì zhǐ zhī dào ge dà gài què qiē de wǒ yě bù zhī dào
> 저도 단지 대략적인 것만 압니다, 확실한 것은 모르겠습니다.
>
> B : **那好, 你去问问清楚, 回来告诉我。**
> Nà hǎo nǐ qù wèn wen qīng chu huí lái gào su wǒ
> 그렇다면 좋습니다, 당신이 확실하게 물어보고 나와서 나에게 알려주세요.

✽ **这一点还不大明确。**
Zhè yì diǎn hái bú dà míng què
그 점에 대해선 확실하지 않습니다.

✽ **我不敢断言。**
Wǒ bù gǎn duàn yán
장담할 수는 없습니다.

✽ **我会尽力，但不敢保证。**
Wǒ huì jìn lì dàn bù gǎn bǎo zhèng
노력하겠지만, 장담은 못하겠습니다.

✽ **你确信是你的吗？**
Nǐ què xìn shì nǐ de ma
당신 것이라고 확신할 수 있습니까?

장담할 때

✽ **是你多心了，不会有那种事的。**
Shì nǐ duō xīn le bú huì yǒu nà zhǒng shì de
생각을 너무 많이 하셨어요. 그런 일은 없을 것입니다.

✽ **放心吧，那事决不可能发生。**
Fàng xīn ba nà shì jué bù kě néng fā shēng
안심하세요, 그런 일은 절대 생기지 않을 것입니다.

✽ **那种事确实有可能发生。**
Nà zhǒng shì què shí yǒu kě néng fā shēng
그런 일은 확실히 일어날 가능성이 있습니다.

Unit 19 재촉과 여유

만만디(慢慢的 mànmānde)라는 말은 「천천히, 느릿느릿하게」라는 뜻을 가진 중국어인데 언제부터인지 중국인의 성격을 상징하는 말이 되었으며, 이것이 어떤 때는 우리를 몹시 답답하고 화나게도 하지만 어떤 때는 본받을 만한 점이 되기도 합니다. 중국인들은 실생활에서 느린 것이 습관화되어 있으며 아무렇게나 빨리 해치우는 것보다는 느리더라도 잘하는 쪽이 좋다는 심리가 있습니다.

재촉할 때

✽ **请抓点紧。**
Qǐng zhuā diǎn jǐn
서두르세요!

✽ **请快一点好吗?**
Qǐng kuài yì diǎn hǎo ma
서둘러 주시겠습니까?

✽ **我们赶紧吧。**
Wǒ men gǎn jǐn ba
서두르자.

✽ **我很着急的。**
Wǒ hěn zháo jí de
몹시 급해요.

✽ **快点，时间不多了。**
Kuài diǎn shí jiān bù duō le
서둘러, 시간이 넉넉하지 않아.

✽ **快点干吧!**
Kuài diǎn gàn ba
빨리 하세요!

✽ **没有功夫耽误了。**
Méi yǒu gōng fu dān wu le
지체할 시간이 없어요.

* 尽可能快点吧。
Jǐn kě néng kuài diǎn ba
가능한 빨리 하세요.

* 快点动起来!
Kuài diǎn dòng qǐ lái
빨리 움직여!

* 快出来!
Kuài chū lái
빨리 나오세요!

* 加快点速度!
Jiā kuài diǎn sù dù
속도를 좀 내세요!

* 请马上处理!
Qǐng mǎ shang chǔ lǐ
지금 당장 처리해 주세요!

A : 请马上处理!
Qǐng mǎ shang chǔ lǐ
지금 당장 처리해 주세요!

B : 知道了，一定照办!
Zhī dào le   yí dìng zhào bàn
알았어요, 반드시 해 드릴게요!

여유를 가지라고 할 때

* 请慢慢来。
Qǐng màn mān lái
천천히 하세요.

* 不用着急。
Bú yòng zháo jí
서두를 필요 없어요.

* 以后再干也行。
Yǐ hòu zài gàn yě xíng
나중에 해도 돼요.

* **不要催得那么紧!**
  Bú yào cuī de nà me jǐn
  너무 재촉하지 마세요!

* **你以为着急就能快呀?**
  Nǐ yǐ wéi zháo jí jiù néng kuài ya
  서두른다고 일이 빨리 되진 않아요.

* **时间很充裕。**
  Shí jiān hěn chōng yù
  시간이 많이 있습니다.

* **你不要催我!**
  Nǐ bú yào cuī wǒ
  날 재촉하지 마!

말을 제지할 때

* **别说了，怪伤心的。**
  Bié shuō le　guài shāng xīn de
  말하지 마, 속상하잖아.

* **不要再提那件事了。**
  Bú yào zài tí nà jiàn shì le
  그 일을 더 이상 말하지 마.

* **请不要再说了。**
  Qǐng bú yào zài shuō le
  더 이상 얘기하지 마세요.

* **别伤心了，有离才有合嘛。**
  Bié shāng xīn le　yǒu lí cái yǒu hé ma
  더 이상 얘기하지 마세요, 마음 아픈데.

* **我就不再谈下去了。**
  Wǒ jiù bú zài tán xià qù le
  더 이상 얘기하지 않겠어요.

허락과 양해

상대방의 부탁이나 의견을 받아들일 때는 「行 Xíng, 可以 Kěyǐ, 我同意 Wǒ tóngyì, 好吧 Hǎo ba」라고 하면 됩니다. 만일 적극적으로 받아들일 때는 「当然可以 Dāngrán kěyǐ, 没问题 Méiwèntí」라고 합니다. 반대로 거절을 하거나 받아들일 수 없을 때는 「对不起 Duìbuqǐ, 不好意思 Bùhǎoyìsi, 真遗憾 Zhēn yíhàn」 등으로 미안함이나 유감의 뜻을 나타냅니다.

허락을 구할 때

✳ 我可以抽烟吗?
Wǒ kě yǐ chōu yān ma
담배를 피워도 됩니까?

✳ 这样做，就可以了吗?
Zhè yàng zuò jiù kě yǐ le ma
이렇게 하면 돼요?

✳ 我可以进去吗?
Wǒ kě yǐ jìn qù ma
제가 들어가도 될까요?

✳ 在这儿可以照相吗?
Zài zhèr kě yǐ zhào xiang ma
여기에서 사진을 찍어도 돼요?

✳ 能允许我看一下吗?
Néng yǔn xǔ wǒ kàn yí xià ma
제가 보도록 허락해주시겠어요?

✳ 可以打开窗户吗?
Kě yǐ dǎ kāi chuāng hù ma
차창을 열어도 되겠습니까?

✳ 可不可以换一下座位?
Kě bu kě yǐ huàn yí xià zuò wèi
좌석을 바꿔도 되겠습니까?

✱ **这儿可以拍照吗?**
  Zhèr kě yǐ pāi zhào ma
  여기서 사진을 찍어도 됩니까?

✱ **可以用信用卡结帐吗?**
  Kě yǐ yòng xìn yòng kǎ jié zhàng ma
  신용카드로 결제해도 됩니까?

✱ **能试一试吗?**
  Néng shì yí shì ma
  신어봐도 될까요?

A : **能试穿吗?**
  Néng shì chuān ma
  입어봐도 될까요?

B : **可以, 那儿有试衣间。**
  Kě yǐ nàr yǒu shì yī jiān
  그럼요, 저기 탈의실이 있습니다.

✱ **我可以试一下吗?**
  wǒ kě yǐ shì yí xià ma
  한번 입어봐도 됩니까?

✱ **我可以跟别人说吗?**
  Wǒ kě yǐ gēn bié rén shuō ma
  다른 사람에게 얘기해도 돼요?

✱ **我想明天休息一天, 可以吗?**
  Wǒ xiǎng míng tiān xiū xi yì tiān kě yǐ ma
  저 내일 하루 쉬려고 하는데, 괜찮아요?

**허락 요구에
대한 응답**

✱ **可以, 进来吧。**
  Kě yǐ jìn lái ba
  그래, 들어와.

✱ **我不允许他进来。**
  Wǒ bù yǔn xǔ tā jìn lái
  그가 들어오게 할 수는 없어.

103

✱ **不行，明天有很多事要干呢！**
Bù xíng míng tiān yǒu hěn duō shì yào gàn ne
안 돼요, 내일 할 일이 많거든요!

✱ **不行，这儿是禁烟区。**
Bù xíng   zhèr   shì jìn yān qū
안 됩니다, 이곳은 금연구역입니다.

양해를 구할 때

✱ **对不起了。**
Duì bu qǐ le
실례합니다.

✱ **我可以打扰你一下吗？**
Wǒ kě yǐ dǎ rǎo nǐ yí xià ma
잠깐 실례해도 되겠습니까?

> A : **我可以打扰你一下吗？**
> Wǒ kě yǐ dǎ rǎo nǐ yí xià ma
> 잠깐 실례해도 되겠습니까?
>
> B : **请吧。**
> Qǐng ba
> 그러세요.

✱ **允许我打断你一下…。**
Yǔn xǔ wǒ dǎ duàn nǐ yí xià
말씀 도중에 죄송합니다만….

✱ **我可以坐这儿吗？**
Wǒ kě yǐ zuò zhèr ma
여기 앉아도 되겠습니까?

✱ **我马上要回去了。**
Wǒ mǎ shàng yào huí qù le
저는 이만 실례하겠습니다.

✱ **失陪我先回去了。**
Shī péi wǒ xiān huí qù le
먼저 가보겠습니다.

간섭을 제지할 때

✽ 非常抱歉，再次向您赔礼了。
Fēi cháng bào qiàn zài cì xiàng nín péi lǐ le
정말 미안합니다, 다시 한번 양해를 구합니다.

✽ 请你不要再干涉，拜托你了。
Qǐng nǐ bú yào zài gān shè bài tuō nǐ le
더 이상 간섭 마세요, 제발요.

✽ 先把你的事干好，然后再说别人。
Xiān bǎ nǐ de shì gàn hǎo rán hòu zài shuō bié rén
네 일이나 잘 하고 나서 다른 사람을 나무라든지 해.

✽ 这不关你的事，你少管闲事。
Zhè bú guān nǐ de shì nǐ shǎo guǎn xián shì
이건 너와는 상관없는 일이야, 참견 마.

> A : 这不关你的事，你少管。
> Zhè bú guān nǐ de shì nǐ shǎo guǎn
> 이건 너와 상관없는 일이야, 참견하지 마.
>
> B : 我是为你好，你真不识抬举。
> Wǒ shì wèi nǐ hǎo nǐ zhēn bù shí tái ju
> 너를 위한 건데, 정말 성의를 무시하는구나.

✽ 这不是你分内的事，你不用管。
Zhè bú shì nǐ fēn nèi de shì nǐ bú yòng guǎn
이건 네가 상관할 일이 아냐, 상관 마.

Part 02

Business Expression
비즈니스 표현

구직과 면접

경쟁이 치열한 사회에서 다른 경쟁자를 물리치고 취업하기란 결코 쉬운 일이 아닙니다. 더구나 우리나라도 아닌 중국에서의 취업은 더욱 그렇습니다. 그러므로 구직서류를 준비하는 데 있어서도 매우 정성을 들여야 합니다. 구직 서류에는 이력서(简曆 jiǎnlì), 자기소개서(自我介绍 zìwǒ jièshào), 추천서(推荐书 tuījiànshū), 성적증명서(成绩单 chéng jìdān), 각종 자격증 사본(证书復印件 zhèngshū fùyìnjiàn) 등이 필요합니다.

일자리를 찾을 때

✽ 我正在到处找工作呢。
Wǒ zhèng zài dào chù zhǎogōng zuò ne
저는 지금 여기저기 일자리를 찾아다니고 있어요.

✽ 找一个自己喜欢的工作真难呀。
Zhǎo yí gè zì jǐ xǐ huan de gōng zuò zhēn nán ya
마음에 드는 일자리를 찾기가 힘드네요.

> A : 找一个自己喜欢的工作真难呀。
> Zhǎo yí gè zì jǐ xǐ huan de gōng zuò zhēnnán ya
> 마음에 드는 일자리를 찾기가 힘드네요.
>
> B : 要求别太高, 总会找到的。
> yào qiú bié tài gāo zǒng huì zhǎo dào de
> 요구조건을 너무 높게 하지 않으며, 결국에는 찾을 수 있을 거예요.

✽ 不想干又脏又累的活儿。
Bù xiǎng gàn yòu zāng yòu lèi de huór
지저분하고 힘든 일은 하고 싶지 않아요.

✽ 您能给我介绍一份工作吗?
Nín néng gěi wǒ jiè shào yí fèn gōng zuò ma
제게 일자리 좀 소개해 주시겠습니까?

✽ 如果有合适的工作, 请给我介绍一个。
Rú guǒ yǒu hé shì de gōng zuò qǐng gěi wǒ jiè shào yí gè
좋은 일자리가 있으면 소개 좀 해 주세요.

* 我希望找一个称心如意的工作。
Wǒ xī wàng zhǎo yí gè chèn xīn rú yì de gōng zuò
정말 마음에 드는 일자리를 구하고 싶어요.

* 他通过关系进了那家公司。
Tā tōng guò guān xi jìn le nà jiā gōng sī
그는 연줄을 통해 그 회사에 들어갔어요.

* 他走关系找到工作。
Tā zǒu guān xi zhǎo dào gōng zuò
그는 인맥을 통해서 취직했어요.

면접을 준비할 때

* 在面试的时候，印象是非常重要的。
Zài miàn shì de shí hou yìn xiàng shì fēi cháng zhòng yào de
면접시험에서는 첫인상이 아주 중요해요.

* 面试时，要注意扬长避短。
Miàn shì shí yào zhù yì yáng cháng bì duǎn
면접할 때는 자기 소개를 잘 하세요.

* 面试时，你的穿着要得体。
Miàn shì shí nǐ de chuān zhuó yào dé tǐ
면접할 때는 장소에 맞는 옷차림을 해야 합니다.

* 不要紧张，满怀信心地去参加面试。
Bú yào jǐn zhāng mǎn huái xìn xīn de qù cān jiā miàn shì
긴장할 건 없어요. 자신감을 가지고 면접을 보세요.

면접관의 질문

* 你选择我们公司的初衷是什么？
Nǐ xuǎn zé wǒ men gōng sī de chū zhōng shì shén me
저희 회사를 선택한 동기는 무언가요?

* 你为什么会对这个公司感兴趣？
Nǐ wéi shén me huì duì zhè ge gōng sī gǎn xìng qù
어떻게 우리 회사에 관심을 갖게 되었나요?

* 你觉得你能胜任这份工作吗？
Nǐ jué de nǐ néng shèng rèn zhè fèn gōng zuò ma
이 일을 잘 해낼 수 있을 것 같아요?

✳ 你有工作经验吗?
　Nǐ yǒu gōng zuò jīng yàn ma
　당신은 업무경험이 있나요?

✳ 你有哪方面的资格证书?
　Nǐ yǒu nǎ fāng miàn de zī gé zhèng shū
　어떤 자격증을 가지고 있나요?

✳ 你可以用英语表达自己的意思吗?
　Nǐ kě yǐ yòng Yīng yǔ biǎo dá zì jǐ de yi si ma
　영어로 자신의 의사를 표현할 수 있나요?

✳ 你有几个好朋友?
　Nǐ yǒu jǐ ge hǎo péng you
　좋은 친구는 몇 명이나 있나요?

✳ 你身边的人都是怎样評价你的?
　Nǐ shēn biān de rén dōu shì zěn yàng píng jià nǐ de
　주변 사람들은 자신을 어떻게 평가하나요?

✳ 你的理想是什么?
　Nǐ de lǐ xiǎng shì shén me
　당신의 꿈은 뭔가요?

✳ 你有什么特长?
　Nǐ yǒu shén me tè cháng
　특기가 뭔가요?

✳ 你最擅长什么?
　Nǐ zuì shàn cháng shén me
　가장 잘하는 게 뭐죠?

A : 你最擅长什么?
　　Nǐ zuì shàn cháng shén me
　　가장 잘하는 게 뭐죠?

B : 我很擅长與他人合作。
　　Wǒ hěn shàn cháng yǔ tā rén hé zuò
　　저는 다른 사람과 협력을 잘 합니다.

✳ 你喜欢运动吗?
　Nǐ xǐ huan yùn dòng ma
　운동을 좋아하나요?

* **你期望年薪是多少？**
  Nǐ qī wàng nián xīn shì duō shao
  희망하는 연봉을 얼마입니까?

* **面试结束了。**
  Miàn shì jié shù le
  면접 끝났어요.

* **请回家等候我们的通知。**
  Qǐng huí jiā děng hòu wǒ men de tōng zhī
  집으로 돌아가서 공지사항을 기다리십시오.

면접관에게 물을 때

* **试用期工资是多少？**
  Shì yòng qī gōng zī shì duō shao
  실습기간의 급여는 얼마나 됩니까?

* **一年奖金是多少？**
  Yì nián jiǎng jīn shì duō shao
  연간 보너스는 얼마나 됩니까?

* **除了工资以外还有别的补贴吗？**
  Chú le gōng zī yǐ wài hái yǒu bié de bǔ tiē ma
  급여 외에 특별보조금이 있습니까?

* **员工都有哪些福利？**
  Yuán gōng dōu yǒu nǎ xiē fú lì
  사원 복지에는 어떤 것이 있습니까?

* **公司可以提供医疗保险吗？**
  Gōng sī kě yǐ tí gōng yī liáo bǎo xiǎn ma
  의료보험 혜택이 있습니까?

면접 결과

* **什么时候可以知道面试结果出来？**
  Shén me shí hou kě yǐ zhī dào miàn shì jié guǒ chū lái
  면접 결과는 언제쯤 나옵니까?

* **可以用电话确认面试结果吗？**
  Kě yǐ yòng diàn huà què rèn miàn shì jié guǒ ma
  전화로 면접 결과를 확인할 수 있습니까?

✽ 面试怎么样?
Miàn shì zěn me yàng
면접은 어땠어요?

✽ 什么时候通知结果?
Shén me shí hou tōng zhī jié guǒ
결과는 언제 알려 주나요?

A : 什么时候通知结果?
Shén me shí hou tōng zhī jié guǒ
결과는 언제 알려 주나요?

B : 一周后到网上查询结果吧。
Yì zhōu hòu dào wǎng shàng chá xún jié guǒ ba
일주일 후에 인터넷에서 결과를 조회해 보세요.

✽ 终于找到工作了!
Zhōng yú zhǎo dào gōng zuò le
드디어 취직했어요!

✽ 祝贺你找到了工作。
Zhù hè nǐ zhǎo dào le gōng zuò
취직을 축하해요.

✽ 好像我没有被录取，到现在还没有消息。
Hǎo xiàng wǒ méi yǒu bèi lù qǔ　 xiāo xi dào xiàn zài hái méi yǒu
아마 불합격인가 봐, 아직도 소식이 없어.

✽ 这次我又被刷下来了。
Zhè cì wǒ yòu bèi shuā xià lái le
이번에도 미끄러졌어.

Unit 02 | 인사 이동

취직을 하고 난 다음 일정기간 이상 회사생활을 하다보면 부서 이동이나 승진, 해고, 퇴직 등의 인사 이동이 이루어지므로 이와 관련된 표현도 익혀두어야만 합니다.

직장에서의 평가

* 他很会处理文件，是不是?
  Tā hěn huì chǔ lǐ wén jiàn shì bú shì
  그는 문서처리를 정말 잘하죠?

  *是不是는 평서문 뒤에 쓰여서 상대방의 의사를 확인하는 의문문으로 바꾸어준다. 이와 같이 긍정(是)과 부정(不是)을 같이 써서 만든 의문문을 긍·부정의문문이라고 한다.

* 他是在公司里必须的人员。
  Tā shì zài gōng sī li bì xū de rén yuán
  그 사람은 회사에서 꼭 필요한 사람입니다.

* 今天有什么好事吗?
  Jīn tiān yǒu shén me hǎo shì ma
  오늘 좋아 보이는데요?

* 今天早上，老板称赞我把事情处理得很好。
  Jīn tiān zǎo shang lǎo bǎn chēng zàn wǒ bǎ shì qing chǔ lǐ de hěn hǎo
  오늘 아침에 사장님이 일을 잘한다고 칭찬하셨습니다.

* 她的工作态度怎么样?
  Tā de gōng zuò tài dù zěn me yàng
  그녀의 근무태도는 어떻습니까?

> A : 她的工作态度怎么样?
> Tā de gōng zuò tài dù zěn me yàng
> 그녀의 근무태도는 어떻습니까?
>
> B : 不错。认真负责。
> Bú cuò Rèn zhēn fù zé
> 매우 좋습니다. 성실하고 책임감이 강합니다.

✻ **她不太会处理事情。**
Tā bú tài huì chǔ lǐ shì qing
그녀는 일처리를 잘 못합니다.

✻ **告诉她了没有?**
Gào su tā le méi yǒu
그녀에게 얘기했어?

✻ **她全神贯注地工作着，连我叫她的声音都没听见。**
Tā quán shén guàn zhù de gōng zuò zhe lián wǒ jiào tā de shēng yīn dōu méi tīng jiàn
그녀는 일에 몰두해 있어서 내가 부르는 소리도 듣지 못했다.

✻ **工作的时候最需要精神集中。**
Gōng zuò de shí hou zuì xū yào jīng shén jí zhōng
일을 할 때에 정신 집중이 가장 필요하다.

✻ **他从早到晚忙工作，连吃饭的时间都没有。**
Tā cóng zǎo dào wǎn máng gōng zuò lián chī fàn de shí jiān dōu méi yǒu
그는 밥 먹을 시간도 없이 아침부터 저녁까지 일만 합니다.

✻ **看他整天被工作拖累着，怪可怜的。**
Kàn tā zhěng tiān bèi gōng zuò tuō lèi zhe guài kě lián de
하루 종일 일에 매달려 있는 모습을 보니 안쓰러워 보이네요.

✻ **祝愿你明年高升。**
Zhù yuàn nǐ míng nián gāo shēng
내년에는 승진하시길 바랍니다.

✻ **这次升级考试考上了吗?**
Zhè cì shēng jí kǎo shì kǎo shàng le ma
이번 승진시험에 합격했습니까?

＊考上에서 上은 考의 결과보어로 쓰여서 시험을 쳐서 합격했다는 의미로 만들어 준다. 중국어에서 동사 뒤에 쓰이는 결과보어는 상당히 중요하며 결과보어 자체가 몇 가지 의미를 가지며 특정한 동사와 결합하여 사용되므로 동사와 함께 기억해 두는 것이 좋다.

A : 这次升级考试考上了吗?
Zhè cì shēng jí kǎo shì kǎo shàng le ma
이번 승진시험에 합격했습니까?

B : 还没消息呢。
Hái méi xiāo xi ne
아직 소식이 없습니다.

❋ 我被提升为部长了。
Wǒ bèi tí shēng wéi bù zhǎng le
저 부장으로 승진했습니다.

❋ 他怎么提升得那么快?
Tā zěn me tí shēng de nà me kuài
그 사람 어떻게 그렇게 빨리 승진했지?

❋ 他的晋升是破格的。
Tā de jìn shēng shì pò gé de.
그의 승진은 이례적이었어요.

❋ 他的后台很硬。
Tā de hòu tái hěn yìng
그에게는 강력한 후원자가 있어요.

❋ 这次升级的标准是什么?
Zhè cì shēng jí de biāo zhǔn shì shén me?
이번 승진의 기준은 무엇입니까?

❋ 晋升全靠成绩。
Jìn shēng quán kào chéng jì.
승진은 성적에 달렸어요.

❋ 你觉得谁会被提拔?
Nǐ jué de shéi huì bèi tí bá
당신은 누가 승진할 거라고 생각하세요?

* 被는 피동적인 행위나 대상을 도출해낸다. 즉 이 문장에서 提拔는 「발탁하다」라는 의미이
다. 하지만 앞에 被를 사용함으로써 「발탁되다」라는 행위를 받는 피동적의미로 바뀐 것이다.

❋ 谁不说是呢!
Shéi bù shuō shì ne
그러게 말이야!

✱ 奇怪，今天在公司里怎么不见他呢。
Qí guài jīn tiān zài gōng sī li zěn me bú jiàn tā ne
이상하네, 오늘 회사에서 그가 안보이네요.

해고에 대해서

✱ 他被解雇了。
Tā bèi jiě gù le
그는 해고됐어요.

✱ 你最近有什么事吗?
Nǐ zuì jìn yǒu shén me shì ma?
너 요즘 무슨 고민 있니?

✱ 我这两年，先后被三家公司解雇过。
Wǒ zhè liǎng nián xiān hòu bèi sān jiā gōng sī jiě gù guo
나는 2년 동안, 세 군데서 해고당했어.

A : 我这两年，先后被三家公司解雇过。
Wǒ zhè liǎng nián xiān hòu bèi sān jiā gōng sī jiě gù guo
저는 2년 동안, 세 군데서 해고당했어요.

B : 这年谁都不容易。
Zhè nián shéi dōu bù róng yì
요즘은 누구나 힘들어요.

✱ 听说你昨天跟朋友喝了很多酒。
Tīng shuō nǐ zuó tiān gēn péng you hē le hěn duō jiǔ
어제 친구랑 술을 많이 마셨다고 하던데요.

✱ 我安慰被解雇的朋友。
Wǒ ān wèi bèi jiě gù de péng you.
해고당한 친구를 위로했어요.

퇴직에 대해서

✽ 你怎么决定的呢?
Nǐ zěn me jué dìng de ne
어떻게 결정하셨나요?

✽ 我决定不干。
Wǒ jué dìng bú gàn
그만두기로 결심했어요.

✽ 韩国公司的退休年龄是多大?
Hán guó gōng sī de tuì xiū nián líng shì duō dà
한국 회사의 퇴직연령은 어떻게 됩니까?

＊ 나이를 물어볼 때「多大年纪」라는 말을 사용하는데 일반적으로「多大」라고 해도 연령을
  물어보는 의문문으로 사용할 수 있다.

✽ 一般公司的退休年龄是五十八岁。
Yì bān gōng sī de tuì xiū nián líng shì wǔ shí bā suì
회사의 퇴직연령은 보통 58세입니다.

✽ 最近退休年龄越来越低, 是真的吗?
Zuì jìn tuì xiū nián líng yuè lái yuè dī shì zhēn de ma
요즘 퇴직연령이 낮아진다던데, 그런가요?

＊「越来越＋동사·형용사」의 형태를 써서 정도가 점점 더 심해짐을 표현한다. 갈수록「～한
  다」라고 해석하면 된다.

✽ 最近名譽退休比年龄退休更多呢。
Zuì jìn míng yù tuì xiū bǐ nián líng tuì xiū gèng duō ne
요즘은 정년퇴직보다는 명예퇴직이 더 많습니다.

✽ 你们公司规定多大岁数退休?
Nǐ men gōng sī guī dìng duō dà suì shu tuì xiū
당신 회사는 정년이 몇 살입니까?

✽ 唉, 过了五十岁就危险了。
Āi guò le wǔ shí suì jiù wēi xiǎn le
어휴, 50세 이상이면 위험합니다.

**구인광고를 보고
응모할 때**

✽ 找到了没有?
Zhǎo dào le méi you
찾았어?

117

✱ 我在报纸上找到了适合我的招聘广告。
Wǒ zài bào zhǐ shang zhǎo dào le shì hé wǒ de zhāo pìn guǎng gào
신문에서 나에게 적합한 구인광고를 찾았다.

✱ 我该拿走的文件是哪一个?
Wǒ gāi ná zǒu de wén jiàn shì nǎ yí gè
제가 가져가야 할 서류는 어떤 것입니까?

✱ 是交出履歷书和两张照片。
Shì jiāo chū lǚ lì shū hé liǎng zhāng zhào piàn
이력서와 사진 2매를 제출해야 합니다.

✱ 有没有对我合适的招聘广告?
Yǒu mei yǒu duì wǒ hé shì de zhāo pìn guǎng gào
저에게 맞는 구인광고가 있습니까?

* 이 문장에서처럼 긍·부정의문문은 문장 앞에서 사용되는 경우도 있는데, 有没有는 주로
  문장 앞에 사용된다.

✱ 很少找三十岁以上的。
Hěn shǎo zhǎo sān shí suì yǐ shàng de
30세 이상을 찾는 구인광고는 별로 없습니다.

✱ 我想在更好一些的单位工作。
Wǒ xiǎng zài gēng hǎo yì xiē de dān wèi gōng zuò
저는 좀더 나은 직장에서 일하고 싶습니다.

* 부사 多는 형용사 好를 수식하여 정도를 더욱 강하게 한다.

A : 我想在更好一些的单位工作。
Wǒ xiǎng zài gēng hǎo yì xiē de dān wèi gōng zuò
저는 좀 더 나은 직장에서 일하고 싶습니다.

B : 谁不想呢。
Shéi bù xiǎng ne
누군들 그러고 싶지 않겠어요.

✱ 好好儿找找招聘广告，一定会有机会的。
Hǎor Hǎor zhǎo zhǎo zhāo pìn guǎng gào yí dìng huì yǒu jī huì de
구인광고를 잘 찾아보면 좋은 기회를 잡을 수 있을 겁니다.

Unit 03 · 직장 생활

직장생활은 인간관계의 연속이므로 업무적인 측면도 중요하지만 동료간의 원만한 관계유지도 매우 중요합니다.

스케줄을 확인할 때

✱ **今天有时间整理这文件吗?**
Jīn tiān yǒu shí jiān zhěng lǐ zhè wén jiàn ma
오늘 이 서류 정리할 시간 있어요?

✱ **今天我的日程排得满满的。**
Jīn tiān wǒ de rì chéng pái de mǎn mǎn de
저는 오늘 스케줄이 꽉 차 있어요.

✱ **你说定几点好?**
Nǐ shuō dìng jǐ diǎn hǎo
몇 시로 했으면 좋겠어요?

✱ **明天的话, 什么时候都可以。**
Míng tiān de huà shén me shí hou dōu kě yǐ
내일은 아무 때나 괜찮아요.

> * 的话는 가정을 나타내며, 보통 「如果 ~ 的话」의 형식으로 많이 쓰이는데, 「만약 ~라면」
> 으로 해석한다.

✱ **在哪儿见面呢?**
Zài nǎr jiàn miàn ne
어디서 만나죠?

A : **在哪儿见面呢?**
Zài nǎr jiàn miàn ne
어디서 만나죠?

B : **什么地方都可以, 你来决定吧。**
Shén me dì fang dōu kě yǐ nǐ lái jué dìng ba
아무 곳이나 다 괜찮아요. 당신이 정하세요.

✱ **今天有约会吗?**
Jīn tiān yǒu yuē huì ma
오늘 약속 있습니까?

✽ **什么时候可以见面?**
Shén me shí hou kě yǐ jiàn miàn
언제쯤 볼 수 있을까?

✽ **六点以後能有时间。**
Liù diǎn yǐ hòu néng yǒu shí jiān
6시 이후에 시간이 날거야.

✽ **我该做什么?**
Wǒ gāi zuò shén me
제가 뭘 해야 하죠?

✽ **提交情况进展报告书。**
Tí jiāo qíng kuàng jìn zhǎn bào gào shū
진행상황 보고서를 제출하세요.

✽ **事情还算顺利吧?**
Shì qing hái suàn shùn lì ba
일은 순조롭게 진행되어 가는 편이지요?

A : **事情还算顺利吧?**
Shì qing hái suàn shùn lì ba
일은 순조롭게 진행되어 가는 편이지요?

B : **比想象的好。**
Bǐ xiǎng xiàng de hǎo
생각보다 좋습니다.

✽ **这次交易进行的怎么样了?**
Zhè cì jiāo yì e jìn xíng zěn me yàng le
이번 거래는 어떻게 되어가고 있는 건가요?

✽ **好久没来消息, 够郁闷闷!**
Hǎo jiǔ méi lái xiāo xi gòu yù mēn de
오랫동안 소식이 없으니 답답해 죽겠네요.

✽ **到这个星期五, 无论如何得结束!**
Dào zhè ge xīng qī wǔ wú lùn rú hé děi jié shù
이번주 금요일까지 무슨 일이 있어도 끝내게나.

* 无论如何는 대상의 예외가 없음을 나타내며, 어쨌든 정도로 해석한다.

❋ 事情正如我们预想的那样。
Shì qíng zhèng rú wǒ men yù xiǎng de nà yàng
일이 우리 예상대로 되고 있습니다.

도움을 요청할 때

❋ 您能帮我一下吗?
Nín néng bāng wǒ yí xià ma
저 좀 도와주시겠어요?

❋ 你打电话有什么事?
Nǐ dǎ diàn huà yǒu shén me shì
어떤 일로 전화하셨어요?

❋ 我需要您的帮助。
Wǒ xū yào nín de bāng zhù
당신의 도움이 필요해요.

❋ 对不起，把这些东西帮我搬到那儿行吗?
Duì bu qǐ bǎ zhè xiē dōng xi bāng wǒ bān dào nàr xíng ma
죄송합니다만, 이것을 저기까지 들어주실 수 있으세요?

❋ 我能帮你点儿什么的?
wǒ néng bāng nǐ diǎn r shén me de

你需要我帮助吗?
nǐ xū yào wǒ bāng zhù ma
무엇을 도와 드릴까요?

❋ 後边有人追我，替我报一下儿警。
Hòu bian yǒu rén zhuī wǒ tì wǒ bào yí xiàr jǐng
뒤에 누군가 저를 쫓고 있어요, 경찰 좀 불러주세요.

* 替는「～을 대신하여」라는 의미를 지닌다.

회의에 대해서

❋ 科长说什么?
Kē zhǎng shuō shén me
과장님께서 뭐라고 하셨습니까?

❋ 明天要开全体员工会议。
Míng tiān yào kāi quán tǐ yuán gōng huì yì
내일 전체 직원회의를 연다고 합니다.

121

✽ 我想见老板。
Wǒ xiǎng jiàn lǎo bǎn
사장님을 만나 뵙고 싶습니다.

✽ 正在开重要的会议呢。
Zhèng zài kāi zhòng yào de huì yì ne
지금 중요한 회의 중입니다.

✽ 不是还要参加首尔的会议吗。
Bú shì hái yào cān jiā Shǒu' er de huì yì ma
서울 회의에 참석해야 하잖아.

* 「不是」가 문장 앞에 위치함으로써 상대방에게 어떤 행위에 대한 당위성을 제기한다.

✽ 你全面负责起这项工作。
Nǐ quán miàn fù zé qǐ zhè xiàng gōng zuò
자네는 이 안건에 대해서 모든 걸 책임지게.

> A : 这项工作由你来全面负责。
> Zhè xiàng gōng zuò yóu nǐ lái quán miàn fù zé
> 이 일은 자네가 모든 걸 책임지게.
>
> B : 好，我会全力以赴的。
> Hǎo wǒ huì quán lì yǐ fù de
> 네, 최선을 다하겠습니다.

✽ 你就听他的指示吧。
Nǐ jiù tīng tā de zhǐ shì ba
그 사람 지시를 따르세요.

출퇴근에 대해서

✽ 上班去啊？
Shàng bān qù a
지금 출근하십니까?

✽ 你坐什么上班？
Nǐ zuò shén me shàng bān

上班的时候坐什么来？
Shàng bān de shí hou zuò shén me lái
출근할 때 무얼 타고 하십니까?

* 通常都坐地铁上班。
Tōng cháng dōu zuò dì tiě shàng bān
대개 지하철을 이용해서 출근해요.

* 路上需要多长时间?
Lù shang xū yào duō cháng shí jiān
출근하는 데 시간이 얼마나 걸려요?

* 三十分钟就够了。
Sān shí fēn zhōng jiù gòu le
30분이면 됩니다.

* 你没有迟到过吗?
Nǐ méi yǒu chí dào guo ma
지각한 적은 없습니까?

* 几点上班。
Jǐ diǎn shàng bān
몇 시까지 출근합니까?

* 没有要紧事的话，一般九点上班。
Méi yǒu yào jǐn shì de huà　 yì bān jiǔ diǎn shàng bān
급한 일이 없다면 9시까지 출근하면 됩니다.

휴가에 대해서

* 有几天休假?
Yǒu jǐ tiān xiū jià
휴가는 며칠이나 됩니까?

* 休假定在什么时候?
Xiū jià dìng zài shén me shí hou
휴가는 언제로 정했나요?

A : 休假定在什么时候?
Xiū jià dìng zài shén me shí hou
휴가는 언제로 정했나요?

B : 七月中旬左右。
Qī yuè zhōng xún zuǒ yòu
7월 중순쯤이요.

✱ **下星期，我想休两天假。**
Xià xīng qī　　wǒ xiǎng xiū liǎng tiān jià
다음 주에 이틀 정도 휴가를 얻고 싶습니다.

✱ **这次休假要去哪儿?**
Zhè cì xiū jià yào qù　nǎr
이번 휴가는 어디로 가나요?

✱ **现在太忙，没有功夫休假。**
Xiàn zài tài máng　méi yǒu gōng fu xiū jià
너무 바빠서 휴가를 가질 여유가 없어요.

✱ **定了休假计划了吗?**
Dìng le xiū jià　jì huà le ma
휴가 계획을 세우셨어요?

✱ **这次休假的时候你打算去哪儿?**
Zhè cì xiū jià de shí hòu nǐ dǎ suan qù　nǎr
이번 휴가 때는 어디로 갈 생각입니까?

✱ **我有计划去中国。**
Wǒ yǒu　jì huà qù Zhōng guó
중국에 갈 생각입니다.

**동료와 대화를
나눌 때**

✱ **你跟上司的关系怎么样?**
Nǐ gēn shàng sī de guān xi　zěn me yàng
당신은 상사와 사이가 어떠세요?

✱ **还可以。**
Hái kě　yǐ
그저 그렇습니다.

✱ **你的上司人怎么样?**
Nǐ de shàng sī rén zěn me yàng
당신의 상사는 어떻습니까?

✱ **他很絮叨!**
Tā hěn xù dao
그는 잔소리가 심해요!

✽ **我尊重我领导。**
Wǒ zūnzhòng wǒ lǐngdǎo
저는 제 상사를 존경합니다.

✽ **我讨厌我上司。**
Wǒ tǎoyàn wǒ shàngsī
저는 제 상사가 싫습니다.

✽ **在工作中最难的是什么?**
Zài gōng zuò zhōng zuì nán de shì shén me
회사생활을 하면서 가장 힘든 점은 무엇입니까?

> A : **在工作中最难的是什么?**
> Zài gōng zuò zhōng zuì nán de shì shén me
> 회사생활을 하면서 가장 힘든 점은 무엇입니까?
>
> B : **人际关系。**
> Rén jì guān xi
> 인간관계요.

✽ **要对自己的行为负责。**
Yào duì zì jǐ de xíng wéi fù zé
자신의 행동에 책임을 져야 한다는 것입니다.

✽ **他非常宽容。**
Tā fēi cháng kuān róng
그분은 매우 관대합니다.

**컴퓨터 조작에
대해서**

✽ **上次他给我修理过电脑。**
Shàng cì tā gěi wǒ xiū lǐ guo diàn nǎo
저번에 그가 내 컴퓨터를 고쳐줬어.

✽ **他是电脑高手。**
Tā shì diàn nǎo gāo shǒu
그는 컴퓨터 도사야.

✽ **你对这部分不清楚, 是不是?**
Nǐ duì zhè bù fēn bù qīng chu shì bú shì
이 부분을 잘 모르시죠?

* 刚学电脑没多久，还不熟练。
Gāng xué diàn nǎo méi duō jiǔ hái bù shú liàn
컴퓨터를 배운 지 얼마 안 되어서 익숙치 않아요.

* 好像你在外勤的时候收到资料。
Hǎo xiàng nǐ zài wài qín de shí hou shōu dào zī liào
외부에 있을 때 자료를 받을 수 있을 것 같은데요.

* 有个手提电脑应该很方便。
Yǒu ge shǒu tí diàn nǎo yīng gāi hěn fāng biàn
노트북 한 대 있으면 매우 편리할 텐데.

A : 有个手提电脑应该很方便。
Yǒu ge shǒu tí diàn nǎo yīng gāi hěn fāng biàn
노트북 한 대 있으면 아주 편할 텐데.

B : 应该是的。可是实际上并不如此。
Yīng gāi shì de　　Kě shì shí jì shàng bìng bù rú cǐ
당연히 그렇지. 그러나 사실 꼭 그렇지만도 않아.

* 你不工作的时候做什么?
Nǐ bù gōng zuò de shí hou zuò shén me
당신은 일하지 않을 때 무엇을 합니까?

* 我一有时间就上网。
Wǒ yì yǒu shí jiān jiù shàng wǎng
저는 시간이 있으면 인터넷을 합니다.

* 再有类似问题发生的话怎么办?
Zài yǒu lèi sì wèn tí fā shēng de huà zěn me bàn
이런 문제가 다시 발생하면 어떡하죠?

* 关于电脑有什么问题的话，就问他。
Guān yú diàn nǎo yǒu shén me wèn tí de huà　　jiù wèn tā
컴퓨터에 대해 문제가 생기면 그에게 물어보세요.

인터넷 활용에 대해서

* 明天我们什么时候见面?
Míng tiān wǒ men shén me shí hou jiàn miàn
내일 우리 몇 시에 만날까?

＊ 明天上午十点登录，到时见。
Míngtiān shàngwǔ shí diǎn dēng lù dào shí jiàn
내일 오전 10시에 인터넷에서 만나자.

＊ 我已经进入网站了，你呢?
Wǒ yǐ jīng jìn rù wǎng zhàn le nǐ ne
난 이미 사이트에 접속했어, 넌?

＊ 在哪儿找资料呢?
Zài nǎr zhǎo zī liào ne
자료를 어디서 찾지?

＊ 我告诉你我们公司的网址。
Wǒ gào su nǐ wǒ men gōng sī de wǎng zhǐ
우리 회사의 인터넷 사이트 주소를 알려줄게.

＊ 你们俩怎么认识的?
Nǐ men liǎ zěn me rèn shi de
너희는 어떻게 알게 된 거야?

A : 你们俩怎么认识的?
Nǐ men liǎ zěn me rèn shi de
너희 둘은 어떻게 알게 된 거야?

B : 我们是在一个聚会上认识的。
Wǒ men shì zài yí gè jù huì shang rèn shi de
우리는 어떤 모임에서 알게 되었어.

＊ 我们俩是通过网上交流认识的。
Wǒ men liǎ shì tōng guò wǎng shàng jiāo liú rèn shi de
우리 두 사람은 인터넷을 통해 알게 되었어.

＊ 我常给他发电子邮件。
Wǒ cháng gěi tā fā diàn zǐ yóu jiàn
나는 그에게 이메일을 자주 보냅니다.

＊ 我的电脑染上了病毒。
Wǒ de diàn nǎo rǎn shàng le bìng dú
내 컴퓨터는 바이러스에 감염되었어.

＊ 给你装上杀毒软件。
Gěi nǐ zhuāng shàng shā dú ruǎn jiàn
너에게 바이러스를 치료하는 프로그램을 설치해 줄게.

「办公 bàngōng」이란 우리말의 「업무를 보다, 근무하다, 집무하다」 등에 해당하며 사무실을 가리켜 「办公室 bàngōngshì」 또는 「办实室 bànshíshì」라고 합니다. 사무실에서 필요한 집기를 보면 「电话 diànhuà」, 「计算器 jìsuànqì」, 「復印机 fùyìnjī」, 「电脑 diànnǎo」, 「传真机 chuánzhēnjī」 등이 있으며 요즘은 결재나 회의까지도 인터넷상에서 처리하는 「网上办公 wǎngshàng bàngōng」이 가능하게 되었습니다.

업무를 부탁할 때

✽ 要是能有人来帮帮我就好了。
Yào shi néng yǒu rén lái bāng bang wǒ jiù hǎo le
누군가 와서 나를 좀 도와주면 좋겠어요.

A : 要是能有人来帮帮我就好了。
Yào shi néng yǒu rén lái bāng bang wǒ jiù hǎo le
누군가 와서 나를 좀 도와주면 좋겠어요.

B : 我倒是想帮你呢，可你那忙谁都帮不上啊!
Wǒ dào shì xiǎng bāng nǐ ne　　kě nǐ nà máng shéi dōu bāng bu shàng a
내가 도와주고 싶지만, 그 일은 누구도 도와줄 수 없잖아.

✽ 这不是那样做的，应该是这样做的。
Zhè bú shì nà yàng zuò de　　yīng gāi shì zhè yàng zuò de
이건 그렇게 하는 게 아니라 이렇게 하는 거예요.

✽ 什么时候可以完成?
Shén me shí hou kě yǐ wán chéng
언제 끝낼 수 있죠?

✽ 一两天做不完。
Yì liǎng tiān zuò bu wán
하루 이틀에 다 할 수가 없어요.

✽ 太忙了，没时间做别的。
Tài máng le　　méi shí jiān zuò bié de
너무 바빠서 다른 걸 할 시간이 없어요.

❋ 结果怎么样?
Jié guǒ zěn me yàng
결과는 어때요?

❋ 我必须按期限。
Wǒ bì xū àn qī xiàn
반드시 기한에 맞춰야 해요.

❋ 我才明白你的意思。
Wǒ cái míng bai nǐ de yì si
이제야 당신 뜻을 알겠어요.

❋ 你做得完这个工作吗?
Nǐ zuò de wán zhè ge gōng zuò ma
당신은 이 일을 완성해 낼 수 있어요?

❋ 我做不完那个工作。
Wǒ zuò bu wán nà ge gōng zuò
저는 그 일을 완성해 낼 수 없어요.

❋ 你做完了吗?
Nǐ zuò wán le ma
다 했어요?

❋ 我还没做完。
Wǒ hái méi zuò wán
아직 다하지 못했어요.

❋ 什么时候结束?
Shén me shí hou jié shù
언제 끝나지요?

❋ 马上就做完，你先走吧。
Mǎ shàng jiù zuò wán nǐ xiān zǒu ba
금방 끝날 거예요, 먼저 가세요.

A : 马上就做完，你先走吧。
Mǎ shàng jiù zuò wán nǐ xiān zǒu ba
금방 끝날 거예요, 먼저 가세요.

B : 不，我等你一起去。
Bù wǒ děng nǐ yì qǐ qù
아닙니다, 기다렸다가 함께 가겠습니다.

✱ 我担心要迟到了。
Wǒ dān xīn yào chí dào le
늦을까봐 걱정돼요.

✱ 那些资料用传真发吧。
Nà xiē zī liào yòng chuán zhēn fā ba
그 자료들을 팩스로 보내주세요.

✱ 我马上用传真发过去。
Wǒ mǎ shàng yòng chuán zhēn fā guò qù
제가 곧 팩스로 보내드릴게요.

✱ 我还没收到。
Wǒ hái méi shōu dào
난 아직 못 받았어.

✱ 少几页?
Shǎo jǐ yè
몇 페이지가 모자라요?

✱ 缺了多少?
Quē le duō shao
얼마나 부족하지요?

✱ 能帮我复印一下吗?
Néng bāng wǒ fù yìn yí xià ma
복사 좀 해 줄 수 있어요?

✱ 复印机怎么不动了?
Fù yìn jī zěn me bú dòng le
복사기가 왜 말을 안 듣죠?

✱ 复印机出毛病了。
Fù yìn jī chū máo bìng le
복사기는 고장났어요.

✱ 文件名称是什么?
Wén jiàn míng chēng shì shén me
문서 이름이 뭐예요?

* 存在哪个文件夹里了？
Cún zài nǎ ge wén jiàn jiā li le
어느 폴더에 보관해 뒀어요?

* 文件夹 : 폴더

* 资料都不见了。
Zī liào dōu bú jiàn le
데이터가 다 없어졌어요.

* 电脑染上了病毒。
Diàn nǎo rǎn shàng le bìng dú
컴퓨터가 바이러스에 걸렸어요.

* 他是电脑专家。
Tā shì diàn nǎo zhuān jiā
그는 컴퓨터 도사입니다.

* 我想建立个人网站。
Wǒ xiǎng jiàn lì ge rén wǎng zhàn
개인 사이트를 만들고 싶습니다.

A : 我想建立个人网站。
Wǒ xiǎng jiàn lì ge rén wǎng zhàn
개인 사이트를 만들고 싶습니다.

B : 那挺好。不过你得有时间管理。
Nà tǐng hǎo Bú guò nǐ děi yǒu shí jiān guǎn lǐ
그거 잘 되었군요. 하지만 당신이 시간을 들여 관리해
야 합니다.

* 有手提电脑吗？
Yǒu shǒu tí diàn nǎo ma
노트북 있어요?

* 很抱歉，我把你的电脑弄坏了。
Hěn bào qiàn wǒ bǎ nǐ de diàn nǎo nòng huài le
죄송해요, 제가 당신의 컴퓨터를 고장냈어요.

「회의를 하다」는 「开会 kāihuì」라고 하며, 「회의를 끝내다」를 「散会 sànhuì」라고 합니다. 회의 중일 때 만약 외부에서 전화가 오거나 방문객이 찾아오면 「总经理正在开会。zǒngjīnglǐ zhèngzài kāihuì.(사장님은 지금 회의 중 이십니다.)」라고 하면 됩니다. 주주총회를 「股东大会 gǔdōng dàhuì」 또는 「股东年会 gǔdōng niánhuì」라고 하며 이사회는 「董事会 dǒngshìhuì」라고 합니다.

회의 준비

＊ 马上准备一下，呆会儿在会议室开会。
Mǎ shàng zhǔn bèi yí xià　dāi huìr　zài huì yì shì kāi huì
어서 준비하세요, 잠시 뒤에 회의실에서 회의를 할 거예요.

＊ 下午几点开会?
Xià wǔ　jǐ diǎn kāi huì
몇 시에 회의를 하죠?

＊ 会议在哪儿召开。
Huì yì zài　nǎr　zhào kāi
회의는 어디서 하죠?

＊ 今天会议的议题是什么?
Jīn tiān huì yì de　yì tí shì shén me
오늘 회의 의제는 무엇입니까?

＊ 你知道为什么要开会吗?
Nǐ　zhī dào wei shén me yào kāi huì ma
왜 회의가 소집되었는지 아세요?

A : 你知道为什么要开会吗?
Nǐ　zhī dào wei shén me yào kāi huì ma
왜 회의가 소집되었나요?

B : 听说公司管理层要发生些人事变动。
Tīng shuō gōng sī guǎn lǐ céng yào fā shēng xiē rén shì biàn dòng
듣자하니 회사 관리부에 인사이동이 있답니다.

❋ 先从哪个问题谈起?
Xiān cóng nǎ ge wèn tí tán qǐ
어떤 문제부터 얘기할까요?

❋ 我们就这个问题讨论讨论。
Wǒ men jiù zhè ge wèn tí tǎo lùn tǎo lùn
우리 이 문제에 대해 토론합시다.

❋ 我就直接切入主题了。
Wǒ jiù zhí jiē qiè rù zhǔ tí le
곧바로 핵심으로 들어가겠습니다.

❋ 我反对。
Wǒ fǎn duì
저는 반대예요.

❋ 我同意。
Wǒ tóng yì
저는 동의해요.

❋ 我完全同意你的意见。
Wǒ wán quán tóng yì nǐ de yì jiàn
당신의 의견에 완전히 동의합니다.

❋ 我反对你这样做。
Wǒ fǎn duì nǐ zhè yàng zuò
난 당신이 이렇게 하는 것에 반대해요.

❋ 你来说明一下当时的情况。
Nǐ lái shuō míng yí xià dāng shí de qíng kuàng
그 당시의 상황을 좀 설명해 보세요.

❋ 当然也可以那么想。
Dāng rán yě kě yǐ nà me xiǎng
물론 그렇게도 생각할 수 있겠지요.

❋ 但是, 我不那么想。
Dàn shì wǒ bú nà me xiǎng
하지만, 저는 그렇게 생각하지 않습니다.

* **想法差距太大了。**
Xiǎng fǎ chā jù tài dà le
의견 차이가 너무 크네요.

* **你们觉得这个主意怎么样?**
Nǐ men jué de zhè ge zhǔ yì zěn me yàng
이 아이디어는 어떻게 생각하세요?

* **我觉得很有理。**
Wǒ jué de hěn yǒu lǐ
일리가 있다고 생각합니다.

* **那么，就谈下一个议题吧。**
Nà me jiù tán xià yí gè yì tí ba
그럼, 다음 주제로 넘어가겠습니다.

* **今天的会议到此结束。**
Jīn tiān de huì yì dào cǐ jié shù
오늘 회의는 이것으로 마치겠습니다.

* **剩下的，下次开会再解决吧。**
Shèng xià de xià cì kāi huì zài jiě jué ba
나머지는 다음 회의에서 다시 얘기합시다.

* **会议结果怎么样?**
Huì yì jié guǒ zěn me yàng
회의결과는 어떻습니까?

A : **会议结果怎么样?**
Huì yì jié guǒ zěn me yàng
회의결과는 어떻습니까?

B : **不错。达到了预期目的。**
Bú cuò Dá dào le yù qī mù dì
매우 좋습니다. 소기의 목적을 이루었습니다.

---

* **这次会议非常成功。**
Zhè cì huì yì fēi cháng chéng gōng
이 회의는 성공적이었습니다.

* **我还没找到什么好办法。**
Wǒ hái méi zhǎo dào shén me hǎo bàn fǎ
저는 아직 좋은 방법을 찾지 못했어요.

Unit 06 회사 방문

자사의 방문객을 맞이하거나 거래처를 방문하는 일은 비즈니스맨의 일과 중에 중요한 부분을 차지합니다. 중국 대륙의 광활한 시장을 생각할 때 비즈니스 상담 중국어의 비중은 막대한 것입니다. 앞으로는 전문적인 비즈니스 회화의 공부가 절실하게 요구될 것입니다. 중국 사람은 명함 등을 주고 받으며 악수로 인사합니다.

안내 카운터

❋ **请问您是?**
Qǐng wèn nín shì
누구십니까?

❋ **您是什么公司的?**
Nín shì shén me gōng sī de
어느 회사에서 오셨습니까?

❋ **您有什么事?**
Nín yǒu shén me shì
무슨 용건이십니까?

❋ **您预约了吗?**
Nín yù yuē le ma
약속은 하셨습니까?

A : **您预约了吗?**
Nín yù yuē le ma
약속은 하셨습니까?

B : **是的，昨天和他约好的**
Shì de zuó tiān hé tā yuē hǎo de
네, 어제 그와 약속을 했습니다.

❋ **请稍等。**
Qǐng shāo děng
잠시 기다려 주십시오.

✽ 对不起，他外出了。
Duì bu qǐ　　tā wài chū le
죄송합니다만, 외출 중입니다.

✽ 大约十来分钟能到这儿。
Dà yuē shí　lái fēn zhōng néng dào zhèr
10분 정도면 이리로 올 수 있습니다.

✽ 我带您转一转吧。
Wǒ dài nín zhuàn yi zhuàn ba
제가 안내해 드리겠습니다.

✽ 请到这边来。
Qǐng dào zhè biān lái
이쪽으로 오십시오.

✽ 卫生间在电梯旁。
Wèi shēng jiān zài diàn tī páng
화장실은 엘리베이터 옆에 있습니다.

✽ 感谢您访问敝公司。
Gǎn xiè nín fǎng wèn bì gōng sī
저희 회사를 찾아주셔서 감사합니다.

✽ 有人来找您。
Yǒu rén　lái zhǎo nín
어떤 분이 찾아오셨습니다.

✽ 他在大厅里等您。
Tā　zài　dà tīng li děng nín
그분은 로비에서 기다리고 계십니다.

✽ 要他上去吗?
Yào tā shàng qù ma
올라가시게 할까요?

✽ 我这就下去。
Wǒ zhè jiù xià qù
제가 곧 내려갈게요.

❈ 好久不见了。
Hǎo jiǔ bú jiàn le
오랜만입니다.

*이 문장에서「好」는「久」를 수식해주는 부사로 쓰여서「아주, 매우」라는 의미로 해석된다.
「好久不见了」는 중국인들이 오랜만에 만났을 때 하는 가장 보편화된 인사말로 반드시 기
억하도록 하자.

❈ 最近生意怎么样?
Zuìjìn shēngyi zěnmeyàng
요즘 사업은 어때요?

❈ 你好。我是金经理。您的职衔是什么?
Nǐ hǎo   Wǒ shì Jīn jīng lǐ   Nín de zhí xián shì shén me
안녕하세요. 김사장입니다. 직함이 어떻게 되시나요?

* 우리나라말로「经理」는「경리」로 읽히지만 중국에서는「사장」이라는 뜻으로 사용된다. 헷
갈리지 않도록 유의하기 바란다.

A : 你好。我是金经理。您的职衔是什么?
Nǐ hǎo Wǒ shì Jīn jīng lǐ Nín de zhí xián shì shén me
안녕하세요. 김사장입니다. 직함이 어떻게 되시나요?

B : 这是我的名片。
Zhè shì wǒ de míngpiàn
여기 제 명함입니다.

❈ 能给我一张名片吗?
Néng gěi wǒ yì zhāng míng piàn ma
명함을 주시겠습니까?

❈ 还好签名了。
Hái hǎo qiān míng le
계약이 마무리되어 다행입니다.

❈ 能跟贵公司交流, 感到十分榮幸。
néng gēn guì gōng sī jiāo liú   gǎn dào shí fēn róng xìng
귀사와 거래하게 되어 영광입니다.

바이어 마중과 접대

중국과의 교역은 날로 증대하고 있는 추세여서 양국간 사업가들의 왕래도 빈번해지고 있습니다. 따라서 기업의 입장에서 통역관을 따로 세운다해도 기본적인 대화나 업무상의 중요 용어 등은 반드시 숙지해 두는 것이 좋습니다. 또한 무역이나 영업에 종사하는 사람들은 접대(接待 jiēdài)에 많은 시간과 돈을 투자합니다. 공식적인 업무 이외에 이루어지는 인간적인 유대관계가 때로는 사업에 큰 영향을 미칠 수도 있기 때문입니다.

바이어를 맞이할 때

✻ **欢迎您的到来。**
Huā nyíng nín de dào lái
오신 것을 환영합니다.

> A : 欢迎您的到来。
> Huā nyíng nín de dào lái
> 오신 것을 환영합니다.
>
> B : 谢谢
> Xiè xie
> 감사합니다.

✻ **认识您很高兴。**
Rèn shi nín hěn gāo xìng
만나서 반갑습니다.

✻ **一路上辛苦了。**
Yí lù shàng xīn kǔ le
오시느라 수고하셨습니다.

✻ **路上怎么样?**
Lù shang zěn me yàng
여행은 어땠습니까?

> A : 路上怎么样?
> Lù shang zěn me yàng
> 여행은 어땠습니까?
>
> B : 很顺利。
> Hěn shùn lì
> 순조로웠습니다.

✽ 行李就这些吗?
Xíng li jiù zhè xiē ma
짐은 이게 전부입니까?

✽ 车在外边儿呢。
Chē zài wài bianr ne
차가 밖에 있습니다.

✽ 我开车送您到酒店。
Wǒ kāi chē sòng nín dào jiǔ diàn
호텔까지 차로 모시겠습니다.

✽ 请上车吧。
Qǐng shàng chē ba
차에 타시죠.

✽ 是第一次来韩国吗?
Shì dì yí cì lái Hán guó ma
한국에는 처음 오시는 겁니까?

A : 是第一次来韩国吗?
Shì dì yí cì lái Hán guó ma
한국에는 처음 오시는 겁니까?

B : 不。是第二次了。第一次是两年前。
Bù Shì dì èr cì le Dì yí cì shì liǎng nián qián
아닙니다. 두 번째 옵니다. 2년 전에 처음 왔습니다.

✽ 我帮你到前台办理手续。
Wǒ bāng nǐ dào qián tái bàn lǐ shǒu xù
제가 프런트에 가서 수속해 드리겠습니다.

✽ 想不想让我带你四处看看。
Xiǎng bu xiǎng ràng wǒ dài nǐ sì chù kàn kan
제가 모시고 주변을 안내해 드릴까요?

✽ 有什么事,请和我联系。
Yǒu shén me shì qǐng hé wǒ lián xì
무슨 일이 있으면 저에게 연락 주십시오.

✽ 我应该什么时候来接你呢?
Wǒ yīng gāi shén me shí hou lái jiē nǐ ne
언제쯤 모시러 올까요?

✽ **我们部长想和您见见面。**
Wǒ men bù zhǎng xiǎng hé nín jiàn jian miàn
저희 부장님께서 당신을 뵙고 싶어하십니다.

✽ **今天晚上，在北京饭店宴请各位。**
Jīn tiān wǎn shang zài Běi jīng fàn diàn yàn qǐng gè wèi
오늘 저녁에 여러분을 북경호텔로 초대하겠습니다.

✽ **晚上在饭店门口等你们。**
Wǎn shang zài fàn diàn mén kǒu děng nǐ men
저녁에 호텔 입구에서 여러분을 기다리겠습니다.

✽ **晚上到饭店来接你们。**
Wǎn shàng dào fàn diàn lái jiē nǐ men
저녁에 여러분을 모시러 호텔로 가겠습니다.

✽ **为表示欢迎，我们准备了便宴。**
Wèi biǎo shì huān yíng wǒ men zhǔn bèi le biàn yàn
환영의 뜻으로 저희가 간단한 연회를 준비했습니다.

✽ **谢谢您的邀请。**
Xiè xie nín de yāo qǐng
초대해 주셔서 감사합니다.

✽ **我们只是做了应该做的事情。**
Wǒ men zhǐ shì zuò le yīng gāi zuò de shì qing
저희가 마땅히 해야 할 일을 했습니다.

✽ **大家趁热吃，别客气。**
Dà jiā chèn rè chī bié kè qi
사양하지 마시고 식기 전에 드십시오.

✽ **如果喜欢，请多用点儿。**
Rú guǒ xǐ huan qǐng duō yòng diǎnr
좋아하신다면 많이 드십시오.

✽ **不知道会不会口味儿。**
Bù zhī dào huì bú huì kǒu wèir
입맛에 맞을지 모르겠습니다.

A : 不知道会不会口味儿。
Bù zhī dào huì bu huì kǒu wèir
입맛에 맞을지 모르겠습니다.

B : 真让您费心了。
Zhēn ràng nín fèi xīn le
정말 신경 쓰시게 해드렸군요.

❊ 洽谈时请您多多关照。
Qià tán shí qǐng nín duō duō guān zhào
상담할 때 잘 부탁드립니다.

❊ 为我们的合作干杯!
Wèi wǒ men de hé zuò gān bēi
우리의 협력을 위해 건배합시다!

❊ 谢谢您的盛情款待。
Xiè xie nín de shèng qíng kuǎn dài
융숭한 대접에 감사 드립니다.

중국인은 실리를 매우 중요하게 생각하므로 이해득실을 꼼꼼히 따져서 서두르지 않고 느긋하게 협상과 거래를 합니다. 또한 중국에서 「关系 guānxi」의 힘은 대단합니다. 「关系」는 「관계」 혹은 「인맥」이라 할 수 있겠습니다. 「인맥만 있으면 출세한다」라고 생각을 할 수도 있지만, 그런 관점이 아닌 유대관계의 힘이 대단하다는 의미입니다. 은혜를 입었다면, 그 은혜를 잊지 않고 갚으려는 마음이 매우 강합니다.

제품을 설명할 때

✱ 先介绍一下产品吧。
Xiān jiè shào yí xià chǎn pǐn ba
우선 제품 소개부터 합시다.

✱ 我给大家介绍一下我们公司的新产品。
Wǒ gěi dà jiā jiè shào yí xià wǒ men gōng sī de xīn chǎn pǐn
여러분께 저희 회사의 신제품을 소개해 드리겠습니다.

✱ 这是我们的最新产品。
Zhè shì wǒ men de zuì xīn chǎn pǐn
이것은 저희 최신 제품입니다.

✱ 请看一下我们公司的新产品。
Qǐng kàn yí xià wǒ men gōng sī de xīn chǎn pǐn
저희 회사의 최신 제품을 살펴보십시오.

✱ 最近这种产品卖得比较好。
Zuì jìn zhè zhǒng chǎn pǐn mài de bǐ jiào hǎo
요즘에는 이런 제품이 비교적 잘 팔립니다.

✱ 这是我们全部产品的最新目录。
Zhè shì wǒ men quán bù chǎn pǐn de zuì xīn mù lù
이것은 저희 모든 제품의 카탈로그입니다.

✱ 请让我们看几个样品吧。
Qǐng ràng wǒ men kàn jǐ ge yàng pǐn ba
저희에게 견본을 몇 개 보여 주십시오.

A : 请让我们看几个样品吧。
Qǐng ràng wǒ men kàn jǐ ge yàng pǐn ba
저희에게 견본을 몇 개 보여 주십시오.

B : 没问题, 已经让人去拿了, 一会儿就可以看到。
Méi wèn tí　yǐ jīng ràng rén qù ná le　yí　huìr　jiù kě yǐ kàn dào
문제없습니다, 이미 사람을 시켜서 가져오게 했습니다.
잠시 후에 보실 수 있습니다.

✽ 在同类产品中, 这是最先进的。
Zài tóng lèi chǎn pǐn zhōng zhè shì zuì xiān jìn de
동종 제품 중에서 가장 앞선 것입니다.

✽ 这是用高新技术生产的。
Zhè shì yòng gāo xīn jì shù shēng chǎn de
이것은 첨단기술로 생산한 것입니다.

✽ 这个产品操作起来比其他产品容易。
Zhè ge chǎn pǐn cāo zuò qǐ lái bǐ qí tā chǎn pǐn róng yì
이 제품은 다른 제품에 비해 조작하기가 쉽습니다.

✽ 您亲自实验一下吗?
Nín qīn zì shí yàn yí xià ma
직접 시험해 보시겠습니까?

✽ 你们的生产量如何?
Nǐ men de shēng chǎn liàng rú hé
생산량은 얼마나 됩니까?

✽ 你们的产品质量管理怎么样?
Nǐ men de chǎn pǐn zhì liàng guǎn lǐ zěn me yàng
귀사의 품질관리는 어떻습니까?

✽ 这个产品的保修期是两年。
Zhè ge chǎn pǐn de bǎo xiū qī shì liǎng nián
이 제품의 보증수리 기간은 2년입니다.

제품을 소개할 때

✽ 哪个是新产品?
Nǎ ge shì xīn chǎn pǐn
신상품은 어떤 겁니까?

A : 哪个是新产品?
Nǎ ge shì xīn chǎn pǐn
신상품은 어떤 겁니까?

B : 这产品就是今年生产的新产品。
Zhè chǎn pǐn jiù shì jīn nián shēng chǎn de xīn chǎn pǐn
이 상품이 올해의 신상품입니다.

* 质量好吗?
Zhì liàng hǎo ma
품질은 괜찮습니까?

* 我可以担保。
Wǒ kě yǐ dān bǎo
제가 보장할 수 있습니다.

* 没有贵一点儿的吗?
Méi yǒu guì yí diǎnr de ma
좀 더 비싼 것은 없나요?

* 有不同的价位和式样的产品。
Yǒu bù tóng de jià wèi hé shì yàng de chǎn pǐn
가격대, 스타일 별로 다양한 제품이 있습니다.

* 还有别的吗?
Hái yǒu bié de ma
다른 제품도 있나요?

* 和其他产品比较一下, 然后再作决定吧。
Hé qí tā chǎn pǐn bǐ jiào yí xià rán hòu zài zuò jué dìng ba
다른 제품과 비교해보고 결정하세요.

제품을 권할 때

* 这产品含有哪些成分?
Zhè chǎn pǐn hán yǒu nǎ xiē chéng fen
이 제품에는 어떤 성분이 들어있습니까?

* 这产品含有对身体有益的成份。
Zhè chǎn pǐn hán yǒu duì shēn tǐ yǒu yì de chéng fen
이 제품은 몸에 좋은 성분이 다량 함유되어 있습니다.

＊ 正适合客人的口味。
Zhèng shì hé kè rén de kǒu wèi
손님들의 취향에 꼭 맞을 겁니다.

＊ 对有问题的产品，三天之内给予退还。
Duì yǒu wèn tí de chǎn pǐn sān tiān zhī nèi jǐ yǔ tuì huán
상품에 이상이 있으면 3일 내에 교환해드립니다.

> A : 如果产品有異常怎么办?
> Rú guǒ chǎn pǐn yǒu yì cháng zěn me bàn
> 제품에 이상이 있으면 어떡하죠?
>
> B : 对有问题的产品，三天之内给予退还。
> Duì yǒu wèn tí de chǎn pǐn sān tiān zhī nèi jǐ yǔ tuì huán
> 상품에 이상이 있으면 3일 내에 교환해드립니다.

＊ 对顾客提供完善的服务。
Duì gù kè tí gòng wán shàn de fú wù
고객들에게 최선의 서비스를 제공하겠습니다.

협상할 때

＊ 能说一下你的意见吗?
Néng shuō yí xià nǐ de yì jiàn ma
당신의 의견을 얘기해주시겠어요?

> A : 能说一下你的意见吗?
> Néng shuō yí xià nǐ de yì jiàn ma
> 당신의 의견을 말씀해 주시겠어요?
>
> B : 那我就是随便说说，供大家参考。
> Nà wǒ jiù shì suí biàn shuō shuo gōng dà jiā cān kǎo
> 그렇다면, 제가 편하게 말해보겠습니다. 모두 참고하십시오.

＊ 主要是这样的。
Zhǔ yào shì zhè yàng de
요점은 이렇습니다.

＊ 你不太明白吗?
Nǐ bú tài míng bai ma
이해가 잘 안 돼요?

* 那是次要的。
Nà shì cì yào de
그건 부차적인 것입니다.

* 能再简要说明一下吗?
Néng zài jiǎn yào shuō míng yí xià ma
다시 간략히 설명해주실 수 있으세요?

* 有点儿犹豫呢。
Yǒu diǎnr yóu yù ne
좀 망설여지는군요.

* 是吗? 我以为你都能听懂。
Shì ma wǒ yǐ wéi nǐ dōu néng tīng dǒng
그래요? 저는 당신이 다 알아들을 수 있는 줄 알았어요.

* 不管别人怎么说，我对你还是很信任的。
Bù guǎn bié rén zěn me shuō wǒ duì nǐ hái shi hěn xìn rèn de
누가 뭐래도 난 당신을 신뢰해요.

* 在平等互惠的原则下进行协商。
Zài píng děng hù huì de yuán zé xià jìn xíng xié shāng
평등호혜의 원칙아래 협상을 진행합시다.

* 有点困难。
Yǒu diǎn kùn nan
조금 어려움이 있어요.

* 就帮我这一下吧。
Jiù bāng wǒ zhè yí xià ba
한번 도와주세요.

* 就这么决定吧。
Jiù zhè me jué dìng ba
그렇게 결정합시다.

* 你敢保证吗?
Nǐ gǎn bǎo zhèng ma
보증할 수 있어요?

❋ **交了押金，能不能提货?**
Jiāo le　yā jīn　néng bù néng tí huò
계약금만 걸고 제품을 받아볼 수 있습니까?

❋ **我们得核实一下你有没有支付能力。**
Wǒ men děi hé shí　yí xià　nǐ yǒu méi yǒu zhī fù néng lì
우리는 먼저 당신이 지불능력이 있는지 검토해야 합니다.

❋ **你们提出的价格有些偏高。**
Nǐ men　tí chū de　jià gé yǒu xiē piān gāo
당신들이 제시한 가격은 약간 높은 편입니다.

❋ **不足的部分我给你添，你还是趁机买下来吧。**
Bù zú de　bù fēn wǒ gěi nǐ tiān　nǐ hái shì chèn jī mǎi xià lái　ba
부족한 부분은 제가 보태겠습니다, 이번 기회에 사 놓으세요.

❋ **价格是不是有点儿贵了?**
Jià gé shì bú shì yǒu diǎnr　guì le
가격이 좀 비싼 편이 아닌가요?

❋ **我们的价格在国际市场上也是有竞争力的。**
Wǒ men de　jià gé zài guó jì　shì chǎng shàng yě shì yǒu jìng zhēng lì de
저희 가격은 국제시장에서도 경쟁력이 있습니다.

❋ **你们公司要选哪一种支付方式呢?**
Nǐ men gōng sī yào xuǎn nǎ　yì zhǒng zhì fù fāng shì　ne
당신 회사는 어떤 지불방식을 택하시겠습니까?

❋ **我们要采用信用证支付方式。**
Wǒ men yào cǎi yòng xìn yòng zhèng zhī fù fāng shì
저희들은 신용보증장 지불방식을 채택할 겁니다.

❋ **用哪一种汇款方式好呢?**
Yòng nǎ　yì zhǒng huì kuǎn fāng shì hǎo ne
어떤 방식으로 송금해 드릴까요?

* 用은 행위가 이루어지는 방식, 방법, 수단 등을 이끌어내는 전치사로「～을 사용하여,
　～으로」로 해석한다.

* 我们一般采用T/T付款方式。
Wǒ men yì bān cǎi yòng T/T fù kuǎn fāng shì
우리는 일반적으로 단순송금방식을 채택하고 있습니다.

* 我们先拟一份合同草案吧。
Wǒ men xiān nǐ yí fèn hé tóng cǎo àn ba
먼저 계약서 초안을 작성해봅시다.

* 请再检查一下这项条款。
Qǐng zài jiǎn chá yí xià zhè xiàng tiáo kuǎn
이 조항을 다시 한번 검토해 주셨으면 합니다.

* 请在这里签名。
Qǐng zài zhè li qiān míng
여기에 서명하십시오.

* 非常感谢您的协助和关照。
Fēi cháng gǎn xiè nín de xié zhù hé guān zhào
협조와 배려에 대단히 감사드립니다.

* 能與贵公司交往真是很高兴。
Néng yǔ guì gōng sī jiāo wǎng zhēn shi hěn gāo xìng
귀사와 거래를 하게 되어 기쁩니다.

* 对不起，和我们的条件不相符。
Duì bu qǐ hé wǒ men de tiáo jiàn bù xiāng fú
죄송합니다, 저희와 조건이 안 맞는군요.

* 我考虑一下，再跟你联系吧。
Wǒ kǎo lǜ yí xià zài gēn nǐ lián xì ba
좀더 생각해보고 연락드리겠습니다.

* 你们准备签合同了吗?
Nǐ men zhǔn bèi qiān hé tong le ma
계약을 체결할 준비가 되셨습니까?

* 您要是觉得没问题，就请在这儿签名。
Nín yào shi jué de méi wèn tí jiù qǐng zài zhèr qiān míng
보시기에 문제가 없으면 여기에 서명하세요.

* 签署後，双方必须严格履行合同要求。
  Qiān shǔ hòu shuāng fāng bì xū yán gé lǚ xíng hé tong yào qiú
  서명한 후에는 쌍방이 모두 엄격히 계약을 이행해야 합니다.

* 还有什么需要再核查的项目吗？
  Hái yǒu shén me xū yào zài hé chá de xiàng mù ma
  더 검토할 사항은 무엇입니까?

> A : 还有什么需要再核查的项目吗？
> Hái yǒu shén me xū yào zài hé chá de xiàng mù ma
> 더 검토할 사항이 있습니까?
>
> B : 差不多了。如果有需要补充的，咱们再联系。
> Chà bu duō le   Rú guǒ yǒu xū yào bǔ chōng de zán men zài lián xì
> 거의 다 되었습니다. 만약 보충할 것이 있다면, 저희
> 가 연락드리겠습니다.

* 请您仔细审核一下合同书，看看有没有遗漏的地方。
  Qǐng nín zǐ   xì shěn hé yí xià hé tóng shū   kàn kan yǒu mei yǒu yí
  lòu de dì fang
  빠진 부분이 있지 않나 계약서를 자세히 살펴보세요.

문의를 할 때

* 这货买得不错吧。
  Zhè huò mǎi dé bú cuò ba
  이 물건을 사면 좋겠어요.

* 这产品买了不会错吧。
  Zhè chǎn pǐn mǎi le bú huì cuò ba
  이 제품을 사도 좋겠어요.

* 我保证至少不会吃亏。
  Wǒ bǎo zhèng zhì shǎo bú huì chī kuī
  절대 손해는 보지 않을 겁니다.

* 对这种新产品还有没有问题要问？
  Duì zhè zhǒng xīn chǎn pǐn hái yǒu méi yǒu wèn tí yào wèn
  이번 신제품에 대해 더 물어볼 게 있으십니까?

✳ 这种产品的效能怎么样？
Zhè zhǒng chǎn pǐn de xiào néng zěn me yàng
이 제품의 효능은 어떻습니까?

✳ 我对你们的商品有几个问题。
Wǒ duì nǐ men de shāng pǐn yǒu jǐ ge wèn tí
당신들의 제품에 문제가 약간 있습니다.

✳ 都是合法生产的产品吧？
Dōu shì hé fǎ shēng chǎn de chǎn pǐn ba
모두 합법적인 제품들이겠죠?

✳ 你们可以把制品的照片和说明书用电子邮件寄给我们吗？
Nǐ men kě yǐ bǎ zhì pǐn de zhào piàn hé shuō míng shū yòng diàn zi yóu jiàn jì gěi wǒ men ma
제품 사진과 설명서를 이메일로 보내주실 수 있습니까?

* 전치사 给는 수혜받는 대상을 이끌어 낸다. 또한 给는 「주다」라는 의미의 동사로도 쓰인다.

Unit 09 | 납품과 클레임

가격이 결정되어 거래가 성사되면 물품 인도 시기를 조정하게 됩니다. 적정한 날짜를 잘 결정하지 않으면 클레임을 당하므로 신중하게 결정을 해야 합니다. 비즈니스에서 제일 중요한 것은 지불입니다. 물건을 건네주고 지금까지 교섭을 한 것도 돈을 받기 위한 목적일 것입니다. 지불 약정을 잘하지 못하면 지금까지의 수고가 허사가 되고 맙니다. 물품 인도는 「交货 jiāohuò」라고 합니다.

주문과 납기

❋ 我们想订购贵公司的产品。
Wǒ men xiǎng dìng gòu guì gōng sī de chǎn pǐn
귀사의 제품을 주문하려고 합니다.

❋ 我先确认一下库存。
Wǒ xiān què rèn yí xià kù cún
먼저 재고를 확인해보겠습니다.

❋ 我们什么时候可以接货?
Wǒ men shén me shí hou kě yǐ jiē huò
언제쯤 물건을 받을 수 있을까요?

❋ 可以在本月底之前收到吗?
Kě yǐ zài běn yuè dǐ zhī qián shōu dào ma
이달 말까지는 받을 수 있습니까?

❋ 三日内就可以到达港口。
Sān rì nèi jiù kě yǐ dào dá gǎng kǒu
3일 후에는 항구에 도착할 겁니다.

❋ 我想更改一下货内容。
Wǒ xiǎng gēng gǎi yí xià huò nèi róng
주문을 바꾸고 싶은데요.

❋ 您要怎么更改?
Nín yào zěn me gēng gǎi
어떻게 바꾸실 건가요?

✽ 我们按照您的要求，更改了订单。
Wǒ men àn zhào nín de yāo qiú　gēng gǎi le dìng dān
요구하신 대로 주문서를 변경했습니다.

✽ 您必须开信用证。
Nín bì xū kāi xìn yòng zhèng
반드시 신용장을 개설해 주십시오.

✽ 我们今天开了信用证。
Wǒ men jīn tiān kāi le xìn yòng zhèng
오늘 신용장을 개설했습니다.

✽ 我们很抱歉信用证开迟了。
Wǒ men hěn bào qiàn xìn yòng zhèng kāi chí le
신용장 개설이 늦어 죄송합니다.

✽ 什么时候支付货款?
Shén me shí hou zhī fù　huò kuǎn
물품대금은 언제 지불합니까?

> A : 什么时候支付货款?
> Shén me shí hou zhī fù huò kuǎn
> 물품대금은 언제 지불합니까?
>
> B : 马上。最迟迟不过周三。
> Mǎ shàng　Zuì chí chí bù guò zhōu sān
> 곧 지불합니다. 아무리 늦어도 수요일은 넘지 않을 겁니다.

✽ 我们希望先付一下第一次订的货款。
Wǒ men xī wàng xiān fù yí　xià dì　yí　cì dìng de　huò kuǎn
처음 주문하시는 제품은 선불로 주셨으면 합니다.

✽ 我们通常用美元来做生意。
Wǒ men tōng cháng yòng měi yuán lái zuò shēng yi
저희는 통상 달러로 거래하고 있습니다.

✽ 支付日期是五月三日。
Zhī fù　rì　qī shì wǔ yuè sān　rì
지급기일은 5월 3일입니다.

＊ **我们何时可以收款?**
Wǒ men hé shí kě yǐ shōu kuǎn
언제쯤 대금을 받을 수 있겠습니까?

＊ **可否延缓一下我们付款的日期?**
Kě fǒu yán huǎn yí xià wǒ men fù kuǎn de rì qī
지불시기를 좀 늦춰 주실 수 있겠습니까?

> A : **可否延缓一下我们付款的日期?**
> Kě fǒu yán huǎn yí xià wǒ men fù kuǎn de rì qī
> 지불시기를 좀 늦춰 주실 수 있겠습니까?
>
> B : **可以。不过我们也将延缓发货日期了。**
> Kě yǐ Bú guò wǒ men yě jiāng yán huǎn fā huò rì qī le
> 가능합니다. 그러나 저희도 물품발송시기를 늦추겠습니다.

클레임

＊ **你们发的货还没到。**
Nǐ men fā de huò hái méi dào
귀사에서 보낸 물품이 아직 도착하지 않았습니다.

＊ **有变味儿的, 还有损坏的。**
Yǒu biàn wèir de hái yǒu sǔn huài de
맛이 변한 것도 있고 파손된 것도 있습니다.

＊ **货物在运送途中受损了。**
Huò wù zài yùn sòng tú zhōng shòu sǔn le
화물들이 운송 중에 파손되었습니다.

＊ **我们收到的不是我们所订购的产品。**
Wǒ men shōu dào de bú shì wǒ men suǒ dìng gòu de chǎn pǐn
우리가 받은 것은 주문했던 물품이 아닙니다.

＊ **产品有很多问题。**
Chǎn pǐn yǒu hěn duō wèn tí
제품에 결함이 있습니다.

＊ **比预订量少了一百个。**
Bǐ yù dìng liàng shǎo le yì bǎi gè
주문량보다 100개가 부족합니다.

✽ 给您发一下索赔请求书。
Gěi nín fā yí xià suǒ péi qǐng qiú shū
손해배상 청구서를 보내겠습니다.

✽ 你打电话有什么事吗?
Nǐ dǎ diàn huà yǒu shén me shì ma
어떤 일로 전화하셨습니까?

✽ 因为有劣制品，我们要取消订货。
Yīn wèi yǒu liè zhì pǐn wǒ men yào qǔ xiāo dìng huò
불량품이 있어서 주문을 취소하겠습니다.

✽ 我们决定送还这批货物。
Wǒ men jué dìng sòng huán zhè pī huò wù
저희는 이 물품들을 반송하기로 결정하였습니다.

A : 我们决定送还这批货物。
Wǒ men jué dìng sòng huán zhè pī huò wù
저희는 이 물품들을 반송하기로 결정하였습니다.

B : 可以。那送还货物的费用谁负担?
Kě yǐ Nà sòng huán huò wù de fèi yòng shéi fù dān
좋습니다. 그러면 물품 반송 비용은 누가 부담하지요?

클레임에 대해
대응할 때

✽ 这东西坏了。
Zhè dōng xi huài le
이 제품이 고장났어요.

✽ 马上会处理的。
Mǎ shàng huì chǔ lǐ de
즉각 조치하겠습니다.

✽ 我不想再跟这公司作生意了。
Wǒ bù xiǎng zài gēn zhè gōng sī zuò shēng yi le
저는 이 회사와 거래를 끊겠습니다.

✽ 再好好儿考虑一下，我们会努力的。
Zài hǎo hāor kǎo lǜ yí xià wǒ men huì nǔ lì de
다시 한번 생각해 주십시오, 노력하겠습니다.

Part **03**

Basic Expression
기본 표현

가장 많이 쓰이는 일상적인 인사는 「你好! Nǐ hǎo」이며, 우리말의 「안녕하세요?」
에 해당합니다. 상대방이 「你好!」라고 인사하면 똑같이 「你好!」라고 대답하면
됩니다. 그런데 안부를 묻는 말인 「你好吗? Nǐ hǎo ma」에는 「很好 Hěn hǎo」
라고 대답합니다. 상대방을 높일 때는 「您好! Nín hǎo」라고 말합니다. 그리고
아침인사는 「早安! Zǎo ān」, 점심인사는 「午安! Wǔ ān」, 저녁인사는 「晚安! Wǎn
ān」이라고 합니다. 아래 표현들은 일상생활에서 자주 쓰이므로 반드시 익혀
두세요.

일상적인 인사

❊ 你好!
Nǐ hǎo
안녕!

❊ 您好!
Nín hǎo
안녕하세요!

A : 你好, 王红。
Nǐ hǎo Wáng Hóng
안녕, 왕홍?

B : 你好, 好久不见了。
Nǐ hǎo hǎo jiǔ bú jiàn le
안녕, 정말 오랜만이다.

❊ 你好吗?
Nǐ hǎo ma
안녕하세요?

❊ 你早?
Nǐ zǎo
안녕히 주무셨어요?

❊ 早安!
Zǎo ān
안녕하세요!(아침인사)

❋ **晚上好!**
Wǎn shang hǎo
안녕하세요!(저녁인사)

❋ **晚安!**
Wǎn ān
안녕히 주무세요!

❋ **去哪儿啊?**
Qù nar ā
어디에 가세요?

*啊라는 조사를 문미에 붙이면 말투가 부드러워진다.

❋ **你身体怎么样?**
Nǐ shēn tǐ zěn me yàng
건강은 어떠세요?

❋ **好，谢谢你。**
Hǎo xiè xie nǐ
좋습니다, 감사합니다.

❋ **你在这儿呢。**
Nǐ zài zhèr ne
여기에 계셨군요.

❋ **你来得正好。**
Nǐ lái de zhèng hǎo
마침 잘 오셨습니다.

A : **你来得正好。**
Nǐ lái de zhèng hǎo
마침 잘 오셨습니다.

B : **找我有什么事吗?**
Zhǎo wǒ yǒu shén me shì ma
무슨 일로 찾으셨나요?

❋ **回来啦!**
Huí lái la
오셨군요!(어서 오세요!)

❁ 今天忙吗?
Jīn tiān máng ma
오늘 바쁘세요?

❁ 还是老样子。
Hái shi lǎo yàng zi
항상 똑같죠.

A : 你母亲身体好点儿了吗?
Nǐ mǔ qīn shēn tǐ hǎo diǎnr le ma
어머님 건강은 좋아지셨나요?

B : 还是老样子。
Hái shi lǎo yàng zi
항상 똑같죠.

❁ 吃晚饭了吗?
Chī wǎn fàn le ma
저녁식사 하셨어요?

❁ 吃饭了没有?
Chī fàn le méi yǒu
식사는 하셨어요?

날씨에 대한 인사

❁ 今天天气怎么样?
Jīn tiān tiān qì zěn me yàng
오늘 날씨 어때요?

❁ 天气真好,是吧?
Tiān qì zhēn hǎo shì ba
날씨가 정말 좋죠?

❁ 今天天气真好,多蓝啊!
Jīn tiān tiān qì zhēn hǎo duō lán a
오늘은 날씨가 정말 화창하군요!

❁ 天气阴沉沉的。
Tiān qì yīn chén chén de
날씨가 정말 우중충하군요.

＊ **看样子要下雨。**
Kàn yàng zi yào xià yǔ
보아하니 비가 올 것 같아요.

＊ **今天真冷，是吧?**
Jīn tiān zhēn lěng   shì ba
오늘은 정말 춥군요, 그렇죠?

> A : **今天真冷，是吧?**
> Jīn tiān zhēn lěng   shì ba
> 오늘은 정말 춥군요, 그렇죠?
>
> B : **可不是吗，零下 8 度呢。**
> Kě bu shì ma   líng xià bā dù ne
> 누가 아니래요, 영하 8도나 돼요.

＊ **真热呀。**
Zhēn rè ya
정말 덥군요.

＊ **天气渐渐凉了。**
Tiān qì jiàn jiàn liáng le
날씨가 점점 서늘해져요.

계절에 대한 인사

＊ **真正的酷暑现在才开始。**
Zhēn zhèng de kù shǔ xiàn zài cái kāi shǐ
진짜 더위는 이제부터에요.

＊ **天气好凉爽啊!**
Tiān qì hǎo liáng shuǎng a
날씨가 참 상쾌하군요!

＊ **秋天到了，枫叶红了。**
Qiū tiān dào le   fēng yè hóng le
가을이에요, 단풍이 물들었어요.

＊ **看来冬天要到了。**
Kàn lái dōng tiān yào dào le
겨울이 곧 올 것 같아요.

❊ 雪下了一整夜。
Xuě xià le　yì zhěng yè
밤새 눈이 내렸어요.

❊ 冬去春来，又一年啊！
Dōng qù chūn lái　yòu yì nián a
겨울이 가고 봄이 왔군요, 또 일년이 지났네요!

A : 冬去春来，又一年啊！
Dōng qù chūn lái　yòu yì nián a
겨울이 가고 봄이 왔군요, 또 일년이 지났네요!

B : 时间过得真快。
Shí jiān guò de zhēn kuài
세월이 참 빠르군요.

오랜만에
만났을 때

❊ 好久不见。
Hǎo jiǔ　bú jiàn
오랜만입니다.

❊ 怎么样? / 还好吗?
Zěn me yàng　　Hái hǎo ma
어때? 잘 지내니?

❊ 还可以。
Hái kě　yǐ
그저 그래.

A : 家里人都好吗?
Jiā　li　rén dōu hǎo ma
가족들은 안녕하신지요?

B : 都挺好的。
Dōu tǐng hǎo de
모두 잘 있어요.

❊ 真是好久不见了。
Zhēn shi hǎo jiǔ　bú jiàn le
정말 오랫동안 뵙지 못했네요.

❋ 有几年了？
Yǒu jǐ nián le
몇 년 만이죠?

❋ 你一点没变啊!
Nǐ yì diǎn méi biàn a
여전하군!(너 하나도 안 변했다)!

❋ 好久不见，过得怎么样？
Hǎo jiǔ bú jiàn guò de zěn me yàng
오랜만이네요, 어떻게 지내세요?

> A : 好久不见，你过得怎么样？
> Hǎo jiǔ bú jiàn nǐ guò de zěn me yàng
> 오랜만이군요, 어떻게 지내세요?
>
> B : 马马虎虎
> Mǎ ma hǔ hū
> 그저 그래요.

❋ 都快认不出你了。
Dōu kuài rèn bu chū nǐ le
못 알아볼 뻔 했어.

❋ 挺想你的。
Tǐng xiǎng nǐ de
정말 보고 싶었어.

❋ 你怎么也在这儿?
Nǐ zěn me yě zài zhèr
어떻게 여기에 계십니까?

❋ 你变样了。
Nǐ biàn yàng le
너 완전히 달라졌네.

❋ 你家还住在那儿吗?
Nǐ jiā hái zhù zài nàr ma
아직 거기에 사세요?

❀ 哎，你好!
Āi　　nǐ hǎo
오, 안녕하십니까!

❀ 哟，这是谁呀!
Yo　　zhè shì shéi ya
아니, 이게 누구야!

❀ 呀! 是刘梅吧?
Yā　　shì Liú Méi ba
어! 리우메이 씨 맞죠?

❀ 这世界真是太小了。
Zhè shì jiè zhēn shi tài xiǎo le
세상 정말 좁군요.

A : 你怎么也认识他呢?
Nǐ zěn me yě rèn shi tā ne
어떻게 그를 알죠?

B : 哦，他是我朋友的哥哥。
Ò　　tā shì wǒ péng you de gē ge
아, 그 사람은 제 친구의 형이에요.

A : 这世界真是太小了。
Zhè shì jiè zhēn shi tài xiǎo le
세상 정말 좁군요.

❀ 在这里碰到你，真是没想到。
Zài zhè li pèng dào nǐ　　zhēn shi méi xiǎng dào
여기서 당신을 만나다니 뜻밖이군요.

❀ 你是怎么到这儿的?
Nǐ shì zěn me dào zhèr de
여기에 어쩐 일로 오셨어요?

❀ 我正好想见见你。
Wǒ zhèng hǎo xiǎng jiàn jian nǐ
그렇지 않아도 너를 만나고 싶었는데.

헤어질 때 가장 흔하게 쓰는 인사말로는 「再见! Zài jiàn!(안녕히 가세요!, 또 만나요!)」이 있습니다. 대답은 「再见! Zài jiàn!」이라고 하면 됩니다. 손님을 배웅할 때는 「慢走! Màn zǒu!(잘 가세요!)」라고 합니다. 매일 만나는 사람과 헤어질 때는 「明天见! Míng tiān jiàn!(내일 봐요!)」이라고 하고, 만일 상대방이 먼 길을 떠난다면 「一路平安! Yí lù píng ān!(편안한 여행이 되시길 바랍니다!)」이라고 하면 됩니다.

헤어질 때

❋ 再见!
Zài jiàn
안녕히 계세요!(가세요!)

❋ 明天见。
Míng tiān jiàn
내일 봐요.

❋ 一会儿见。
Yí huìr jiàn
이따 봐요.

❋ 那, 下回再见。
Nà xià huí zài jiàn
그럼, 다음에 뵙겠습니다.

❋ 那就在这里道别吧。
Nà jiù zài zhè li dào bié ba
그럼 여기서 헤어집시다.

A : 那就在这里道别吧。
Nà jiù zài zhè li dào bié bā
그럼 여기서 헤어집시다.

B : 请您多保重。
Qǐng nín duō bǎo zhòng
몸 조심 하십시오.

✽ 没什么事，就告辞了。
Méi shén me shì   jiù gào cí le
별일 없으면, 이만 가보겠습니다.

✽ 我先走了。
Wǒ xiān zǒu le
먼저 가겠습니다.

✽ 请留步。
Qǐng liú bù
나오지 마십시오.

✽ 恕不远送了。
Shù bù yuǎn sòng le
멀리 안 나가겠습니다.

✽ 我真舍不得离开你们。
Wǒ zhēn shè bù dé lí kāi nǐ men
당신들과 헤어지기 정말 아쉽네요.

✽ 时候儿不早了。
Shí hòur bù zǎo le
시간이 늦었습니다.

✽ 天不早了，我要告辞了。
Tiān bù zǎo le   wǒ yào gào cí le
늦었네요, 가야겠어요.

✽ 晚安!
Wǎn ān
안녕히 주무세요!

✽ 请常来电话。
Qǐng cháng lái diàn huà
자주 전화 주세요.

✽ 跟你谈话真愉快。
Gēn nǐ tán huà zhēn yú kuài
얘기 즐거웠어요.

✽ **请您找机会再来。**
Qǐng nín zhǎo jī huì zài lái
기회가 있으면 또 오세요.

✽ **我想请您到我家做客。**
Wǒ xiǎng qǐng nín dào wǒ jiā zuò kè
저희 집으로 초대하고 싶은데요.

✽ **我会常跟您联系。**
Wǒ huì cháng gēn nín lián xì
종종 연락할게요.

A : **你这一走什么时候再来呀?**
Nǐ zhè yì zǒu shén me shí hou zài lái ya
이번에 가면 언제 다시 오나요?

B : **一定会有机会的。我会常跟您联係。**
Yí dìng huì yǒu jī huì de　　Wǒ huì cháng gēn nín lián xì
반드시 기회가 있을 거예요. 종종 연락할게요.

다시 만날 약속을 할 때

✽ **回头见。**
Huí tóu jiàn
나중에 봐요.

✽ **咱们后会有期!**
Zán men hòu huì yǒu qī
나중에 또 만납시다.

✽ **以后再见吧。**
Yǐ hòu zài jiàn ba
다음에 다시 만나자.

✽ **希望以后有机会再见!**
Xī wàng yǐ hòu yǒu jī huì zài jiàn
나중에 기회가 있으면 다시 뵙고 싶습니다!

✽ 请替我问候他们。
Qǐng tì wǒ wèn hòu tā men
저 대신 그 사람들에게 안부 전해주세요.

✽ 代我问他好。
Dài wǒ wèn tā hǎo
그에게 안부 전해주세요.

✽ 代我向你家人问好。
Dài wǒ xiàng nǐ jiā rén wèn hǎo
가족들에게 제 대신 안부 전해주세요.

A : 代我向你家人问好。
Dài wǒ xiàng nǐ jiā rén wèn hǎo
가족들에게 제 대신 안부 전해주세요.

B : 谢谢，一定转达到。
Xiè xie yí dìng zhuǎn dá dào
고맙습니다, 꼭 전할게요.

✽ 请给你的家人带个好。
Qǐng gěi nǐ de jiā rén dài ge hǎo
당신 가족에게 제 안부 전해주세요.

✽ 拜托您给您的家人带个好。
Bài tuō nín gěi nín de jiā rén dài ge hǎo
아무쪼록 가족들에게 안부 전해주세요.

✽ 向你母亲问好。
Xiàng nǐ mǔ qīn wèn hǎo
어머님께 안부 전해주세요.

✽ 请给您夫人带个好。
Qǐng gěi nín fū ren dài ge hǎo
당신 부인께 안부 전해주세요.

✽ 别忘了给我带个好。
Bié wàng le gěi wǒ dài ge hǎo
꼭 소식 보내 주세요.

전송할 때

❋ 请慢走。
Qǐng màn zǒu
조심해서 가세요.

❋ 有空常来。
Yǒu kòng cháng lái
시간 있으면 자주 오세요.

❋ 有时间过来玩儿。
Yǒu shí jiān guò lái wánr
시간 있으면 놀러 오세요.

❋ 你不用送了。
Nǐ bú yòng sòng le
나오실 필요 없어요.

❋ 请留步。
Qǐng liú bù
나오지 마세요.

❋ 我不送你了。
Wǒ bú sòng nǐ le
멀리 안 나갈게요.

❋ 用车送送你吧。
Yòng chē sòng song nǐ ba
차로 바래다 드릴게요.

A : 用车送送你吧。
Yòng chē sòng song nǐ ba
차로 바래다 드릴게요.

B : 不用了，坐地铁很方便。
Bú yòng le zuò dì tiě hěn fāng biàn
괜찮아요, 지하철이 편해요.

❋ 我送你到车站吧。
Wǒ sòng nǐ dào chē zhàn ba
역까지 바래다 드릴게요.

❋ 希望能再次见到你。
Xī wàng néng zài cì jiàn dào nǐ
다시 만날 수 있기를 바래요.

✽ **后会有期。**
Hòu huì yǒu qī
나중에 또 만납시다.

✽ **到了以后给我来封信。**
Dào le   yǐ hòu gěi wǒ lái fēng xìn
도착하면 편지 주세요.

Ａ：**到了以後给我来信。**
Dào le   yǐ hòu gěi wǒ lái xìn
도착하면 편지 주세요.

Ｂ：**一定的。**
Yí dìng de
꼭 보낼게요.

✽ **祝你成功。**
Zhù nǐ chéng gōng
성공을 빌겠습니다.

✽ **祝你旅行愉快!**
Zhù nǐ lǚ xíng yú kuài
즐거운 여행 되세요!

✽ **保重身体。**
Bǎo zhòng shēn tǐ
몸조심하세요.

✽ **你休息吧。**
Nǐ xiū xi ba
쉬세요.

처음 사람을 만났을 때 중국인들은 우리와 마찬가지로 일반적으로 악수를 하는 편입니다. 만약 중국인이 「你好! Nǐ hǎo」라고 손을 내밀면 주저하지 말고 손을 건네는 것이 좋습니다. 상대의 이름을 물을 때는 「您贵姓? Nín guì xìng?」이라고 하며, 이에 대한 응답으로 자신의 이름을 말할 때는 「我姓○○ Wǒ xìng○○」라고 하면 됩니다. 참고로 중국인들 역시 한 번 들은 이름이나 직함을 잘 잊지 않으므로 잘 기억하여 실수하지 않도록 주의합시다.

자기 소개할 때

＊ **我来自我介绍一下吧。**
Wǒ lái zì wǒ jiè shào yí xià ba
제 소개부터 할게요.

＊ **请允许我自我介绍一下吧。**
Qǐng yǔn xǔ wǒ zì wǒ jiè shào yí xià ba
제 소개부터 해도 될까요?

＊ **我能介绍一下自己吗?**
Wǒ néng jiè shào yí xià zì jǐ ma
제 소개를 할까요?

＊ **先自我介绍一下。**
Xiān zì wǒ jiè shào yí xià
먼저 제 소개를 하겠습니다.

＊ **认识你很高兴。**
Rèn shi nǐ hěn gāo xìng
만나서 반갑습니다.

＊ **我们家是个大家族。**
Wǒ men jiā shì ge dà jiā zú
저희 집은 대가족입니다.

＊ **我跟父母一起住。**
Wǒ gēn fù mǔ yì qǐ zhù
저는 부모님과 함께 살고 있습니다.

A : 你自己住吗?
　　Nǐ zì jǐ zhù ma
　　혼자 사세요?

B : 不，我跟父母一起住。
　　Bù　wǒ gēn fù mǔ yì qǐ zhù
　　아니요, 부모님과 함께 살고 있습니다.

❋ 我是个独生子。
Wǒ shì ge dú shēng zǐ
전 독자입니다.

❋ 我是长子。
Wǒ shì zhǎng zǐ
전 장남입니다.

❋ 我是长女。
Wǒ shì zhǎng nǚ
전 맏딸입니다.

❋ 我还是单身。
Wǒ hái shi dān shēn
전 아직 독신입니다.

**다른 사람을
소개할 때**

❋ 你们俩打过招呼了?
Nǐ men liǎ dǎ guo zhāo hu le
두 분이 서로 인사 나누셨습니까?

❋ 我来介绍一下这两位。
Wǒ lái jiè shào yí xià zhè liǎng wèi
제가 이 두 분을 소개하겠습니다.

❋ 我来介绍一下。
Wǒ lái jiè shào yí xià
제가 소개할게요.

❋ 这是我同事，林先生。
Zhè shì wǒ tóng shì　　Lín xiān sheng
제 동료인 린 선생입니다.

✽ 这是我同事王文。
Zhè shì wǒ tóng shì Wáng Wén
이쪽은 제 동료인 왕원입니다.

✽ 初次见面请多关照。
Chū cì jiàn miàn qǐng duō guān zhào
처음 뵙겠습니다. 잘 부탁합니다.

✽ 这是我先生，在韩国企业上班。
Zhè shì wǒ xiān sheng zài Hán guó qǐ yè shàng bān
제 남편인데, 한국기업에서 일하고 있어요.

✽ 我来给二位介绍一下。
Wǒ lái gěi èr wèi jiè shào yí xià
제가 두 분께 소개해 드리겠습니다.

✽ 这位是金青，这位是陈华。
Zhè wèi shì Jīn Qīng zhè wèi shì Chén Huá
이분은 진칭이고, 이분은 천화입니다.

✽ 这位是李先生，他从事贸易工作。
Zhè wèi shì Lǐ xiān sheng tā cóng shì mào yì gōng zuò
이분은 이 선생인데, 무역 일에 종사하십니다.

✽ 我们好像见过面。
Wǒ men hǎo xiàng jiàn guo miàn
전에 뵌 적이 있는 것 같습니다.

✽ 我们好像在哪儿见过。
Wǒ men hǎo xiàng zài nǎr jiàn guo
어디선가 뵌 적이 있는 것 같습니다.

✽ 哦，想起来了。
Ò xiǎng qǐ lái le
아, 생각났습니다.

* 哦 : 이해하거나 생각이 났을 때 쓰는 감탄사

✽ 他就是您常提起过的那个人吗？
Tā jiù shì nín cháng tí qǐ guo de nà ge rén ma
저 사람이 바로 당신이 늘 말하던 그 사람입니까?

✽ 久仰大名，早就想拜见您了。
Jiǔ yǎng dà míng zǎo jiù xiǎng bài jiàn nín le
오래 전부터 존함을 듣고 한번 찾아뵙고 싶었습니다.

✽ 我常听人提起先生您。
Wǒ cháng tīng rén tí qǐ xiān sheng nín
선생님 말씀 많이 들었습니다.

✽ 我在清泉实业工作。
Wǒ zài Qīng quán shí yè gōng zuò
저는 칭취엔 실업에 근무하고 있습니다.

✽ 希望我们能够成为好朋友。
Xī wàng wǒ men néng gòu chéng wéi hǎo péng you
좋은 친구가 되길 바래요.

✽ 您从什么地方来的?
Nín cóng shén me dì fang lái de
어디서 오셨습니까?

* 从 : ～로부터

✽ 您老家是哪儿的?
Nín lǎo jiā shì nǎr de
고향이 어디십니까?

A : 你老家是哪儿的?
Nǐ lǎo jiā shì nǎr de
고향이 어디십니까?

B : 海南岛。
Haǐ nán dǎo
해남도입니다.

✽ 请问您是哪国人?
Qǐng wèn nín shì nǎ guó rén
어느 나라 분이십니까?

✽ 我是韩国人。
Wǒ shì Hán guó rén
저는 한국사람입니다.

고마움을 표현할 때는 보통 「谢谢! Xiè xie!(감사합니다!)」 또는 「非常谢谢! Fēi cháng xiè xie!(대단히 감사합니다!)」라고 합니다. 상대방으로부터 감사하다는 인사를 받았을 때는 「不客气。 Bú kè qi.(별말씀을요.)」라고 하거나 「不用谢 Búyòngxiè / 别谢 Biéxiè(감사할 필요 없어요.)」라고 말합니다. 중국인은 선물을 주고받는 것을 무척 좋아합니다. 만약 여러분이 중국인을 만날 기회가 있다면 선물을 주고 받을 때 이런 표현을 연습할 수 있을 겁니다.

고마울 때

❋ 谢谢!
Xiè xie
감사합니다!

❋ 多谢。
Duō xie
감사합니다.

* 친근한 사이에 쓰는 격의 없는 표현

❋ 很感谢你对我的帮助。
Hěn gǎn xiè nǐ duì wǒ de bāng zhù
도와주셔서 고맙습니다.

A : 很感谢你对我的帮助。
Hěn gǎn xiè nǐ duì wǒ de bāng zhù
도와주셔서 고맙습니다.

B : 不用客气，这是我应该做的。
Bú yòng kè qi　　zhè shì wǒ yīng gāi zuò de
별말씀을요, 제가 마땅히 해야 하는걸요.

❋ 非常感谢。
Fēi cháng gǎn xiè
대단히 감사합니다.

✽ 谢了。
Xiè le
고마워.

✽ 太感谢了。
Tài gǎn xie le
너무 고마워.

✽ 您辛苦了。
Nín xīn kǔ le
수고하셨습니다.

✽ 太谢谢你了。
Tài xiè xie nǐ le
대단히 감사 드립니다.

✽ 真的很谢谢你。
Zhēn de hěn xiè xie nǐ
진심으로 감사합니다.

✽ 谢谢您的关心。
Xiè xie nín de guān xīn
배려에 감사 드립니다.

✽ 谢谢你的好意。
Xiè xie nǐ de hǎo yì
호의에 감사 드립니다.

✽ 非常感谢你的帮助。
Fēi cháng gǎn xiè nǐ de bāng zhù
도와 주셔서 대단히 감사합니다.

✽ 我真不知道怎么感谢您才好。
Wǒ zhēn bù zhī dào zěn me gǎn xiè nín cái hǎo
어떻게 감사를 드려야 할지 모르겠습니다.

신세를 졌을 때

✽ 您真帮了大忙了。
Nín zhēn bāng le dà máng le
덕분에 많은 도움이 되었습니다.

❈ **您给了我很大的帮助，谢谢。**
Nín gěi le wǒ hěn dà de bāng zhù xiè xie
도움을 주셔서 감사 드립니다.

❈ **麻烦你了。**
Má fan nǐ le
폐를 끼쳐 드렸네요.

> A : **麻烦你了。**
> Má fan nǐ le
> 폐를 끼쳐 드렸네요.
>
> B : **哪儿的话，别客气!**
> Nǎr de huà bié kè qì
> 천만에요, 별말씀을요!

❈ **太麻烦你了。**
Tài má fan nǐ le
폐가 많았습니다.

❈ **给你添麻烦了。**
Gěi nǐ tiān má fan le
귀찮게 해 드렸습니다.

❈ **这次真是太麻烦您了。**
Zhè cì zhēn shi tài má fan nín le
이번에 정말 폐를 많이 끼쳐드렸네요.

도움을 받았을 때

❈ **谢谢你这样帮我。**
Xiè xie nǐ zhè yàng bāng wǒ
이렇게 도와줘서 고마워요.

> A : **谢谢你这样帮我。**
> Xiè xie nǐ zhè yàng bāng wǒ
> 이렇게 도와줘서 고마워요.
>
> B : **咱们是朋友，别见外。**
> Zán men shì péng you bié jiàn wài
> 우리가 남인가요.

✽ 托你的福，谢谢。
Tuō nǐ de fú　xiè xie
당신 덕분이에요, 고맙습니다.

✽ 谢谢，这都是大家的功劳。
Xiè xie　zhè dōu shì dà jiā de gōng láo
고맙습니다, 다 여러분 덕이에요.

✽ 谢谢你的帮忙。
Xiè xie nǐ de bāng máng
도와줘서 고마워.

✽ 谢谢您的鼓励。
Xiè xie nín de gǔ lì
격려해 주셔서 감사 드립니다.

* 鼓励 : 격려하다, 북돋우다

✽ 对我帮助太大了。
Duì wǒ bāng zhù tài dà le
큰 도움이 되었습니다.

✽ 金先生，这次承蒙您的厚恩。
Jīn xiān sheng　zhè cì chéng méng nín de hòu ēn
김 선생님, 제가 큰 은혜를 입었습니다.

* 承蒙 : (가르침, 은혜, 접대를) 받다, 입다

✽ 您是我生命的恩人。
Nín shì wǒ shēng mìng de ēn rén
당신은 제 생명의 은인입니다.

✽ 多亏大家，谢谢。
Duō kuī dà jiā　xiè xie
신세 많이 졌습니다, 고맙습니다.

감사의 이유를 말할 때

✽ 谢谢你安慰我。
Xiè xie nǐ ān wèi wǒ
나를 위로해 줘서 고마워요.

✽ 谢谢您为我费心。
Xiè xie nín wèi wǒ fèi xīn
걱정해 주셔서 고맙습니다.

✽ 谢谢您的指教。
Xiè xie nín de zhǐ jiào
지도해 주셔서 감사합니다.

✽ 谢谢你鼓励我。
Xiè xie nǐ gǔ lì wǒ
나에게 용기를 줘서 고마워요.

✽ 谢谢您的亲切关照。
Xiè xie nín de qīn qiē guān zhào
친절을 베풀어 주셔서 감사합니다.

✽ 有您陪我，真是太高兴了。
Yǒu nín péi wǒ zhēn shi tài gāo xìng le
동반해 주셔서 정말 기쁩니다.

✽ 谢谢您肯挤出时间陪我们。
Xiè xie nín kěn jǐ chū shí jiān péi wǒ men
저희와 함께 시간을 보내 주셔서 감사합니다.

✽ 这一点，真是太感谢了。
Zhè yì diǎn zhēn shi tài gǎn xiè le
이 점, 정말 감사 드립니다.

✽ 不知该怎样谢谢您。
Bù zhī gāi zěn yang xiè xie nín
어떻게 감사 드려야 할지 모르겠군요.

✽ 我永远忘不了你的这份情谊。
Wǒ yǒng yuǎn wàng bù liǎo nǐ de zhè fèn qíng yì
저는 영원히 당신의 우정을 잊지 못 할 거예요.

**감사의 선물을
주고받을 때**

✽ 这真是给我的?
Zhè zhēn shì gěi wǒ de
이거 정말 저한테 주는 겁니까?

✽ 请收下，这是我的一点心意。
Qǐng shōu xià zhè shì wǒ de yì diǎn xīn yì
자, 받으세요. 이건 제 작은 성의에요.

A：请收下，这是我的一点心意。
Qǐng shōu xià zhè shì wǒ de yì diǎn xīn yì
자, 받으세요. 이건 제 작은 성의에요.

B：谢谢，你太客气了。
Xiè xie nǐ tài kè qi le
고맙습니다, 너무 공손하시군요.

❋ 我买了点东西，想送你。
Wǒ mǎi le diǎn dōng xi xiǎng sòng nǐ
당신에게 드리려고 뭘 좀 사왔어요.

❋ 这是我给您的小礼物。
Zhè shì wǒ gěi nín de xiǎo lǐ wù
당신에게 드리는 조그만 선물입니다.

❋ 不成敬意，请您笑纳。
Bù chéng jìng yì qǐng nín xiào nà
보잘 것 없는 거지만 받아 주십시오.

* 笑纳 : 웃으며 받아주세요. 선물할 때 쓰는 말

❋ 这礼物是我亲手制作的。
Zhè lǐ wù shì wǒ qīn shǒu zhì zuò de
이 선물은 제가 직접 만든 거예요.

❋ 虽然不起眼，还望你能喜欢。
Suī rán bù qǐ yǎn hái wàng nǐ néng xǐ huan
대단치 않지만 마음에 들었으면 합니다.

❋ 我带来了小小的贺礼。
Wǒ dài lái le xiǎo xiǎo de hè lǐ
조그만 축하 선물을 가지고 왔어요.

❋ 虽然很感谢，可我不能收下。
Suī rán hěn gǎn xiè kě wǒ bù néng shōu xià
정말 고맙습니다만, 받을 수 없습니다.

❋ 礼轻情谊重，请您收下吧。
Lǐ qīng qíng yì zhòng qǐng nín shōu xià ba
제 성의입니다, 받아주십시오.

* 礼轻情谊重 : 선물은 변변치 않지만 성의는 고맙다

❋ 这真是我非常想要的哟。
Zhè zhēn shi wǒ fēi cháng xiǎng yào de yo
이건 정말 제가 갖고 싶었던 거예요.

> A : 这真是我非常想要的。
> Zhè zhēn shi wǒ fēi cháng xiǎng yào de
> 이건 정말 제가 갖고 싶었던 거예요.
>
> B : 那太好了。
> Nà tài hǎo le
> 그것 잘 됐군요.

❋ 啊，这太不好意思了，我不敢收下。
Ā zhè tài bù hǎo yì si le wǒ bù gǎn shōu xià
아, 이러시면 안 되는데요, 받기 곤란합니다.

❋ 为什么送我?
Wèi shén me sòng wǒ
무엇 때문에 저에게 주시는 거죠?

❋ 真不知该怎样报答您的厚礼。
Zhēn bù zhī gāi zěn yang bào dá nín de hòu lǐ
당신의 후한 선물에 어떻게 보답을 해야 할지 모르겠군요.

❋ 承蒙您的厚意，不知该怎么感谢。
Chéng méng nín de hòu yì bù zhī gāi zěn me gǎn xiè
훌륭한 선물을 주셔서 어떻게 감사를 드려야 할지 모르겠군요.

감사의 말에
응답할 때

❋ 不用谢 。
Bú yòng xiè
감사할 필요까지야.

❋ 哪儿的话。
Nǎr de huà
별말씀을요.

❋ 没什么。
Méi shén me
별것 아닙니다.

＊ 일상적으로 가볍게 표현할 때

✽ 不用客气。
Bú yòng kè qi
별말씀을 다 하십니다.

✽ 没有的事。
Méi yǒu de shì
천만에요.

✽ 不敢当，不敢当。
Bù gǎn dāng　bù gǎn dāng
별말씀을요.

✽ 哪里哪里。
Nǎ li nǎ li
천만의 말씀입니다.

✽ 你太见外了。
Nǐ　tài jiàn wài le
그러실 필요까지 없습니다.(너무 사양하지 마세요.)

✽ 请不要声张。
Qǐng bú yào shēng zhāng
괘념치 마십시오.

*声张 : 큰소리로 외치다, 널리 퍼뜨리다

✽ 谢谢。那，我就不客气了。
Xiè xie　Nà　wǒ jiù bú kè qi le
감사합니다. 그럼, 사양하지 않겠습니다.

✽ 这点事，真不足挂齿。
Zhè diǎn shì　zhēn bù zú guà chǐ
별로 대단한 일도 아닙니다.

*挂齿 : 언급하다

✽ 我同样感谢您。
Wǒ tóng yàng gǎn xiè nín
저도 마찬가지로 감사합니다.

✽ 能帮上忙，我也很高兴。
Néng bāng shàng máng wǒ yě hěn gāo xìng
도움이 되어 다행입니다.

Unit 05 | 사과와 사죄

상대방에게 실수를 했거나 잘못을 했을 때 우선 정중하게 사과를 하고 용서를 구하는 것이 도리입니다. 사과나 사죄를 할 때는「对不起。Duìbuqǐ.(미안합니다.)」등의 표현 외에도「抱歉 Bàoqiàn, 过意不去 Guò yì bú qù, 不好意思 Bù hǎo yì si」등도 많이 쓰입니다.「사과드립니다」라고 할 때는「我向您道歉 Wǒ xiàng nín dào qiàn」이라고 하며, 용서를 구할 때는「请您原谅我。Qǐng nín yuánliàng wǒ.(용서해 주십시오.)」라고 합니다.

미안함을 표시할 때

❋ 对不起。
Duì bu qǐ
미안합니다.

❋ 请原谅。
Qǐng yuán liàng
부디 양해해 주십시오.

❋ 实在对不起。
Shí zài duì bu qǐ
정말 미안해.

* 实在 : 확실히, 정말로, 사실은

❋ 啊, 不好意思。
Ā　　bù hǎo yì si
아, 미안해요.

❋ 给您添麻烦了。
Gěi nín tiān má fan le
폐를 끼쳐 드렸습니다.

A : 给您添麻烦了。
Gěi nín tiān má fan le
폐를 끼쳐 드렸습니다.

B : 别客气, 很愿意为您效劳。
Bié kè qi　　hěn yuàn yì wèi nín xiào láo
별말씀을요, 기꺼이 당신을 위해 최선을 다하겠습니다.

✽ 很抱歉。
Hěn bào qiàn
죄송합니다.(송구합니다.)

✽ 让您费心了。
Ràng nín fèi xīn le
폐가 많았습니다.

✽ 对不起，来晚了。
Duì bu qǐ　　lái wǎn le
미안합니다, 늦었어요.

> A : 对不起，来晚了。
> Duì bu qǐ　　lái wǎn le
> 미안합니다, 늦었어요.
>
> B : 没什么，我也刚到。
> Méi shén me　　wǒ yě gāng dào
> 괜찮아요, 저도 막 왔어요.

✽ 对不起，让你等我。
Duì bu qǐ　ràng nǐ děng wǒ
기다리게 해서 미안해요.

✽ 来晚了，真对不起。
Lái wǎn le　　zhēn duì bu qǐ
늦었습니다, 정말 죄송합니다.

✽ 很抱歉，让您等我。
Hěn bào qiàn　ràng nín děng wǒ
죄송합니다, 기다리시게 했네요.

✽ 让你久等了。
Ràng nǐ jiǔ děng le
오래 기다리시게 했습니다.

✽ 抱歉 抱歉，让你久等了。
Bào qiàn bào qiàn　ràng nǐ jiǔ děng le
죄송합니다, 오래 기다리시게 했네요.

❊ 这一点，真是对不起。
Zhè yì diǎn zhēn shi duì bu qǐ
이 점에 대해서는 정말 미안합니다.

❊ 对不起，打扰您了。
Duì bu qǐ   dǎ rǎo nín le
죄송합니다, 폐를 끼쳤습니다.

❊ 回信太迟了，真是抱歉。
Huí xìn tài chí le   zhēn shi bào qiàn
답장이 너무 늦어서 죄송합니다.

❊ 不好意思。
Bù hǎo yì si
실례하겠습니다.

❊ 借光借光。
Jiè guāng jiè guāng
실례합니다.

* 借光 : 남의 신세를 지다, (남에게 말을 걸 때) 실례합니다

❊ 劳驾。
Láo jià
수고하십니다.

❊ 请问。
Qǐng wèn
말씀 좀 묻겠습니다.

❊ 对不起，我说一句。
Duì bu qǐ   wǒ shuō yí jù
미안합니다, 제가 한 마디 하겠습니다.

A : 对不起，我说一句。
Duì bu qǐ   wǒ shuō yí jù
미안합니다. 제가 한 마디 하겠습니다.

B : 请讲。
Qǐng jiǎng
말씀하세요.

✽ **对不起，我认错人了。**
Duì bu qǐ wǒ rèn cuò rén le
실례했습니다, 사람을 잘못 봤습니다.

✽ **不好意思，我记差了日期。**
Bù hǎo yì si wǒ jì chà le rì qī
미안합니다, 제가 날짜를 혼동했군요.

✽ **是我说得不对。**
Shì wǒ shuō de bú duì
내가 말을 잘못했습니다.

✽ **都怪我不留神。**
Dōu guài wǒ bù liú shén
모두 제가 부주의한 탓이에요.

* 留神 : 주의(조심)하다(=留心 liúxīn)

A : **都怪我不留神。**
Dōu guài wǒ bù liú shén
모두 제가 부주의한 탓이에요.

B : **没关系，下次注意点儿吧。**
Méi guān xi xià cì zhù yì diǎnr ba
괜찮아요. 다음에는 조심하세요.

✽ **我这个人真像个傻瓜。**
Wǒ zhè ge rén zhēn xiàng ge shǎ guā
저 참 바보 같았어요.

✽ **是我错了，真抱歉。**
Shì wǒ cuò le zhēn bào qiàn
제가 잘못했습니다, 사과드립니다.

✽ **是我不对。**
Shì wǒ bú duì
제가 잘못했습니다.

* 对不起，我错了。
Duì bu qǐ   wǒ cuò le
미안해요, 제가 잘못했어요.

* 其实我也不好。
Qí shí wǒ yě bù hǎo
사실 저도 잘못한 걸요.

* 这不是故意的。
Zhè bú shì gù yì de
그건 고의가 아니었어요.

* 以后我不提了。
Yǐ hòu wǒ bù tí le
앞으로는 (그 얘기를) 꺼내지 않을게요.

* 这都怨我。
Zhè dōu yuàn wǒ
모두 제 탓이죠.

*怨 : 탓하다, 원망하다

* 是我没注意。
Shì wǒ méi zhù yì
제 부주의였습니다.

용서를 구할 때

* 请您原谅!
Qǐng nín yuán liàng
용서해 주십시오.

> A : 请您原谅。
> Qǐng nín yuán liàng
> 용서해 주십시오.
>
> B : 下不为例。
> Xià bù wéi lì
> 다음에는 이러지 마세요.

* 请您原谅我这一次。
Qǐng nín yuán liàng wǒ zhè yí cì
한번 봐 주십시오.

❋ 请饶恕我的过错。
Qǐng ráo shù wǒ de guò cuò
제 잘못을 용서해 주십시오.

*饶恕 : 용서하다

❋ 我保证，不再犯同样的错误了。
Wǒ bǎo zhèng bú zài fàn tóng yàng de cuò wù le
다시는 그런 일이 없을 겁니다.

❋ 请原谅我未能信守諾言。
Qǐng yuán liàng wǒ wèi néng xìn shǒu nuò yán
약속을 지키지 못한 걸 용서해 주세요.

* 諾言 : 승낙의 말

❋ 真对不起，可我不是故意的。
Zhēn duì bu qǐ　　kě wǒ bú shì gù yì de
정말 미안합니다만, 제가 고의로 그런 것은 아닙니다.

❋ 下次我一定不这样做。
Xià cì wǒ yí dìng bú zhè yàng zuò
다음 번엔 절대 이러지 않겠어요.

❋ 让您费心了，真对不起。
Ràng nín fèi xīn le·　zhēn duì bu qǐ
귀찮게 해 드려서 정말 미안해요.

사과·사죄의
말에 응답할 때

❋ 没关系。/ 不要紧。/ 没什么。
Méi guān xi　　Bú yào jǐn　　Méi shén me
괜찮습니다.

❋ 你不必担心。
Nǐ bú bì dān xīn
걱정하지 마십시오.

❋ 那点事不成问题。
Nà diǎn shì　bù chéng wèn tí
그까짓 것 문제될 것 없습니다.

❋ 不用谢。
Bú yòng xiè
천만에요.

✽ 别在意。
Bié zài yì
개의치 마세요.

✽ 你不要客气。
Nǐ bú yào kè qi
사양하지 마세요.

✽ 您别介意。
Nín bié jiè yì
개의치 마세요.

✽ 你不用陪礼。
Nǐ bú yòng péi lǐ
사과하실 필요 없습니다.

A : 请允许我向您赔不是。
Qǐng yǔn xǔ wǒ xiàng nín péi bú shi
저의 사과를 받아주세요.

B : 你不用陪礼，我也做得不好。
Nǐ bú yòng péi lǐ　wǒ yě zuò de bù hǎo
사과하실 필요 없습니다, 저도 잘못 했습니다.

✽ 我原谅你。
Wǒ yuán liàng nǐ
당신을 용서하겠어요.

✽ 好吧，我接受你的道歉。
Hǎo ba　wǒ jiē shòu nǐ de dào qiàn
좋아요, 사과를 받아들이죠.

✽ 你没什么错的。
Nǐ méi shén me cuò de
당신은 아무런 잘못이 없어요.

✽ 我可不能原谅你的过错。
Wǒ kě bù néng yuán liàng nǐ de guò cuò
당신의 실수를 묵과할 수 없어요.

축하와 환영

축하할 때는 보통 「祝贺你。 Zhù hè nǐ.(축하해요.)」라고 합니다. 축하할 일이 있으면 문장 앞에 祝(zhù)를 자주 붙여 사용하는데, '祝'는 「축하(祝贺 zhù hè) 한다」라는 의미와 「~하기를 기원한다(祝愿 zhù yuàn)」라는 의미를 나타냅니다. 또한 「恭喜 gōng xǐ」라는 표현도 많이 사용하는데, 중첩형식인 「恭喜恭喜 Gōng xǐ gōng xǐ」가 더 많이 사용됩니다. 새해나 명절에 쓰이는 표현은 관용화되어 있으므로 잘 익혀두세요.

축하할 때

❋ 祝贺你。
Zhù hè nǐ
축하합니다.

❋ 恭喜恭喜。
Gōng xǐ ōng xǐ
축하드립니다.

❋ 祝你生日快乐。
Zhù nǐ shēng rì kuài lè
생일 축하합니다.

> A : 祝你生日快乐。
> Zhù nǐ shēng rì kuài lè
> 생일 축하합니다.
>
> B : 谢谢!
> Xiè xie
> 고맙습니다.

❋ 恭喜你被录取了。
Gōng xǐ nǐ bèi lù qǔ le
합격을 축하합니다.

❋ 祝贺你参加工作!
Zhù hè nǐ cān jiā gōng zuò
취직을 축하드립니다!

❋ 恭喜你找到了好工作。
Gōng xǐ nǐ zhǎo dào le hǎo gōng zuò
좋은 직장을 찾은 것을 축하합니다.

❋ 恭喜你升职!
Gōng xǐ nǐ shēng zhí
승진을 축하합니다!

❋ 庆贺胜利!
Qìng hè shèng lì
승리를 축하합니다!

❋ 祝贺你考上大学。
Zhù hè nǐ kǎo shàng dà xué
대학 합격을 축하합니다.

❋ 祝贺你毕业!
Zhù hè nǐ bì yè
졸업을 축하합니다!

❋ 恭喜你怀孕了。
gōng xǐ nǐ huái yùn le
임신을 축하합니다.

❋ 听说您有了喜事?
Tīng shuō nín yǒu le xǐ shì
축하할 일이 생겼다면서요?

❋ 恭喜你生了个儿子!
Gōng xǐ nǐ shēng le ge ér zi
아들을 얻으신 것 축하해요!

❋ 您是怎么做到的?
Nín shì zěn me zuò dào de
어떻게 해 내셨어요?

❋ 太棒了, 你小子真是好样的!
Tài bàng le nǐ xiǎo zi zhēn shì hǎo yàng de
잘했다, 네가 정말 해냈구나!

✳ **祝你身体健康!**
Zhù nǐ shēn tǐ jiàn kāng
건강하시기를 빕니다!

✳ **祝你们生活幸福!**
Zhù nǐ men shēng huó xìng fú
행복하시기를 빕니다!

✳ **祝你们白头偕老。**
Zhù nǐ men bái tóu xié lǎo
백년해로하시기를 빕니다.

✳ **祝你万事如意!**
Zhù nǐ wàn shì rú yì
만사형통하시기를 빕니다!

✳ **祝你早日恢复健康。**
Zhù nǐ zǎo rì huī fù jiàn kāng
속히 건강을 회복하시기 바랍니다.

✳ **祝你成功。**
Zhù nǐ chéng gōng
성공을 빌겠습니다.

* 시험이나 시합을 앞둔 사람에게 씀

✳ **恭喜发财!**
Gōng xǐ fā cái
부자 되세요!

A : **恭喜发财!**
Gōng xǐ fā cái
부자 되세요!

B : **同喜同喜!**
Tóng xǐ tóng xǐ
역시 부자 되세요!

*새해 인사과 같은 축하를 받았을 때 상대방에게 답할 때 쓰임

✳ **祝你好运。**
Zhù nǐ hǎo yùn
행운이 있기를 바랍니다.

✽ **祝你身体健康。**
Zhù nǐ shēn tǐ jiàn kāng
건강하시기를 빌겠습니다.

✽ **祝你一路顺风。**
Zhù nǐ yí lù shùn fēng
잘 다녀오시기 바랍니다.

*먼 길을 떠나는 사람에 하는 인사

✽ **祝你取得好成绩。**
Zhù nǐ qǔ dé hǎo chéng jì
좋은 성적을 거두기를 바랍니다.

✽ **祝你一切顺利!**
Zhù nǐ yí qiè shùn lì
모든 일이 순조롭기를 바랍니다!

✽ **祝你旅途愉快!**
Zhù nǐ lǚ tú yú kuài
즐거운 여행이 되시기를 빕니다!

✽ **祝你生意兴隆!**
Zhù nǐ shēng yì xīng lóng
사업이 번창하시기를 바랍니다!

*生意 : 장사, 영업

✽ **祝你们永远幸福。**
Zhù nǐ men yǒng yuǎn xìng fú
두 분 영원히 행복하세요.

✽ **祝你发大财!**
Zhù nǐ fā dà cái
돈 많이 버세요!

✽ **马到成功!**
Mǎ dào chéng gōng
하루 속히 성공하십시오!

✽ **一路平安!**
Yí lù píng ān
가시는 길 평안하세요!

✻ 祝你好运!
Zhù nǐ hǎo yùn
행운이 있기를!

✻ 愿上帝保佑你!
Yuàn shàng dì bǎo yòu nǐ
당신에게 신의 가호가 있기를!

✻ 新年快乐!
Xīn nián kuài lè
새해 복 많이 받으십시오!

✻ 新年好!
Xīn nián hǎo
새해 복 많이 받으십시오!

✻ 过年好!
Guò nián hǎo
새해 복 많이 받으십시오!

✻ 恭喜新年, 贺喜新年!
Gōng xǐ xīn nián　hè xǐ xīn nián
새해 복 많이 받으십시오!

✻ 祝你新年更上一层楼。
Zhù nǐ xīn nián gèng shàng yì céng lóu
더 나은 한 해가 되길 바랍니다.

✻ 给您拜年了。
Gěi nín bài nián le
새해 인사드립니다.

✻ 祝你在新的一年里马到成功!
Zhù nǐ zài xīn de yì nián li mǎ dào chéng gōng
새해에는 모든 일이 잘 되기를 바랍니다!

✻ 祝你新年愉快!
Zhù nǐ xīn nián yú kuài
새해 즐겁게 보내시기 바랍니다!

✽ **祝你新年交好运!**
Zhù nǐ xīn nián jiāo hǎo yùn
새해에는 모든 행운이 깃드시기를!

✽ **同喜同喜!**
Tóng xǐ tóng xǐ
역시 축하드립니다!

✽ **谢谢，看来我交好运了。**
Xiè xie　kàn lai wǒ jiāo hǎo yùn le
고맙습니다, 운이 좋았던 것 같아요.

✽ **谢谢，我以为你又忘了呢。**
Xiè xie　wǒ yǐ wéi nǐ yòu wàng le ne
고마워, 난 네가 또 잊어버린 줄 알았어.

✽ **多亏有你。**
Duō kuī yǒu nǐ
모두 당신 덕분입니다.

✽ **热烈欢迎!**
Rè liè huān yíng
열렬히 환영합니다.

✽ **你好，金小姐，欢迎你进我们的公司。**
Nǐ hǎo　Jīn xiǎo jiě　huān ying nǐ jìn wǒ men de gōng sī
안녕하세요, 미스 김, 입사를 축하합니다.

✽ **真高兴能跟你一起工作。**
Zhēn gāo xìng néng gēn nǐ yì qǐ gōng zuò
같이 일하게 되어 반갑습니다.

A : **真高兴能跟你一起工作。**
Zhēn gāo xing néng gēn nǐ yì qǐ gōng zuò
같이 일하게 되어 반갑습니다.

B : **我也一样。**
Wǒ yě yí yàng
저도 마찬가지입니다.

✻ **欢迎您来我家做客。**
Huān yíng nín lái wǒ jiā zuò kè
저의 집에 오신 것을 환영합니다.

✻ **欢迎您来韩国访问。**
Huān yíng nín lái Hán guó fǎng wèn
한국에 오신 것을 환영합니다.

✻ **希望这儿能使您满意。**
Xī wàng zhèr néng shǐ nín mǎn yì
이곳이 마음에 들기를 바랍니다.

* 满意 : 만족하다, 흡족하다

✻ **请大家报以热烈的掌声！**
Qǐng dà jiā bào yǐ rè liè de zhǎng shēng
큰 박수 부탁드립니다!

감탄과 칭찬

칭찬을 듣고서 기분 나쁠 사람은 아마 없을 것입니다. 특히 대인관계를 원만히 하기 위해서는 무엇보다도 상대방을 칭찬하는 것 이상으로 기분 좋게 하는 일은 없습니다. 여기서는 상대방의 장점이나 성품, 능력, 외모 등을 적절하게 말할 수 있도록 해당 표현을 익혀둡시다. 중국어에서는 특히 「很 hěn, 太 tài, 真 zhēn」 등을 주로 사용합니다.

**감탄의 기분을
나타낼 때**

❉ **太壮观了!**
Tài zhuàng guān le
멋지네요!

❉ **太好了!**
Tài hǎo le
훌륭합니다!

❉ **哇，真是太美了!**
Wā　zhēn shi tài měi le
와, 정말 아름답네요!

❉ **太好吃了!**
Tài hǎo chī le
너무 맛있네요!

A : **太好吃了!**
Tài hǎo chī le
너무 맛있네요!

B : **那就多吃点儿吧。**
Nà jiù duō chī diǎnr ba
많이 드세요.

❉ **干得好!**
Gàn de hǎo
잘했어요!

❋ 太有意思了!
Tài yǒu yì si le
너무 재미있네요!

❋ 乖乖, 真了不得!
Guāi guāi zhēn liǎo bu de
아가야, 정말 대단하구나!

감동했을 때

❋ 感动得说不出话来。
Gǎn dòng de shuō bù chū huà lái
감동하여 목이 멥니다.

❋ 此时的心情难以言表。
Cǐ shí de xīn qíng nán yǐ yán biǎo
지금의 심정을 말로 표현할 수 없습니다.

❋ 他感动得说不出话来了。
Tā gǎn dòng de shuō bù chū huà lái le
그는 감동한 나머지 할말을 잃었습니다.

❋ 感动得眼泪都要流出来了。
Gǎn dòng de yǎn lèi dōu yào liú chū lái le
감동해서 눈물이 다 날 것 같습니다.

❋ 他的故事太感人了。
Tā de gù shi tài gǎn rén le
그의 이야기는 너무도 감동적입니다.

성과를 칭찬할 때

❋ 真了不起!
Zhēn liǎo bu qǐ
대단하군요!

❋ 你真不错。
Nǐ zhēn bú cuò
잘 하시는군요.

❋ 真是太好了。
Zhēn shi tài hǎo le
정말 훌륭하군요!

✽ **你干得太出色了。**
Nǐ gàn de tài chū sè le
참 잘하셨어요.

* 出色 : 출중하다

✽ **对呀，就该那么做。**
Duì ya　　jiù gāi nà me zuò
그렇죠, 그렇게 해야지요.

✽ **没的说。**
Méi de shuō
완벽합니다.(지적할 결점이 없습니다.)

✽ **你们现在干得很好。**
Nǐ men xiàn zài gàn de hěn hǎo
아주 잘 하고 있어요.

✽ **我为你骄傲。**
Wǒ wèi nǐ jiāo ào
나는 당신이 자랑스럽습니다.

**능력과 재주를
칭찬할 때**

✽ **你的记忆力可真好。**
Nǐ de jì yì lì kě zhēn hǎo
기억력이 참 좋으시군요.

✽ **您真有能力呀。**
Nín zhēn yǒu néng lì ya
당신은 능력이 대단하시군요.

✽ **汉语说得真流利啊。**
hàn yǔ shuō de zhēn liú lì a
중국어를 유창하게 구사하시는군요.

A : **汉语说得真地道，你怎么学的?**
Hàn yǔ shuō de zhēn dì dao　　nǐ zěn me xué de
중국어 정말 잘 하시네요, 어떻게 배우셨어요?

B : **哪里，哪里。谢谢您的夸奖。**
Nǎ li　　nǎ li　　Xiè xie nín de kuā jiǎng
아니에요. 과찬의 말씀이십니다.

✽ **他的脑子真好用。**
Tā de nǎo zi zhēn hǎo yòng
그는 정말 머리가 좋아요.

✽ **他是个明智的人。**
Tā shì ge míng zhì de rén
그는 똑똑한 사람이에요.

✽ **他很有才气。**
Tā hěn yǒu cái qì
그는 재능이 있어요.

A : **小李这个人怎么样？**
Xiǎo Lǐ zhè ge rén zěn me yàng
샤오리 이 사람 어때요?

B : **他很有才气，是个难得的人才。**
Tā hěn yǒu cái qì　shì ge nán dé de rén cái
그는 재능이 있어요, 보기 드문 인재예요.

✽ **她挺有灵气的。**
Tā tǐng yǒu líng qì de
그녀는 소질이 있어요.

✽ **你真是无所不知啊。**
Nǐ zhēn shi wú suǒ bù zhī a
당신은 모르는 게 없군요.

✽ **你真是无所不能啊。**
Nǐ zhēn shi wú suǒ bù néng a
못하는 게 없으시군요.

외모를 칭찬할 때

✽ **你真是个绅士。**
Nǐ zhēn shì ge shēn shì
당신은 정말 신사이군요.

✽ **真帅。**
Zhēn shuài
정말 잘생겼다.

❋ 真潇洒。
Zhēn xiāo sǎ
참 멋지군요.

❋ 你比年龄显得年轻多了。
Nǐ bǐ nián líng xiǎn de nián qīng duō le
나이에 비해 훨씬 젊어 보이시는군요.

❋ 这孩子真可爱。
Zhè hái zi zhēn kě ài
이 아이 정말 귀엽다.

❋ 你的眼睛好漂亮啊。
Nǐ de yǎn jing hǎo piào liang a
당신은 눈이 참 예쁘군요.

❋ 身体很好。
Shēn tǐ hěn hǎo
몸이 아주 좋습니다.

❋ 看起来很健康。
Kàn qǐ lái hěn jiàn kāng
건강해 보이시는군요.

❋ 你怎么这么苗条?
Nǐ zěn me zhè me miáo tiáo
어쩜 이렇게 날씬하세요?

A : 你怎么这么苗条?
　　Nǐ zěn me zhè me miáo tiáo
　　어쩜 이렇게 날씬하세요?

B : 我很注意锻炼身体。
　　Wǒ hěn zhù yì duàn liàn shēn tǐ
　　운동하는 데 신경을 많이 쓰거든요.

❋ 这跟你很配。
Zhè gēn nǐ hěn pèi
그거 참 잘 어울립니다.

❋ 你这人肯定大有人气。
Nǐ zhè rén kěn dìng dà yǒu rén qì
인기가 대단하시겠어요.

✽ 本人比照片更漂亮啊。
Běn rén bǐ zhào piàn gèng piào liang a
사진보다 실물이 더 예쁘네요.

✽ 你算是买对了。
Nǐ suàn shi mǎi duì le
그거 잘 사셨군요.

✽ 真是不错。
Zhēn shi bú cuò
정말 근사한데요.

✽ 最好的。
Zuì hǎo de
최고입니다.

> A : 这个和那个比，怎么样?
> Zhè ge hé nà ge bǐ zěn me yàng
> 이것과 저것 어떤 게 좋아요?
>
> B : 当然是这个更好。这是最好的了。
> Dāng rán shì zhè ge gèng hǎo Zhè shì zuì hǎo de le
> 당연히 이게 더 좋죠. 이게 최고에요.

✽ 你的房子好漂亮啊。
Nǐ de fáng zi hǎo piào liang a
멋진 집을 갖고 계시군요.

✽ 谢谢您的夸奖。
Xiè xie nín de kuā jiǎng
칭찬해 주시니 고맙습니다.

✽ 您过奖了。
Nín guò jiǎng le
과찬의 말씀입니다.

✽ 哪里哪里，你太过奖了。
Nǎ li nǎ li nǐ tài guò jiǎng le
별말씀을요, 과찬이십니다.

여러 가지 감정

「기쁘다, 즐겁다」라는 표현으로는 일반적으로 「高兴 gāo xìng, 开心 kāi xīn」
등이 사용되며, 그 정도가 매우 심함을 나타낼 때는 「很 hěn, 好 hǎo, 真 zhēn,
太 tài」 등의 부사어를 앞에 붙여 다양하게 자신의 감정을 표현할 수 있습니다.
다른 사람의 행복이나 즐거움을 기원할 때는 「祝你幸福 Zhù nǐ xìng fú(행복을
기원합니다)」 등의 표현을 사용하면 됩니다.

즐거울 때

❋ 真愉快!
Zhēn yú kuài
정말 즐겁습니다!

❋ 高兴得要飞了!
Gāo xìng de yào fēi le
기뻐서 날아갈 듯 해요!

❋ 真是太高兴了!
Zhēn shì tài gāo xìng le
정말 즐거워요!

❋ 真高兴!
Zhēn gāo xìng
너무 기뻐요!

❋ 高兴得要疯了!
Gāo xìng de yào fēng le
좋아서 미치겠어요!

❋ 高兴得直想哼哼。
Gāo xìng de zhí xiǎng hēng heng
콧노래라도 부르고 싶은 기분입니다.

기쁠 때

❋ 我非常高兴!
Wǒ fēi cháng gāo xìng
너무 기뻐요!

* 我太高兴了!
Wǒ tài gāo xìng le
무척 기뻐요!

* 心情盖了帽儿了!
Xīn qíng gài le màor le
기분 끝내주는군!

* 我很高兴!
Wǒ hěn gāo xìng
몹시 기뻐요!

* 高兴得就要飞起来似的。
Gāo xìng de jiù yào fēi qǐ lái shì de
기뻐서 펄쩍 뛸 것 같아.

* 哇，太棒了!
Wā tài bàng le
야, 앗싸!

* 젊은 층의 표현

* 我这辈子再没有比这更高兴的时候了。
Wǒ zhè bèi zi zài méi yǒu bǐ zhè gèng gāo xìng de shí hou le
제 평생에 이보다 더 기쁜 적이 없었어요.

* 辈子 : 일생, 평생

* 再没有比这更高兴的事了!
Zài méi yǒu bǐ zhè gèng gāo xìng de shì le
이보다 더 기쁠 수 없어요.

* 他满面喜色。
Tā mǎn miàn xǐ sè
그는 희색이 만연했어요.

* 这是真的吗?
Zhè shì zhēn de ma
정말이에요?

* 你风光我也高兴。
Nǐ fēng guang wǒ yě gāo xìng
네가 잘돼서 나도 기뻐.

✽ 盼了好久才盼来的好消息。
Pàn le hǎo jiǔ cái pàn lái de hǎo xiāo xi
듣던 중 반가운 소식인데요.

✽ 听到那消息真高兴。
Tīng dào nà xiāo xi zhēn gāo xìng
그 소식을 들으니 정말 기쁩니다.

✽ 我好像做梦一样。
Wǒ hǎo xiàng zuò mèng yí yàng
꿈인 것 같아요.

A : 听说你中彩了? 祝贺你!
Tīng shuō nǐ zhòng cǎi le? Zhù hè nǐ
복권에 당첨됐다면서? 축하해!

B : 谢谢! 我好像做梦一样。真不敢相信。
Xiè xie!   Wǒ hǎo xiàng zuò mèng yí yàng Zhēn bù gǎn xiāng xìn
고마워요! 꿈인 것 같아요. 믿어지지 않아요.

✽ 你好了我也高兴。
Nǐ hǎo le wǒ yě gāo xìng
네가 좋다니 나도 기뻐.

✽ 那真是令人高兴的消息啊。
Nà zhēn shi lìng rén gāo xing de xiāo xi a
그거 반가운 소식이군요.

✽ 她要是知道了，肯定高兴。
Tā yào shi zhī dào le   kěn dìng gāo xìng
그녀가 들으면 틀림없이 기뻐할 거예요.

✽ 您该多么高兴啊。
Nín gāi duō me gāo xing a
정말 기쁘시겠습니다.

✽ 他要是听到这个消息，该多么高兴啊!
Tā yào shi tīng dào zhè ge xiāo xi   gāi duō me gāo xìng a
그 소식을 들으면 그가 얼마나 기뻐할까!

❋ 听到这消息那高兴劲儿，别提了。
Tīng dào zhè xiāo xi nà gāo xìng jìnr   bié tí le
이 소식을 듣고 얼마나 기뻐하는지 말도 마.

❋ 万岁!
Wàn suì
만세!

❋ 哇噻!
Wā sāi
아싸!

❋ 哇, 万岁!
Wā wàn suì
야, 만세!

❋ 好! 好哇!
Hǎo hǎo wa
브라보!

❋ 很有意思。
Hěn yǒu yì si
정말 재미있습니다.

❋ 太有意思了!
Tài yǒu yì si le
재미있네요!

❋ 肯定会有意思的。
Kěn dìng huì yǒu yì si de
그거 재미있겠는데요.

❋ 这本没意思。
Zhè běn méi yì si
이 책은 재미없어요.

❋ 今天有意思吗?
Jīn tiān yǒu yì si ma
오늘 재미있었어?

❋ 今天晚上太有意思了。
Jīn tiān wǎn shàng tài yǒu yì si le
오늘밤 정말 재미있었습니다.

❋ 望您愉快。
Wàng nín yú kuài
재미있는 시간 보내세요.

❋ 望您玩儿好。
Wàng nín wánr hǎo
재미있게 보내세요!

❋ 托您的福，今天晚上过得真愉快。
Tuō nín de fú   jīn tiān wǎn shàng guò de zhēn yú kuài
오늘밤, 덕분에 재미있었습니다.

❋ 你这人真风趣。
Nǐ   zhè rén zhēn fēng qù
당신은 재미있는 사람이군요.

❋ 妙趣横生，津津有味。
Miào qù héng shēng jīn jīn yǒu wèi
아주 묘미가 있고, 흥미진진하군요.

* 津津有味 ; 흥미진진하다, 아주 맛있다

❋ 恨不得飞起来了。
hèn bu de fēi qǐ lái le
날아갈 듯 해.

❋ 什么事那么高兴，金小姐?
Shén me shì nà me gāo xìng   jīn xiǎo jie
뭐가 그리 기쁘세요, 미스 김?

A : 什么事那么高兴，金小姐?
Shén me shì nà me gāo xing   Jīn xiǎo jie
뭐가 그리 기쁘세요, 미스 김?

B : 男朋友向我求婚了。
Nán péng you xiàng wǒ qiú hūn le
남자친구가 제게 청혼했어요.

❋ **我高兴得都说不出话来了。**
Wǒ gāo xìng de dōu shuō bu chū huà lái le
너무 기뻐서 말이 안 나와요.

❋ **再没有比这更高兴的事了。**
Zài méi yǒu bǐ zhè gèng gāo xìng de shì le
더 이상 기쁠 수 없을 거야.

❋ **我儿子出息了，我真是好高兴。**
Wǒ ér zi chū xi le   wǒ zhēn shi hǎo gāo xìng
제 아들이 성공해서 정말 좋아요.

❋ **我真是太满意了!**
Wǒ zhēn shi tài mǎn yì le
난 정말로 만족스러워!

❋ **心情好舒适啊。**
Xīn qíng hǎo shū shì a
마음이 아주 편안해요.

❋ **我为这些感到心满意足。**
Wǒ wèi zhè xiē gǎn dào xīn mǎn yì zú
난 그것에 정말 흡족해.

❋ **这多么幸运啊!**
Zhè duō me xìng yùn a
이 얼마나 다행인가요!

❋ **现在放心了。**
Xiàn zài fàng xīn le
이제는 안심이에요.

❋ **放心吧，那事决不可能发生。**
Fàng xīn ba   nà shì jué bù kě néng fā shēng
안심하세요, 그런 일은 절대 생기지 않을 것입니다.

❋ **既然有你帮助我，我就放心了。**
Jì rán yǒu nǐ bāng zhù wǒ   wǒ jiù fàng xīn le
네가 나를 도와주겠다고 하니 안심이야.

* 既然 : 이미 이렇게 된 바에야

❋ 他又失约了，真气死人了。
Tā yòu shī yuē le zhēn qì sǐ rén le
그가 또 약속을 어겼어, 화나 죽겠어.

❋ 气疯了。
Qì fēng le
화나서 미치겠어요.

❋ 忍耐是有限度的。
Rěn nài shì yǒu xiàn dù de
참는 데도 한계가 있어요.

❋ 太让人生气了。
Tài ràng rén shēng qì le
정말 열 받는군.

❋ 我再也忍受不了了。
Wǒ zài yě rěn shòu bu liǎo le
더 이상은 못 참겠어요.

❋ 越想越气。
Yuè xiǎng yuè qì
생각할수록 화가 나요.

A : 这事我越想越生气，他怎么能这么骗我呢?
Zhè shì wǒ yuè xiǎng yuè shēng qì tā zěn me néng zhè me piàn wǒ ne
이 일은 생각할수록 화가 나요, 그가 어떻게 저를 이렇게 속일 수가 있어요?

B : 别理他，知道他是什么人了，吸取教训吧。
Bié lǐ tā zhī dào tā shì shén me rén le xī qǔ jiào xun ba
상관 마, 그가 어떤 사람인지 알잖아, 한 수 배웠다고 생각해.

❋ 别碰我!
Bié pèng wǒ
날 건드리지 마!

❋ 你用不着跟我解释。
Nǐ yòng bu zháo gēn wǒ jiě shì
변명은 필요 없어.

✽ 你别狡辩了!
Nǐ bié jiǎo biàn le
변명 따위 하지 마!

✽ 你开什么玩笑!
Nǐ kāi shén me wán xiào
농담하지 마!

✽ 气得我七窍生烟!
Qì de wǒ qī qiào shēng yān
정말 화나 죽겠네!

✽ 不要看不起我。
Bú yào kàn bu qǐ wǒ
날 얕보지 마.

✽ 你别小看我。
Nǐ bié xiǎo kàn wǒ
날 무시하지 마.

✽ 事情变糟了。
Shì qing biàn zāo le
일이 엉망이 됐어.

✽ 真气死人了。
Zhēn qì sǐ rén le
정말 울화통 터지게 하는군.

✽ 你太让我失望了。
Nǐ tài ràng wǒ shī wàng le
날 정말 실망시키는구나.

✽ 你真不像话。
Nǐ zhēn bú xiàng huà
정말 말도 안 돼.

✽ 住嘴!
Zhù zuǐ
입 닥쳐!

✽ 不要插嘴。
Bú yào chā zuǐ
말참견하지 마.

✽ 真气人。
Zhēn qì rén
정말 열 받네.

✽ 我现在很生气, 不要跟我说话。
Wǒ xiàn zài hěn shēng qì bú yào gēn wǒ shuō huà
나 지금 화났어, 말 시키지 마.

✽ 你不想活啦!
Nǐ bù xiǎng huó la
너 죽고 싶어!

상대방이 화가 났을 때

✽ 别生气了!
Bié shēng qì le
화내지 마세요!

✽ 别生闷气了, 想开点儿。
Bié shēng mèn qì le xiǎng kāi diǎnr
화내지 마시고, 좀 푸세요.

✽ 你怎么老生气呢?
Nǐ zěn me lǎo shēng qì ne
왜 자꾸 화를 내?

✽ 你跟我发什么火?
Nǐ gēn wǒ fā shén me huǒ
왜 저한테 화를 내세요?

✽ 你别惹我。
Nǐ bié rě wǒ
날 건드리지 마세요.

✽ 怎么能不生气?
Zěn me néng bù shēng qì
어떻게 화를 안 낼 수가 있어요?

✽ 那个人在生你的气呢。
Nà ge rén zài shēng nǐ de qì ne
그 사람 당신한테 화나 있어요.

✽ 你生气了？
　Nǐ shēng qì le
화났어요?

✽ 他本来就爱生气。
　Tā běn lái jiù ài shēng qì
그는 화를 잘 내요.

> A : 金先生好像很不高兴，是不是我做错了什么？
> 　　Jīn xiān sheng hǎo xiàng hěn bù gāo xìng shì bú shì wǒ zuò cuò le shén me
> 　　미스터 김은 화가 난 것 같은데, 내가 뭘 잘못 했나요？
>
> B : 他很爱生气。
> 　　Tā hěn ài shēng qì
> 　　그는 원래 화를 잘 내요.

✽ 气还没消啊？
　Qì hái méi xiāo a
아직도 화났어요？

✽ 那你就生我的气啊？
　Nà nǐ jiù shēng wǒ de qì a
그래서 나한테 화가 났어요？

✽ 干嘛那么气呼呼的？
　Gàn má nà me qì hū hu de
뭐 때문에 그렇게 씩씩거리니？

✽ 他暴跳如雷的，究竟为什么？
　Tā bào tiào rú léi de　jiū jìng wèi shén me
무엇 때문에 그가 저렇게 펄펄 뛰는 거야？

화를 제지할 때

✽ 算了吧！
　Suàn le ba
그만 둬！

✽ 别打了。
　Bié dǎ le
싸우지 마세요.

✽ 算了吧，我再也忍受不了了。
Suàn le ba　　wǒ zài　yě rěn shòu bu liǎo le
그만 하세요! 더 이상 못 참겠어요.

✽ 住口!
Zhù kǒu
닥쳐!

✽ 你胡扯些什么?
Nǐ　hú chě xie shén me
무슨 소릴 하는 거야?

✽ 你不要胡说八道了!
Nǐ　bú yào hú shuō bā dào le
그런 헛소리하지 마세요!

✽ 快不要说那些傻话了!
Kuài bú yào shuō nà xiē shǎ huà le
바보 같은 소리 집어 치워!

✽ 不许顶嘴!
Bù　xǔ dǐng zuǐ
말대꾸하지 마!

화를 달랠 때

✽ 你不要生气。
Nǐ　bú yào shēng qì
화내지 마세요.

A : 你不要生气，孩子小，不懂事儿嘛。
Nǐ bú yào shēng qì　hái zi xiǎo　bù dǒng shìr　ma
화내지 마세요, 아이가 어려서 철이 없잖아요.

B : 孩子不懂事，难道父母也不懂事儿嘛?
Hái zi　bù dǒng shìr　nán dào fù mǔ　yě bù dǒng shìr　ma
아이는 철이 없다지만 설마 부모까지 철이 없을라고?

✽ 你镇静一下。
Nǐ zhèn jìng yí　xià
진정하세요.

211

* 不要发火嘛。
  Bú yào fā huǒ ma
  화 내지 마세요.

* 不要激动了。
  Bú yào jī dòng le
  흥분하지 마.

* 要保持冷静。
  Yào bǎo chí lěng jìng
  냉정함을 유지해.

* 不能失去理智。
  Bù néng shī qù lǐ zhì
  이성을 잃으면 안 돼.

* 可别对我发火。
  Kě bié duì wǒ fā huǒ
  나한테 화내지 마.

* 这点事用不着发那么大的火。
  Zhè diǎn shì yòng bù zháo fā nà me dà de huǒ
  이런 일에 그렇게 화낼 필요 없어.

* 可别气坏了身体!
  Kě bié qì huài le shēn tǐ
  노발대발하지 마!

* 安静点儿，能这样也算是万幸的了。
  Ān jìng diǎnr　néng zhè yàng yě suàn shi wàn xìng de le
  진정해, 이 정도도 다행이지 뭐.

* 别这样，请你冷静。
  Bié zhè yàng　qǐng nǐ lěng jìng
  이러지 마세요, 냉정하십시오.

* 打起精神来!
  Dǎ qǐ jīng shén lái
  정신차려!

* 振作起来!
  Zhèn zuò qǐ lái
  정신차려!

✽ 啊, 真悲伤!
Ā　zhēn bēi shāng
아, 너무 슬퍼요!

✽ 哟, 太可怜了!
Yō　tài kě lián le
어머나, 가엾어라!

✽ 天啊, 好可怜!
Tiān a　hǎo kě lián
어머, 가엾게도!

✽ 很痛苦.
Hěn tòng kǔ
너무 괴로워요.

✽ 我心里好痛苦。
Wǒ xīn li hǎo tòng kǔ
나는 마음이 아픕니다.

✽ 我很伤心，只想哭。
Wǒ hěn shāng xīn　zhǐ xiǎng kū
슬퍼서 울고만 싶습니다.

✽ 我悲伤得要哭出来。
Wǒ bēi shāng de yào kū chū lái
슬퍼서 울고 싶은 심정이에요.

✽ 不知怎么想哭呢。
Bù zhī zěn me xiǎng kū ne
괜히 울적해요.

✽ 就像到了世界末日。
Jiù xiàng dào le shì jiè mò rì
세상이 꼭 끝나는 것 같아.

✽ 你看电影掉过眼泪吗?
Nǐ kàn diàn yǐng diào guo yǎn lèi ma
영화를 보다가 울어 본 적이 있니?

✽ 电影实在太伤感了。
Diàn yǐng shí zài tài shāng gǎn le
영화가 너무 슬퍼요.

✽ 我感到很孤独。
Wǒ gǎn dào hěn gū dú
너무 외로워.

✽ 很寂寞。
Hěn jì mò
쓸쓸해.

> A : 秋天了，风凉多了，落叶也多了。
> Qiū tiān le fēng liáng duō le luò yè yě duō le
> 가을이 되니까 바람도 차가워졌고, 낙엽도 많아졌어요.
>
> B : 是啊。我觉得很寂寞。
> Shì a   Wǒ jué de hěn jì mò
> 맞아. 너무 쓸쓸해.
>
> A : 别伤感了，下班以後我请你喝一杯去。
> Bié shāng gǎn le   xià bān yǐ hòu wǒ qǐng nǐ hē yì bēi qù
> 너무 슬퍼 마, 퇴근하고 내가 한 잔 살게.

✽ 我的生活很空虚。
Wǒ de shēng huó hěn kōng xū
나는 생활이 너무 무미건조해.

✽ 虚度了许多光阴。
Xū dù le xǔ duō guāng yīn
허송세월을 보냈어.

* 光阴 : 시간, 세월

✽ 我很郁闷。
Wǒ hěn yù mèn
저는 우울해요.

✽ 我算是没有一点希望了。
Wǒ suàn shi méi yǒu yì diǎn xī wàng le
한 가닥 희망도 없어요.

✽ 我太惨了。
Wǒ tài cǎn le
비참해.

✽ 我什么都不想做。
Wǒ shén me dōu bù xiǎng zuò
아무것도 하고 싶은 생각이 없어요.

✽ 我现在简直是绝望极了。
Wǒ xiàn zài jiǎn zhí shì jué wàng jí le
저는 지금 완전히 절망적인 상태예요.

A : 我现在简直是绝望极了。
Wǒ xiàn zài jiǎn zhí shì jué wàng jí le
저는 지금 완전히 절망적인 상태예요.

B : 别那样! 天无绝人之路，总会有办法的。
Bié nà yàng Tiān wú jué rén zhī lù zǒng huì yǒu bàn fǎ de
그러지 마세요! 하늘이 무너져도 솟아날 구멍은 있는
법, 틀림없이 방법이 있을 거예요.

✽ 你别让我太优郁。
Nǐ bié ràng wǒ tài yōu yù
저를 우울하게 만들지 마세요.

✽ 我认为一切都完了。
Wǒ rèn wéi yí qiè dōu wán le
모든 것이 끝났다고 생각했어요.

✽ 太绝望了!
Tài jué wàng le
아무 희망도 없어요!

✽ 看不到一点希望。
Kàn bu dào yì diǎn xī wàng
조금도 희망이 보이질 않아요.

슬픔과 우울함을
위로할 때

✽ 不要伤心了。
Bú yào shāng xīn le
슬퍼하지 마세요.

✽ 开开心吧。
Kāi kai xīn ba
기분을 좀 푸세요.

❋ 这可怎么行呢。
Zhè kě zěn me xíng ne
이래서는 안 됩니다.

❋ 你怎么啦?
Nǐ zěn me la
왜 이래?

❋ 我会在旁边照顾你的。
Wǒ huì zài páng biān zhào gù nǐ de
내가 당신 옆에서 돌봐 줄게요.

* 照顾 : 돌보다, 배려하다, 주의하다

❋ 不要太优郁。
Bú yào tài yōu yù
너무 우울해하지 마.

❋ 打起精神!
Dǎ qǐ jīng shen
기운 내!

❋ 你肯定会克服的。
Nǐ kěn dìng huì kè fú de
너는 이겨낼 거야.

* 肯定 : 틀림없다, 긍정하다

❋ 别想太多了, 多想点儿高兴的事!
Bié xiǎng tài duō le　　duō xiǎng diǎnr gāo xìng de shì
너무 많이 생각하지 마세요, 즐거운 일들을 자주 생각하세요!

❋ 好好睡一觉, 忘掉悲痛吧。
Hǎo hāo shuì yí juè　　wàng diào bēi tòng ba
푹 자고 슬픈 일이랑 잊어버리세요.

❋ 您是怎么忍受的?
Nín shì zěn me rěn shòu de
어떻게 견디셨어요?

❋ 听说令尊去世了, 真是不胜哀悼。
Tīng shuō lìng zūn qù shì le　　zhēn shì bú shèng āi dào
부친께서 돌아가셨다니, 슬픔을 금할 길이 없습니다.

❋ **我的天啊!**
Wǒ de tiān a
맙소사!

❋ **哎哟，我的天啊!**
Āi yō wǒ de tiān a
저런, 세상에!

❋ **天啊!**
Tiān a
하느님 맙소사!

❋ **太不像话了!**
Tài bú xiàng huà le
말도 안 돼!

A : **君子动口不动手，他怎么能打老婆呢?**
Jūn zǐ dòng kǒu bú dòng shǒu tā zěn me néng dǎ lǎo po ne
군자는 말로 하지 완력을 쓰지 않는데, 그는 어떻게
마누라를 때릴 수 있어?

B : **太不像话了! 真给咱们男人丢脸。**
Tài bú xiàng huà le Zhēn gěi zán men nán rén diū liǎn
정말 말도 안 돼! 우리 남자들의 수치야.

❋ **哎哟妈呀!**
Āi yō mā ya
어머나!

❋ **噢，不行!**
Ō bù xíng
오, 안 돼!

❋ **怎么样? 吓着了吧?**
Zěn me yàng Xià zháo le ba
어때? 정말 놀랐지?

❋ **唷，吓死了!**
Yō xià sǐ le
아이, 깜짝이야!

❋ 真惊人！
Zhēn jīng rén
놀랍군요!

A : 真惊人，大学生就业率只有 51%。
Zhēn jīng rén dà xué shēng jiù yè lǜ zhǐ yǒu bǎi fēn zhī wǔ shí yī
놀랍네요, 대학생의 취업률이 51퍼센트밖에 안 돼요.

B : 真让人担心。
Zhēn ràng rén dān xīn
정말 걱정이군요.

❋ 真是吓坏了。
Zhēn shì xià huài le
정말 놀랐어.

❋ 这下闯了大祸了。
Zhè xià chuǎng le dà huò le
이거 큰일났군.

❋ 你把我吓了一跳。
Nǐ bǎ wǒ xià le yí tiào
너 때문에 놀랐잖아.

❋ 你吃惊了？
Nǐ chī jīng le
놀랐니?

믿어지지 않을 때

❋ 不可能。
Bù kě néng
설마.

❋ 真不敢相信！
Zhēn bù gǎn xiāng xìn
믿을 수 없어!

❋ 真让人不敢相信。
Zhēn ràng rén bù gǎn xiāng xìn
믿어지지 않는데요.

✽ 真不敢相信我的眼睛。
Zhēn bù gǎn xiāng xìn wǒ de yǎn jīng
내 눈을 믿을 수가 없어.

✽ 这怎么可能呢?
Zhè zěn me kě néng ne
어떻게 그럴 수가 있어?

A : 咱们国家的交通事故率是世界第一。
Zán men guó jiā de jiāo tōng shì gù lǜ shì shì jiè dì yī
우리 나라의 교통사고율은 세계 제일이다.

B : 这怎么可能呢? 你看错了吧?
Zhè zěn me kě néng ne   Nǐ kàn cuò le ba
어떻게 이럴 수가 있어? 네가 잘못 본 거 아냐?

✽ 我害怕。
Wǒ hài pà
무서워요.

✽ 真让人毛骨悚然。
Zhēn ràng rén máo gǔ sǒng rán
정말 모골이 송연해지는군요.

✽ 那电影恐怖极了。
Nà diàn yǐng kǒng bù jí le
정말 무서운 영화였어.

✽ 我差点被吓死。
Wǒ chà diǎn bèi xià sǐ
간 떨어질 뻔했어요.(무서워 죽을 뻔 했어.)

✽ 想起来就害怕。
Xiǎng qǐ lái jiù hài pà
그 생각만 하면 무서워요.

✽ 脊梁骨阵阵发凉。
Jǐ liáng gǔ zhèn zhèn fā liáng
등골에 땀이 나요.

* 你看看我胳膊上的鸡皮疙瘩。
Nǐ kàn kan wǒ gē bo shang de jī pí gē dá
내 팔에 소름 돋는 것 좀 보세요.

* 我浑身起了鸡皮疙瘩呢。
Wǒ hún shēn qǐ le jī pí gē dá ne
온몸에 소름끼쳐요.

* 后怕。
Hòu pà
아이고 무서워.

* 你为什么不敢做那事?
Nǐ wèi shén me bù gǎn zuò nà shì
왜 이걸 무서워해요?

A : 你为什么不敢做那事?
Nǐ wèi shén me bù gǎn zuò nà shì
왜 이걸 무서워해요?

B : 因为我有恐高症，不敢坐电梯上去。
Yīn wèi wǒ yǒu kǒng gāo zhèng bù gǎn zuò diàn tī shàng qù
저는 고소공포증이 있어서 엘리베이터를 타고 올라갈
수가 없습니다.

* 别怕，不要怕!
Bié pà bú yào pà
무서워하지 마!

* 镇静点儿。
Zhèn jìng diǎnr
진정해.

* 这没什么了不起。
Zhè méi shén me liǎo bu qǐ
그건 별거 아니야.

* 坐下来放松放松。
Zuò xià lái fàng sōng fàng sōng
앉아서 긴장을 푸세요.

✽ 来一个深呼吸。
Lái yí gè shēn hū xī
깊이 숨을 들이쉬세요.

✽ 害怕了吧?
Hài pà le ba
무서웠지요?

✽ 你不要害怕。
Nǐ bú yào hài pà
무서워하지 마세요.

✽ 你镇静一下。
Nǐ zhèn jìng yí xià
진정하세요.

✽ 你不用怕。
Nǐ bú yòng pà
두려워하지 마세요.

A : 你不用怕, 有我呢!
Nǐ bú yòng pà yǒu wǒ ne
두려워 마, 내가 있잖아!

B : 谢谢你, 请你不要离开我。
Xiè xie nǐ qǐng nǐ bú yào lí kāi wǒ
고마워, 날 떠나지 마.

✽ 有什么可怕的?
Yǒu shén me kě pà de
두려울 게 뭐가 있겠어?

부끄러울 때

✽ 多不好意思啊。
Duō bù hǎo yì si a
너무 부끄럽네요.

✽ 我对此感到很惭愧。
Wǒ duì cǐ gǎn dào hěn cán kuì
저는 이 일을 부끄럽게 생각합니다.

* 惭愧 : 부끄럽다, 면구스럽다

❋ 这事对我来说是个羞耻。
Zhè shì duì wǒ lái shuō shì ge xiū chǐ
이것은 제게 수치스런 일입니다.

> A : 这事对我来说是个耻辱。
> Zhè shì duì wǒ lái shuō shì ge chǐ rǔ
> 이것은 제게 수치스런 일입니다.
>
> B : 其实没那么严重，你想得太多了。
> Qí shí méi nà me yán zhòng nǐ xiǎng de tài duō le
> 사실 별 거 아니에요, 너무 깊이 생각하지 마세요.

❋ 你要知道羞耻。
Nǐ yào zhī dào xiū chǐ
너는 창피한 줄 알아야지.

❋ 你不嫌丢脸吗?
Nǐ bù xián diū liǎn ma
창피하지도 않아요?

❋ 这个对我来说是莫大的耻辱。
Zhè ge duì wǒ lái shuō shì mò dà de chǐ rǔ
이것은 나에게 있어서 큰 치욕입니다.

❋ 竟然输给了业余选手，太丢人了。
Jìng rán shū gěi le yè yú xuǎn shǒu tài diū rén le
아마추어 선수한테 지다니 너무 창피해.

* 竟然 : 뜻밖에, 상상외로 / 业餘 : 여가의, 아마추어의

❋ 考试没及格，真丢人。
Kǎo shì méi jí gé zhēn diū rén
시험에 떨어져서 너무 창피해.

수줍어할 때

❋ 轮到你了，不要不好意思。
Lún dào nǐ le bú yào bù hǎo yì si
당신 차례예요, 수줍어 마세요.

❋ 你在众人面前怎么那么害羞!
Nǐ zài zhòng rén miàn qián zěn me nà me hài xiū
당신은 사람들 앞에서 왜 그렇게도 부끄럼을 탑니까!

＊ **他羞怯得说不出话来。**
Tā xiū qiè de shuō bù chū huà lái
그는 부끄러워 할 말을 못합니다.

＊ **他羞愧得改掉了他的坏习惯。**
Tā xiū kuì de gǎi diào le tā de huài xí guàn
그는 창피를 당한 뒤로 나쁜 습관을 고쳤습니다.

＊ **大小伙子怎么那么害羞。**
Dà xiǎo huǒ zi zěn me nà me hài xiū
젊은이, 왜 그렇게 부끄럼을 타?

＊ **太丢人了，我该怎么办？**
Tài diū rén le wǒ gāi zěn me bàn
너무 창피해, 어떻게 하지?

A : **太丢人了，我该怎么办？**
Tài diū rén le wǒ gāi zěn me bàn
너무 창피해, 어떻게 하지?

B : **没什么。年轻人失败是难免的，关键是你
能不能重新站起来。**
Méi shén me Nián qīng rén shī bài shì nán miǎn de guān jiàn shì nǐ
néng bù néng chóng xīn zhàn qǐ lái
괜찮아요. 젊을 때 실패는 불가피한 거예요, 중요한
것은 다시 일어설 수 있느냐 하는 거예요.

걱정을 물을 때

＊ **什么事啊？**
Shén me shì a
무슨 일이야?

＊ **有什么心事吗？**
Yǒu shén me xīn shi ma
무슨 걱정거리라도 있습니까?

＊ **哪儿不舒服？**
Nǎr bù shū fu
어디가 불편하니?

❋ 什么事让你这么难过?
Shén me shì ràng nǐ zhè me nán guò
무슨 일 때문에 이렇게 괴로워하는 거야?

> A : 什么事让他这么难过?
> Shén me shì ràng tā zhè me nán guò
> 무슨 일 때문에 이렇게 괴로워하는 거야?
>
> B : 他和女朋友分手了。
> Tā hé nǚ péng you fēn shǒu le
> 그는 여자친구와 헤어졌대.

❋ 你有什么心事吗?
Nǐ yǒu shén me xīn shi ma
걱정되는 일이라도 있으세요?

❋ 看着挺忧郁的。
Kàn zhe tǐng yōu yù de
우울해 보이네요.

❋ 你的脸色很不好啊。
Nǐ de liǎn sè hěn bù hǎo a
안색이 안 좋아요.

❋ 出了什么差错吗?
Chū le shén me chā cuò ma
무슨 일이 잘못됐니?

❋ 我该如何是好?
Wǒ gāi rú hé shì hǎo
저는 이제 어떡하죠?

* 如何 : 어떻게 하면

❋ 一夜没合眼。
Yí yè méi hé yǎn
한잠도 못 잤어요.

❋ 这几天心情不好。
Zhè jǐ tiān xīn qíng bù hǎo
요즘 기분이 좋지 않아요.

✽ 今天这心情好古怪。
Jīn tiān zhè xīn qíng hǎo gǔ guài
오늘 기분이 이상해요.

✽ 心情绝望极了。
Xīn qíng jué wàng jí le
완전 절망이야.

✽ 他怎么坐立不安呢?
Tā zěn me zuò lì bù ān ne
그는 왜 안절부절못하죠?

A : 他怎么坐立不安呢?
Tā zěn me zuò lì bù ān ne
그는 왜 안절부절못하죠?

B : 听说他买的那股出问题了。
Tīng shuō tā mǎi de nà gǔ chū wèn tí le
그가 산 주식에 문제가 생겼대요.

✽ 你有什么事那么着急?
Nǐ yǒu shén me shì nà me zháo jí
무슨 일로 그렇게 조급해 하세요?

* 着急 : 조급해하다, 초조해하다

✽ 你放松一下。
Nǐ fàng sōng yí xià
긴장 좀을 풀어.

✽ 您不要担心。
Nín bú yào dān xīn
걱정하지 마세요.

✽ 用不着担心。
Yòng bu zháo dān xīn
걱정할 것 없어요.

✻ 会好起来的。
Huì hǎo qǐ lái de
좋아질 거예요.

✻ 您不用挂念结果。
Nín bú yòng guà niàn jié guǒ
결과에 대해 걱정하지 마세요.

✻ 不要把它想得太重。
Bú yào bǎ tā xiǎng de tài zhòng
너무 심각하게 받아들이지 마세요.

✻ 那没问题。
Nà méi wèn tí
그것은 문제없어요.

✻ 加油啊!
Jiā yóu a
기운 내!

✻ 别担心，说吧。
Bié dān xīn shuō ba
걱정 말고 말씀하세요.

✻ 谢谢您为我费心。
Xiè xie nín wèi wǒ fèi xīn
걱정해 주셔서 고맙습니다.

귀찮을 때

✻ 真是讨厌死了。
Zhēn shi tǎo yàn sǐ le
정말 귀찮아 죽겠어.

✻ 不要烦我。
Bú yào fán wǒ
날 귀찮게 하지 마.

✻ 你这人真烦人。
Nǐ zhè rén zhēn fán rén
당신 참 짜증나게 하는군요.

✻ 真烦。
Zhēn fán
정말 짜증나.

<table>
<tr><td></td><td>

✽ **你这人又发牢骚了。**
Nǐ zhè rén yòu fā láo sāo le
너 또 투덜거리는 거야.

✽ **你对我有什么不满的吗?**
Nǐ duì wǒ yǒu shén me bù mǎn de ma
나한테 무슨 불만 있어요?

✽ **那为什么要怨我?**
Nà wèi shén me yào yuàn wǒ
왜 그게 제 탓이죠?

✽ **你这个态度, 很让我不快。**
Nǐ zhè ge tài dù hěn ràng wǒ bú kuài
당신 그런 태도, 난 너무 불쾌해요.

</td></tr>
</table>

A : **你这是什么态度?**
Nǐ zhè shì shén me tài dù
이 무슨 태도예요?

B : **有理不在声高, 你喊什么?**
Yǒu lǐ bú zài shēng gāo nǐ hǎn shén me
목소리 크다고 다 옳은 줄 알아요, 왜 소리를 질러요?

✽ **真不像话。**
Zhēn bú xiàng huà
정말 말도 안 돼.

✽ **到底对什么不满?**
Dào dǐ duì shén me bù mǎn
도대체 뭐가 불만입니까?

✽ **够了, 别再说了!**
Gòu le bié zài shuō le
됐어, 더 이상 말하지 마!

✽ **你到底有什么可不满的?**
Nǐ dào dǐ yǒu shén me kě bù mǎn de
뭐가 그렇게 불만인가요?

227

* 不要太过分。
  Bú yào tài guò fèn
  너무 그러지 마.

* 少发牢骚。
  Shǎo fā láo sāo
  그만 좀 불평해.

* 真是烦死了，烦透了。
  Zhēn shì fán sǐ le fán tòu le
  정말 지겨워 죽겠어, 정말.

* 你不厌倦你做的工作吗?
  Nǐ bú yàn juàn nǐ zuò de gōng zuò ma
  일이 지겹지 않으세요?

* 是啊，已经厌倦得不得了。
  Shì a yǐ jīng yàn juàn de bù de liǎo
  네, 이젠 진저리가 나요.

* 很腻人，是吧?
  Hěn nì rén shì ba
  지긋지긋해요, 그렇죠?

* 真是无聊死了。
  Zhēn shi wú liáo sǐ le
  지루해 죽겠어요.

* 咳，真讨厌。
  Hāi zhēn tǎo yàn
  아, 정말 짜증나.

* 真让人受不了。
  Zhēn ràng rén shòu bu liao
  정말 스트레스 쌓이는군.

* 真让人讨厌。
  Zhēn ràng rén tǎo yàn
  정말 짜증스러워요.

✽ 这事干来干去没个头。
Zhè shì gàn lái gàn qù méi ge tóu
이 일은 해도 해도 끝이 없군.

✽ 非常羡慕。
Fēi cháng xiàn mù
너무 부럽습니다.

✽ 我也很羡慕你的勇气。
Wǒ yě hěn xiàn mù nǐ de yǒng qì
저도 당신의 용기가 부럽습니다.

> A : 我也很羡慕你的勇气。
> Wǒ yě hěn xiàn mù nǐ de yǒng qì
> 저도 당신의 용기가 부럽습니다.
>
> B : 这没什么，如果你处在当时的情况下，你也会那么做的。
> Zhè méi shén me rú guǒ nǐ chǔ zài dāng shí de qíng kuàng xià nǐ yě huì nà me zuò de
> 아무것도 아니에요, 만약 당신도 그 때 그 상황이었으면 그렇게 했을 거예요.

✽ 我有什么可羡慕的。
Wǒ yǒu shén me kě xiàn mù de
나한테 뭐 부러울 게 있다고.

✽ 他竟然失败了，太可惜。
Tā jìng rán shī bài le tài kě xī
그 사람이 실패하다니, 정말 안됐군요.

✽ 那其实是可避免的。
Nà qí shí shì kě bì miǎn de
사실 그건 피할 수도 있었는데.

✽ 当初再用心学学英语就好了。
Dāng chū zài yòng xīn xué xue Yīng yǔ jiù hǎo le
애당초 영어공부를 좀 열심히 했더라면 좋았을 텐데.

*用心 : 심혈을 기울이다, 집중하다

✽ 不过是少了点运气罢了。
Bú guò shì shǎo le diǎn yùn qì bà le
운이 좀 없었을 뿐이야.

✽ 我以后会怀念这个地方的。
Wǒ yǐ hòu huì huái niàn zhè ge dì fāng de
난 정말 이곳을 그리워할 거야.

✽ 我应该向他道歉才是。
Wǒ yīng gāi xiàng tā dào qiàn cái shì
그에게 사과했어야 하는 건데.

✽ 现在已经太晚了。
Xiàn zài yǐ jīng tài wǎn le
이젠 너무 늦었어.

✽ 我可不后悔。
Wǒ kě bú hòu huǐ
난 절대로 후회하지 않아.

A : 你和她分手不後悔吗?
Nǐ hé tā fēn shǒu bú hòu huǐ ma
그와 헤어져도 후회 안 할거니?

B : 我可不後悔。
Wǒ kě bú hòu huǐ
절대로 후회하지 않아.

✽ 再努把力就好了。
Zài nǔ bǎ lì jiù hǎo le
조금 더 분발하면 좋았을 텐데.

✽ 往后肯定会后悔的。
Wǎng hòu kěn dìng huì hòu huǐ de
언젠가는 후회할 겁니다.

✽ 后悔也来不及了。
Hòu huǐ yě lái bu jí le
후회해도 어쩔 수 없어.

*상대를 위로하는 뉘앙스

낙담하거나 실망스러울 때

* 不要气馁。
Bú yào qì něi
낙담하지 말아요.

A : 不要气馁。坚持下去。
Bú yào qì něi Jiān chí xià qù
낙담하지 말고, 계속 하세요.

B : 也只好坚持了。
Yě zhǐ hǎo jiān chí le
계속하는 수밖에 없겠군요.

* 不要让我失望。
Bú yào ràng wǒ shī wàng
나를 실망시키지 마세요.

* 我对你太失望了。
Wǒ duì nǐ tài shī wàng le
너에게 너무 실망했어.

유감스러울 때

* 真遗憾。
Zhēn yí hàn
정말 유감입니다.

* 要是那样，那太遗憾了。
Yào shi nà yàng nà tài yí hàn le
만약 그렇다면, 너무나 유감스럽습니다.

* 你不能来真是太遗憾了.
Nǐ bù néng lái zhēn shì tài yí hàn le
당신이 오시지 않아서 너무 유감스러웠습니다.

* 虽然有些遗憾，但我赞成。
Suī rán yǒu xiē yí hàn dàn wǒ zàn chéng
유감스럽지만, 찬성합니다.

* 很遗憾，我可能去不了。
Hěn yí hàn wǒ kě néng qù bù liǎo
안타깝지만, 못 갈 것 같군요.

✽ 我看没多大指望。
Wǒ kàn méi duō dà zhǐ wàng
그다지 가망이 없어 보이는데요.

A : 我看没多大指望。
Wǒ kàn méi duō dà zhǐ wàng
그다지 가망이 없어 보이는데요.

B : 别急着下结论，再等等看。
Bié jí zhe xià jié lùn zài děng deng kàn
조급하게 결론 내리지 마세요, 좀 더 기다려 보세요.

✽ 你骗我呢吧?
Nǐ piàn wǒ ne ba
날 놀리는 거죠?

✽ 太荒唐。
Tài huāng táng
너무 황당해.

✽ 不要胡闹!
Bú yào hú nào
얼빠진 소리하지 마!

A : 不要胡闹!
Bú yào hú nào
얼빠진 소리하지 마!

B : 谁跟你胡闹，这是真的。
Shéi gēn nǐ hú nào zhè shì zhēn de
누가 얼이 빠졌대, 이건 진짜야.

✽ 这完全是荒谬的解释。
Zhè wán quán shì huāng miù de jiě shì
그건 너무 황당한 해석이야.

✽ 你的意见完全不合情理。
Nǐ de yì jiàn wán quán bù hé qíng lǐ
너의 의견은 너무 비합리적이야.

✽ 什么? 真难以相信。
Shén me Zhēn nán yǐ xiāng xìn
뭐라고요? 정말 믿을 수가 없네요.

✽ 太荒谬了!
Tài huāng miù le
너무 터무니가 없군요!

다툴 때

✽ 拿人开心呢?
Ná rén kāi xīn ne
사람을 놀리는 거야?

✽ 你就听我的!
Nǐ jiù tīng wǒ de
내 말대로 해!

✽ 算了吧, 你们给我安静点!
Suàn le ba nǐ men gěi wǒ ān jìng diǎn
그만 해둬, 좀 조용히 해!

✽ 我说, 你小点声好不好?
Wǒ shuō nǐ xiǎo diǎn shēng hǎo bú hǎo
이봐요! 목소리 좀 낮추는 게 어때요?

✽ 不要尽说傻话了。
Bú yào jìn shuō shǎ huà le
바보 같은 소리하지 마세요.

✽ 你怎么能说那种话?
Nǐ zěn me néng shuō nà zhǒng huà
당신, 어떻게 그런 말을 할 수 있죠?

✽ 你们到底为什么吵架?
Nǐ men dào dǐ wèi shén me chǎo jià
도대체 무엇 때문에 다투셨어요?

✽ 你等着瞧!
Nǐ děng zhe qiáo
너 두고 보자!

✽ **你说我有什么错?**
Nǐ shuō wǒ yǒu shén me cuò
내가 뭐가 틀렸다는 거야?

✽ **你算毁了我了!**
Nǐ suàn huǐ le wǒ le
네가 완전히 망쳤어!

✽ **你怎么着?**
Nǐ zěn me zháo
당신, 한번 해보자는 거야?

✽ **你们俩和解吧。**
Nǐ men liǎ hé jiě ba
두 사람 화해하세요.

> A : 看在我的面子上，你们俩和解吧。
> Kàn zài wǒ de miàn zi shang nǐ men liǎ hé jiě ba
> 제 얼굴을 봐서라도 두 사람 화해하세요.
>
> B : 我没什么，看他愿意不愿意了。
> Wǒ méi shén me kàn tā yuàn yì bú yuàn yì le
> 저는 상관없는데, 그 사람이 원하는 지 모르겠군요.

✽ **就把那事给忘了吧。**
Jiù bǎ nà shì gěi wàng le ba
그 일은 잊어버리세요.

✽ **咱们来一个男人之间的对话。**
Zán men lái yí gè nán rén zhī jiān de duì huà
남자 대 남자로 이야기합시다.

✽ **你就让让弟弟吧。**
Nǐ jiù ràng rang dì di ba
네가 동생에게 양보해라.

✽ **咱们和好吧。**
Zán men hé hǎo ba
화해합시다.

* 我们之间误解。
Wǒ men zhī jiān wù jiě
우리가 오해했어요.

* 我没有跟你生气呀。
Wǒ méi yǒu gēn nǐ shēng qì ya
당신한테 화를 낸 게 아니었어요.

좋고 싫음을 물을 때

* 你喜欢什么类型的电影?
Nǐ xǐ huan shén me lèi xíng de diàn yǐng
어떤 종류의 영화를 좋아하세요?

A : 你喜欢什么类型的电影?
Nǐ xǐ huan shén me lèi xíng de diàn yǐng
어떤 종류의 영화를 좋아하세요?

B : 我喜欢科幻片。
Wǒ xǐ huan kē huàn piàn
저는 SF영화를 좋아합니다.

* 你喜欢什么样的电视节目?
Nǐ xǐ huan shén me yàng de diàn shì jié mù
어떤 TV프로를 좋아하세요?

* 你喜欢什么样的天气?
Nǐ xǐ huan shén me yàng de tiān qì
어떤 날씨를 좋아하세요?

좋아하는 것을 말할 때

* 我喜欢听音乐。
Wǒ xǐ huan tīng yīn yuè
음악 듣는 거 좋아합니다.

* 我是电脑游戏迷。
Wǒ shì diàn nǎo yóu xì mí
나는 PC게임광입니다.

* 喝咖啡还不如喝红茶呢。
Hē kā fēi hái bù rú hē hóng chá ne
커피보다는 홍차를 마시겠습니다.

✽ 和葡萄酒比起来我更喜欢啤酒。
Hé pú táo jiǔ bǐ qǐ lái wǒ gèng xǐ huan pí jiǔ
나는 포도주보다는 맥주가 좋습니다.

✽ 我非常喜欢音乐录像带。
Wǒ fēi cháng xǐ huan yīn yuè lù xiàng dài
나는 뮤직 비디오를 굉장히 좋아합니다.

✽ 我喜欢到游泳池游泳。
Wǒ xǐ huan dào yóu yǒng chí yóu yǒng
나는 수영장에서 수영하는 것을 좋아합니다.

싫어하는 것을 말할 때

✽ 我不喜欢吃这种类型的食物。
Wǒ bù xǐ huan chī zhè zhǒng lèi xíng de shí wù
나는 이런 종류의 음식을 좋아하지 않아요.

✽ 我并不是太喜欢。
Wǒ bìng bú shì tài xǐ huan
그다지 좋아하는 것은 아닙니다.

✽ 不怎么样。
Bù zěn me yàng
별거 아냐.(별로야.)

✽ 我现在一动也不想动。
Wǒ xiàn zài yí dòng yě bù xiǎng dòng
난 지금 움직이기 싫어.(꼼짝도 하기 싫어.)

A : 你陪我去听音乐会吧?
Nǐ péi wǒ qù tīng yīn yuè huì ba
나 콘서트에 데려가 줄거지?

B : 我现在一动也不想动, 你找别人吧。
Wǒ xiàn zài yí dòng yě bù xiǎng dòng nǐ zhǎo bié rén ba
난 지금 꼼짝도 하기 싫어, 다른 사람 찾아 봐.

① 동북의 흑룡강성 : 여름은 덥지 않고 짧으며, 겨울은 매우 춥고 길다. ② 남부의 대만, 해남, 광동, 광서, 운남 남부 : 겨울이 없어 사계절이 따뜻하거나 덥고, 비가 많으며 수목이 항상 푸르다. ③ 장강 중하류와 회하 유역 : 겨울은 춥고 여름은 더우며 사계절이 분명하다. ④ 서북 내륙지역 : 일년 내내 가물고 황사가 많으며 일교차가 비교적 크다. ⑤ 청장고원 : 중국의 특수한 고냉지구에 속하며 공기가 희박하고 일년 내내 눈이 쌓여 있다.

날씨를 물을 때

❋ 今天天气怎么样?
Jīn tiān tiān qì zěn me yàng
오늘 날씨 어때요?

❋ 韩国的气候怎么样?
Hán guó de qì hòu zěn me yàng
한국의 날씨는 어때요?

A : 韩国的气候怎么样?
Hán guó de qì hòu zěn me yàng
한국의 날씨는 어때요?

B : 四季分明的半海洋性气候，很舒服。
Sì jì fēn míng de bàn hǎi yáng xìng qì hòu hěn shū fu
사계절이 분명한 반 해양성 기후라서 쾌적해요.

❋ 外面的天气怎么样?
Wài miàn de tiān qì zěn me yàng
바깥 날씨는 어때요?

❋ 那边的天气怎么样?
Nà biān de tiān qì zěn me yàng
그곳 날씨는 어떻습니까?

❋ 首尔的天气怎么样?
Shǒu ěr de tiān qì zěn me yàng
서울 날씨는 어떻습니까?

✽ **你喜欢这种天气吗?**
Nǐ xǐ huan zhè zhǒng tiān qì ma
이런 날씨 좋아하세요?

✽ **今天天气真好，是吧?**
Jīn tiān tiān qì zhēn hǎo shì ba
날씨 참 좋죠?

> A : **今天天气真好，是吧?**
> Jīn tiān tiān qì zhēn hǎo shì ba
> 날씨 참 좋죠?
>
> B : **是啊，待在家里太可惜了。出去走走吧。**
> Shì a   dāi zài jiā li tài kě xī le   Chū qù zǒu zou ba
> 그래요. 집에 있기에는 너무 아까워요. 나가서 좀 걸 읍시다.

✽ **今天天气很好。**
Jīn tiān tiān qì hěn hǎo
오늘은 날씨가 좋습니다.

✽ **天气开始转晴了。**
Tiān qì kāi shǐ zhuǎn qíng le
날이 개이기 시작했어요.

✽ **今天很晴朗。**
Jīn tiān hěn qíng lǎng
오늘은 맑습니다.

✽ **今天晴空万里。**
Jīn tiān qíng kōng wàn lǐ
오늘은 구름 한 점 없이 맑습니다.

✽ **今天很暖和。**
Jīn tiān hěn nuǎn huo
오늘 날씨는 따뜻해요.

✽ **今天很凉快。**
Jīn tiān hěn liáng kuài
오늘 날씨는 선선해요.

❊ 韩国的气候真好。
Hán guó de qì hòu zhēn hǎo
한국의 날씨는 정말 좋아요.

날씨가 나쁠 때

❊ 今天天气真不好。
Jīn tiān tiān qì zhēn bù hǎo
오늘 날씨는 정말 좋지 않아요.

❊ 今天天气坏得很。
Jīn tiān tiān qì huài de hěn
오늘은 날씨가 몹시 나쁘군요.

❊ 今天有点儿阴。
Jīn tiān yǒu diǎnr yīn
오늘은 약간 흐려요.

❊ 天气不太好。
Tiān qì bú tài hǎo
날씨가 그리 좋지 않아요.

비가 내릴 때

❊ 今天有雨吗?
Jīn tiān yǒu yǔ ma
오늘 비가 내릴까요?

❊ 会不会下雨?
Huì bu huì xià yǔ
비가 내릴 것 같습니까?

❊ 天气这么好，下不了雨。
Tiān qì zhè me hǎo　xià bu liǎo yǔ
이렇게 날씨가 좋은데, 절대 비가 올 리가 없어요.

A : 你带把伞吧。听说今天有雨。
Nǐ dài bǎ sǎn ba　Tīng shuō jīn tiān yǒu yǔ
우산을 가지고 가세요. 오늘 비가 온다고 하네요.

B : 天气这么好，下不了雨。
Tiān qì zhè me hǎo　xià bù liǎo yǔ
날씨가 이렇게 좋은데, 절대 비가 올 리가 없어요.

✽ 看来要下雷阵雨了。
Kàn lái yào xià léi zhèn yǔ le
(천둥을 동반한) 소나기가 내릴 것 같습니다.

✽ 昨天下了一场暴雨。
Zuó tiān xià le yì cháng bào yǔ
어제는 한차례 폭우가 내렸습니다.

✽ 晚上将会有小雨。
Wǎn shàng jiāng huì yǒu xiǎo yǔ
저녁에 가랑비가 내릴 것 같습니다.

✽ 阴雨连绵。
Yīn yǔ lián mián
연일 궂은 비가 내립니다.

✽ 这雨下得太长了。
Zhè yǔ xià dé tài cháng le
이번 비는 너무 오래 내립니다.

✽ 看来雨要停了。
Kàn lái Yǔ yào tíng le
비가 곧 멎을 것 같아요.

✽ 六月底到七月初是梅雨期。
Liù yuè dǐ dào qī yuè chū shì méi yǔ qī
6월 말부터 7월 초까지는 장마철입니다.

바람이 불 때

✽ 外边风刮得很大。
Wài bian fēng guā de hěn dà
밖에 바람이 너무 세차게 불어요.

A : 外面风刮得很大，没事别出门了。
Wài miàn fēng guā de hěn dà méi shì bié chū mén le
밖에 바람이 세차게 부니, 별일 없으면 나가지 마세요.

B : 我得去学校接孩子。
Wǒ děi qù xué xiào jiē hái zi
학교에 아이를 데리러 가야 해요.

✽ 外面正在刮大风。
Wài mian zhèng zài guā dà fēng
지금 밖에 바람이 세차게 붑니다.

＊ 从中国刮过来的黄沙。
Cóng Zhōng guó guā guò lái de huáng shā
중국에서 황사가 날아옵니다.

＊ 热死了。
Rè sǐ le
더워 죽겠어요.

＊ 今天比昨天热。
Jīn tiān bǐ zuó tiān rè
오늘은 어제보다 더워요.

＊ 天气越来越热。
Tiān qì yuè lái yuè rè
날씨가 갈수록 더워져요.

＊ 非常闷热。
Fēi cháng mēn rè
아주 푹푹 찌네요.

＊ 那儿有这儿热吗?
Nàr yǒu zhèr rè ma
거기는 여기만큼 더운가요?

A : 这儿的冬天冷吧? 你穿得太少了。
Zhèr de dōng tiān lěng ba　　Nǐ chuān de tài shǎo le
여기 겨울은 춥지요? 당신 옷을 너무 가볍게 입었네요.

B : 我怕热，不怕冷。
Wǒ pà rè　　bú pà lěng
저는 더위는 타지만 추위는 타지 않아요.

＊ 冷死了。
Lěng sǐ le
추워 죽겠어요.

＊ 今天比昨天冷。
Jīn tiān bǐ zuó tiān lěng
오늘은 어제보다 추워요.

✳ 今年冬天比往年更冷。
Jīn nián dōng tiān bǐ wǎng nián gèng lěng
올 겨울은 예년보다 더 추워요.

✳ 天气渐渐凉了。
Tiān qì jiàn jiàn liáng le
날씨가 점점 서늘해져요.

A : 天气渐渐凉了。小心别感冒了。
Tiān qì jiàn jiàn liáng le　Xiǎo xīn bié gǎn mào le
날씨가 점점 서늘해지네요. 감기에 걸리지 않게 조심
하세요.

B : 可不是。早晚凉，温差很大。
Kě bú shì　Zǎo wǎn liáng wēn chā hěn dà
그러게요. 아침저녁으로 서늘해서 일교차가 커요.

✳ 今天天气不冷也不热。
Jīn tiān tiān qì bù lěng yě bú rè
오늘 날씨는 춥지도 덥지도 않아요.

✳ 天忽然冷起来了。
Tiān hū rán lěng qǐ lái le
날씨가 갑자기 추워졌어요.

✳ 今年冬天特别冷。
Jīn nián dōng tiān tè bié lěng
올 겨울은 특히 추워요.

✳ 今天下雪，可是天气不太冷。
Jīn tiān xià xuě　kě shì tiān qì bú tài lěng
오늘 눈은 내리지만, 날씨는 그리 춥지 않은데.

일기예보에 대해서

✳ 天气预报说明天会晴。
Tiān qì yù bào shuō míng tiān huì qíng
일기예보에서는 내일 날씨가 맑을 거라고 하네요.

✳ 今天的天气预报怎么说?
Jīn tiān de tiān qì yù bào zěn me shuō
오늘 일기예보에선 뭐라던가요?

✿ 听说明天下雨，还刮大风。
Tīng shuō míng tiān xià yǔ hái guā dà fēng
들기로는 내일 바람도 불고, 비도 온다네요.

✿ 你最喜欢哪个季节?
Nǐ zuì xǐ huan nǎ ge jì jié
당신은 어느 계절을 가장 좋아하세요?

✿ 我喜欢秋天。
Wǒ xǐ huan qīu tiān
난 가을을 좋아해.

✿ 韩国的气候，四季分明。
Hán guó de qì hòu   sì jì fēn míng
한국은 사계절이 뚜렷해요.

✿ 最近，春秋越来越短。
Zuì jìn   chūn qīu yuè lái yuè duǎn
최근에는 봄·가을이 갈수록 짧아져요.

✿ 终于开始转暖了。
Zhōng yú kāi shǐ zhuǎn nuǎn le
날씨가 따뜻해지기 시작했습니다.

✿ 到了夏天最受不了酷热。
Dào le xià tiān zuì shòu bu liǎo kù rè
여름이 오면 혹서를 견디기가 너무 힘듭니다.

A : 最受不了夏天的酷热。你呢?
Zuì shòu bu liǎo xià tiān de kù rè   Nǐ ne
여름철 무더위를 가장 견딜 수 없어요. 당신은요?

B : 我还好，我不怕热。
Wǒ hái hǎo   wǒ bú pà rè
저는 그런 대로 괜찮아요, 더위를 안 타거든요.

✿ 起雾了。
Qǐ wù le
안개가 끼었어.

A : 起雾了，开车小心点!
Qǐ wù le　kāi chē xiǎo xīn diǎn
안개가 끼었으니 운전 조심해요!

B : 知道了。
Zhī dào le
알았어요.

❋ 夏天真是酷热难耐。
Xià tiān zhēn shi kù rè nán nài
여름철 무더위는 정말로 견디기 힘듭니다.

❋ 秋天的天气很凉爽。
Qiū tiān de tiān qì hěn liáng shuǎng
가을 날씨는 아주 시원합니다.

❋ 秋天是收获的季节。
Qiū tiān shì shōu huò de jì jié
가을은 수확의 계절입니다.

❋ 秋高气爽。
Qiū gāo qì shuǎng
가을 하늘은 높고 날씨는 서늘합니다.

❋ 周末去看红叶吧。
Zhōu mò qù kàn hóng yè ba
주말에 단풍구경을 갑시다.

중국어로 시간이나 연·월·일을 물을 때는 「几 jǐ(몇)」을 사용합니다. 연도를 읽을 때는 일반적으로 숫자 하나하나를 읽어줍니다. 「몇 월 며칠」을 물을 때는 「几月几日 jǐ yuè jǐ rì」 혹은 「几月几号 jǐ yuè jǐ hào」라고 말하면 됩니다. 요일은 「星期一 xīng qī yī」, 「星期二 xīng qī' èr…」로 쓰며, 일요일만 「星期天 xīng qī tiān, 星期日 xīng qī rì, 礼拜天 lǐ bài tiān」으로 씁니다.

시간을 물을 때

现在几点?
Xiàn zài jǐ diǎn
지금 몇 시입니까?

A : **现在几点?**
Xiàn zài jǐ diǎn
지금 몇 시입니까?

B : **差十分九点。**
Chà shí fēn jiǔ diǎn
8시 50분입니다.

不好意思, 现在几点了?
Bù hǎo yì si xiàn zài jǐ diǎn le
실례합니다. 지금 몇 시입니까?

你估计现在几点?
Nǐ gū jì xiàn zài jǐ diǎn
지금이 몇 시라고 생각하십니까?

大约能有几点?
Dà yuē néng yǒu jǐ diǎn
몇 시쯤 됐을까요?

快要十二点了吧?
Kuài yào shí èr diǎn le ba
12시 다 돼가죠?

❋ 现在都十点了。
Xiàn zài dōu shí diǎn le
벌써 10시가 됐네.

❋ 早晨六点。
Zǎo chén liù diǎn
아침 6시입니다.

❋ 现在下午三点钟。
Xiàn zài xià wǔ sān diǎn zhōng
지금은 오후 3시입니다.

❋ 现在是六点十五分。
Xiàn zài shì liù diǎn shí wǔ fēn
지금은 6시 15분입니다.

❋ 现在是下午两点十六分。
Xiàn zài shì xià wǔ liǎng diǎn shí liù fēn
지금은 오후 2시 16분입니다.

❋ 下午三点。
Xià wǔ sān diǎn
오후 3시입니다.

❋ 凌晨四点。
Líng chén sì diǎn
새벽 4시입니다.

❋ 快九点了。
Kuài jiǔ diǎn le
곧 9시가 됩니다.

❋ 九点过一点儿。
Jiǔ diǎn guò yì diǎnr
9시 조금 지났습니다.

❋ 现在六点三十分。
Xiàn zài liù diǎn sān shí fēn
现在六点半。
Xiàn zài liù diǎn bàn
지금은 6시 30분이에요.

* 差一刻七点。
Chà yí kè qī diǎn
6시 45분이에요.

* 现在七点一刻。
Xiàn zài qī diǎn yí kè
现在七点十五分。
Xiàn zài qī diǎn shí wǔ fēn
지금은 7시 15분이에요.

* 现在六点一刻。
Xiàn zài liù diǎn yí kè
지금 6시 15분입니다.

* 他几点出去的?
Tā jǐ diǎn chū qù de
그는 몇 시에 나갔니?

A : 他几点出去的?
Tā jǐ diǎn chū qù de
그는 몇 시에 나갔니?

B : 我也不知道，我一回来他就不在家。
Wǒ yě bù zhī dào wǒ yì huí lái tā jiù bú zài jiā
저도 몰라요, 돌아와 보니까 집에 없었어요.

* 今天你有没有空?
Jīn tiān nǐ yǒu méi yǒu kòng
오늘 시간 있어요?

* 我有的是时间。
Wǒ yǒu de shì shí jiān
시간은 얼마든지 있지요.

* 明天上午有时间吗?
Míng tiān shàng wǔ yǒu shí jiān ma
내일 오전에 시간 있어요?

＊ **我等了你一刻钟。**
Wǒ děng le nǐ yí kè zhōng
15분이나 기다렸어요.

＊ **你什么时候起床?**
Nǐ shén me shí hou qǐ chuáng
몇 시에 일어납니까?

> A : **你什么时候起床?**
> Nǐ shén me shí hou qǐ chuáng
> 언제 일어나요?
>
> B : **说不准。睡到自然醒吧。**
> Shuō bu zhǔn Shuì dào zì rán xǐng ba
> 글쎄요. 깰 때까지 자요.

＊ **需要多长时间?**
Xū yào duō cháng shí jiān
시간은 얼마나 걸립니까?

＊ **你什么时候回来?**
Nǐ shén me shí hou huí lái
언제 돌아옵니까?

＊ **到点了。**
Dào diǎn le
시간이 됐습니다.

＊ **你几点过来?**
Nǐ jǐ diǎn guò lái
몇 시에 오세요?

＊ **什么时候开始?**
Shén me shí hou kāi shǐ
언제 시작합니까?

＊ **中午几点吃午饭?**
Zhōng wǔ jǐ diǎn chī wǔ fàn
몇 시에 점심을 먹습니까?

＊ **上午几点见面?**
Shàng wǔ jǐ diǎn jiàn miàn
오전 몇 시에 만날까요?

✽ **你们午休时间多长？**
Nǐ men wǔ xiū shí jiān duō cháng
점심휴식 시간은 얼마나 됩니까?

> A : **你们午休时间多长？**
> Nǐ men wǔ xiū shí jiān duō cháng
> 점심휴식 시간은 얼마나 됩니까?
>
> B : **一个多小时吧。**
> Yí gè duō xiǎo shí ba
> 1시간 좀 넘을 거예요.

✽ **几点开始？**
Jǐ diǎn kāi shǐ
몇 시에 시작합니까?

✽ **这儿几点钟关门。**
Zhèr jǐ diǎn zhōng guān mén
여기는 몇 시에 문을 닫습니까?

날짜에 대해서

✽ **今天几号？**
Jīn tiān jǐ hào
오늘은 며칠입니까?

✽ **今天五月八号。**
Jīn tiān wǔ yuè bā hào
오늘은 5월 8일이에요.

✽ **昨天是几号？**
Zuó tiān shì jǐ hào
어제는 며칠이었습니까?

✽ **后天是十月一日。**
Hòu tiān shì shí yuè yí rì
모레는 10월 1일입니다.

✽ **今天是什么日子？**
Jīn tiān shì shén me rì zi
오늘은 무슨 날입니까?

❀ 今天星期几?
Jīn tiān xīng qī jǐ
오늘은 무슨 요일입니까?

❀ 今天星期一。
Jīn tiān xīng qī yī
오늘은 월요일입니다.

❀ 后天是星期二。
Hòu tiān shì xīng qī èr
모레는 화요일입니다.

❀ 周末你干什么?
Zhōu mò nǐ gàn shén me
주말에 뭐하세요?

A : 周末你干什么?
Zhōu mò nǐ gàn shén me
주말에 뭐하세요?

B : 和家人在一起休息。
Hé jiā rén zài yì qǐ xiū xi
가족들과 같이 쉴거예요.

❀ 下个周末你有空吗?
Xià ge zhōu mò nǐ yǒu kòng ma
다음 주 주말에 시간 있어요?

❀ 上个周六你去哪儿了?
Shàng ge zhōu liù nǐ qù nǎr le
지난 토요일에 어디 갔었어?

❀ 今天几月几号?
Jīn tiān jǐ yuè jǐ hào
오늘이 몇 월 며칠이죠?

❀ 昨天是几月几号?
Zuó tiān shì jǐ yuè jǐ hào
어제는 몇 월 며칠이었습니까?

✽ 你的生日是几月几号?
Nǐ de shēng rì shì jǐ yuè jǐ hào
당신 생일은 몇 월 며칠인가요?

✽ 今年是几年?
Jīn nián shì jǐ nián
올해는 몇 년도입니까?

✽ 你是哪年出生的?
Nǐ shì nǎ nián chū shēng de
당신은 몇 년생입니까?

**기간과 때를
말할 때**

✽ 得多少天?
Děi duō shao tiān
며칠이나 걸립니까?

✽ 我明天再来。
Wǒ míng tiān zài lái
내일 다시 오겠습니다.

✽ 至少需要一个星期。
Zhì shǎo xū yào yí gè xīng qī
최소한 일주일은 필요합니다.

A : **办签证延期手续得需要多长时间?**
Bàn qiān zhèng yán qī shǒu xù děi xū yào duō cháng shí jiān
연장하는 데 얼마나 걸립니까?

B : **至少要一个星期。**
Zhì shǎo yào yí gè xīng qī
최소한 일주일 걸립니다.

✽ 请你一个星期后再来。
Qǐng nǐ yí gè xīng qī hòu zài lái
일주일 후에 다시 오십시오.

✽ 他上个月搬走了。
Tā shàng ge yuè bān zǒu le
그는 지난달에 이사갔어요.

✽ 今天是我的生日。
Jīn tiān shì wǒ de shēng rì
오늘은 제 생일입니다.

> A : 今天是我的生日。
> Jīn tiān shì wǒ de shēng rì
> 오늘은 제 생일입니다.
>
> B : 是吗? 祝你生日快乐!
> Shì ma　Zhù nǐ shēng rì kuài lè
> 그래요? 생일 축하해요!

✽ 我大后天就要出国了。
Wǒ dà hòu tiān jiù yào chū guó le
저는 글피에 출국해요.

✽ 你昨天在哪儿?
Nǐ zuó tiān zài　nǎr
너 어제 어디 있었어?

✽ 我明天去旅行。
Wǒ míng tiān qù lǚ xíng
나 내일 여행가.

✽ 我明天在家休息。
Wǒ míng tiān zài jiā xiū　xi
나는 내일 집에서 쉬어요.

✽ 你后天上午有没有约会?
Nǐ hòu tiān shàng wǔ yǒu méi yǒu yuē huì
모레 오전에 약속 있으세요?

✽ 明天早一点儿来吧。
Míng tiān zǎo yì　diǎnr　lái　ba
내일은 좀 일찍 오세요.

✽ 这个周末你想做什么?
Zhè ge zhōu mò nǐ xiǎng zuò shén me
이번 주말에 뭐하고 싶으세요?

약속을 청하는 입장에서는 먼저 상대방에게 편한 시간과 장소를 물어 불편하지 않도록 배려하는 것이 좋습니다. 상대방의 형편을 고려하지 않고 약속을 해서는 안되며, 서로 착오가 생기지 않도록 정확히 확인을 해둘 필요가 있습니다. 반대로 약속을 받아 들일 때는 자신의 스케줄을 먼저 점검해보고 가능한 시간을 말해야 하며, 부득이 거절할 때는 상대방의 기분이 상하지 않도록 주의해야 합니다.

약속을 청할 때

✽ 您看有时间吗?
Nín kàn yǒu shí jiān ma
시간 있으세요?

✽ 很想见您一面。
Hěn xiǎng jiàn nín yí miàn
당신은 한번 뵙고 싶습니다.

✽ 您能不能到我这里来一下儿?
Nín néng bù néng dào wǒ zhè li lái yí xiàr
이쪽으로 와 주실 수 있으세요?

A : 你能不能到我这里来一下儿?
Nǐ néng bù néng dào wǒ zhè li lái yí xiàr
이쪽으로 와 주실 수 있으세요?

B : 好,我马上就去。
Hǎo wǒ mǎ shàng jiù qù
네, 곧 갈게요.

✽ 找时间见个面吧。
Zhǎo shí jiān jiàn ge miàn ba
언제 한번 만나요.

✽ 我能见见你吗?
Wǒ néng jiàn jian nǐ ma
잠깐 만날 수 있을까요?

❋ 这个周末你有时间吗?
Zhè ge zhōu mò nǐ yǒu shí jiān ma
이번 주말에 시간 있으세요?

❋ 明天有没有约会?
Míng tiān yǒu méi yǒu yuē huì
내일 약속 있으세요?

❋ 什么时候拜访您好呢?
Shén me shí hou bài fǎng nín hǎo ne
언제 방문하면 좋겠습니까?

❋ 你说定几点好?
Nǐ shuō dìng jǐ diǎn hǎo
몇 시로 했으면 좋겠어요?

A : 你说几点好? 下班以后怎么样?
Nǐ shuō jǐ diǎn hǎo　Xià bān yǐ hòu zěn me yàng
몇 시로 했으면 좋겠어요? 퇴근 후 어때요?

B : 可以, 六点在停车场见。
Kě yǐ　liù diǎn zài tíng chē chǎng jiàn
6시에 주차장에서 봅시다.

❋ 几点钟方便?
Jǐ diǎn zhōng fāng biàn
몇 시가 편하십니까?

❋ 您什么时候有空?
Nín shén me shí hou yǒu kòng
언제 시간이 나십니까?

❋ 上午九点怎么样?
Shàng wǔ jiǔ diǎn zěn me yàng
오전 9시는 어떻습니까?

❋ 能抽出多长时间?
Néng chōu chū duō cháng shí jiān
어느 정도 시간을 내주실 수 있습니까?

✽ 我们在什么地方见面?
Wǒ men zài shén me dì fang jiàn miàn
어디서 뵐까요?

✽ 明天在火车站见吧。
Míng tiān zài huǒ chē zhàn jiàn ba
내일 기차역에서 만나자.

✽ 在哪儿见面好呢?
Zài nǎr jiàn miàn hǎo ne
어디서 만나는 게 좋을까요?

A : 在哪儿见面好呢?
Zài nǎr jiàn miàn hǎo ne
어디서 만나는 게 좋을까요?

B : 还是老地方吧。
Hái shì lǎo dì fang ba
늘 만나던 곳으로 하지요.

✽ 你能到这里来吗?
Nǐ néng dào zhè li lái ma
이곳으로 올 수 있습니까?

✽ 在哪儿见面呢?
Zài nǎr jiàn miàn ne
어디서 만나지?

✽ 好, 不见不散。
Hǎo bú jiàn bú sàn
좋아요, 올 때까지 기다릴게요.

✽ 老地方见。
Lǎo dì fang jiàn
늘 만나던 곳에서 봅시다.

✽ 没问题, 就这么定吧。
Méi wèn tí jiù zhè me dìng ba
좋아요, 그렇게 합시다.

✽ 成，按你说的办。
Chéng àn nǐ shuō de bàn
좋아요, 말씀하신 대로 합시다.

✽ 就这么办了。
Jiù zhè me bàn le
그렇게 하도록 합시다.

✽ 好，我有时间。
Hǎo   wǒ yǒu shí jiān
좋아요, 시간 괜찮아요.

✽ 对不起，今天我有点忙。
Duì bu qǐ   jīn tiān wǒ yǒu diǎn máng
미안해요, 오늘 제가 좀 바빠서요.

✽ 没有时间啊。
Méi yǒu shí jiān a
시간이 없는데요.

✽ 我已经有安排了。
Wǒ yǐ jīng yǒu ān pái le
선약이 있어서요.

✽ 推到下次好了。
Tuī dào xià cì hǎo le
다음으로 미루는 게 좋겠어요.

✽ 这个周末我另有计划。
Zhè ge zhōu mò wǒ lìng yǒu jì huá
이번 주말엔 다른 계획이 있어요.

A : 这个周末我已经有安排了。
Zhe ge zhōu mò wǒ yǐ jīng yǒu ān pái le
이번 주말엔 다른 일이 있어요.

B : 那就推到下个周末吧。
Nà jiù tuī dào xià ge zhōu mò ba
그럼 다음 주로 미룹시다.

**약속을 변경하거나
취소할 때**

✱ 今天我约了人。
Jīn tiān wǒ yuē le rén
오늘 누가 오기로 돼 있어요.

✱ 对不起，晚上我有约。
Duì bu qǐ　wǎn shang wǒ yǒu yuē
미안합니다. 저녁에 약속이 있습니다.

✱ 改天怎么样？
Gǎi tiān zěn me yàng
다른 날로 하면 어떻겠습니까？

✱ 请改一下日子，好吗？
Qǐng gǎi yí xià rì zi　hǎo ma
날짜를 변경해 주시겠습니까？

✱ 很抱歉，今天我去不了了。
Hěn bào qiàn　jīn tiān wǒ qù bu liǎo le
미안하지만, 오늘 갈 수 없게 됐어요.

A : 很抱歉，今天我去不了了。
Hěn bào qiàn　jīn tiān wǒ qù bu liǎo le
미안하지만, 오늘 갈 수 없게 됐어요.

B : 真遗憾，只好下次有机会在说了！
Zhēn yí hàn　zhǐ hǎo xià cì yǒu jī huì zài shuō le
아쉽네요, 다음 기회를 기다릴 수밖에 없군요！

✱ 我明天有别的事，不能去。
Wǒ míng tiān yǒu bié de shì　bù néng qù
내일 다른 일이 있어서 갈 수 없어요.

**약속하고
만났을 때**

✱ 快点儿，没有时间了。
Kuài diǎnr　méi yǒu shí jiān le
서둘러, 시간 없어.

✱ 等一下，我马上就来。
Děng yí xià　wǒ mǎ shàng jiù lái
기다려, 금방 갈게.

❋ 不见不散。
Bú jiàn bú sàn
올 때까지 기다릴게요.

❋ 你不来, 我怎么办?
Nǐ bù lái wǒ zěn me bàn
당신이 안오면, 난 어떡해요?

❋ 今天我很忙, 去不了了。
Jīn tiān wǒ hěn máng qù bu liǎo le
오늘은 내가 바빠서 갈 수 없어.

❋ 让您久等了。
Ràng nín jiǔ děng le
오래 기다리시게 했네요.

❋ 我来晚了。
Wǒ lái wǎn le
늦었습니다.

❋ 你怎么才来呢?
Nǐ zěn me cái lái ne
왜 이제야 오니?

A : 你怎么才来呢?
Nǐ zěn me cái lái ne
왜 이제야 오니?

B : 路上堵车。对不起。
Lù shang dǔ chē Duì bu qǐ
오는 길에 차가 막혔어요. 미안해요.

❋ 失陪了, 我还有别的事, 先走一步。
Shī péi le Wǒ hái yǒu bié de shì xiān zǒu yí bù
저는 또 다른 일이 있어서 먼저 가 볼게요.

일단 알게 된 사람이나 친구와 한층 더 친해지기 위해서는 자신의 집이나 파티에 초대해서 대화를 나누는 일은 매우 중요한 의미를 갖습니다. 중국 사람들은 우리와 마찬가지로 기쁜 일이 있을 때 많은 사람들이 모여 축하를 해줍니다. 식사를 대접할 때에는 음식을 부족하지 않게 준비합시다. 우리가 흔히 쓰는 「한턱 내다, 식사를 대접하다」라는 표현은 중국어로 「请客 Qǐng kè」라고 합니다.

초대할 때

✽ 一起吃晚饭吧。
Yì qǐ chī wǎn fàn ba
함께 저녁식사 합시다.

A : 一起吃晚饭吧。
Yì qǐ chī wǎn fàn ba
함께 저녁식사를 합시다.

B : 好哇。
Hǎo wa
좋아요.

✽ 明天请到我家来玩儿吧。
Míng tiān qǐng dào wǒ jiā lái wánr ba
내일 저희 집에 놀러 오십시오.

✽ 请您来我家作客。
Qǐng nín lái wǒ jiā zuò kè
저희 집에 놀러 오세요.

✽ 我想请你吃午饭。
Wǒ xiǎng qǐng nǐ chī wǔ fàn
점심을 대접하고 싶습니다.

✽ 今天下午有空吗?
Jīn tiān xià wǔ yǒu kòng ma
오늘 오후에 시간이 있습니까?

* **我想请你喝酒。**
Wǒ xiǎng qǐng nǐ hē jiǔ
술을 대접하고 싶습니다.

* **今天我请客。**
Jīn tiān wǒ qǐng kè
오늘은 제가 한 턱 내겠습니다.

* **六点钟我去接你。**
Liù diǎn zhōng wǒ qù jiē nǐ
6시에 마중을 나가겠습니다.

* **肯接受我的邀请吗?**
Kěn jiē shòu wǒ de yāo qǐng ma
제 초대를 받아주시겠습니까?

* **好，我愿意去。**
Hǎo wǒ yuàn yì qù
좋습니다, 가겠습니다.

* **是，我乐意去。**
Shì wǒ lè yì qù
네, 기꺼이 가겠습니다.

* **我肯定去。**
Wǒ kěn dìng qù
꼭 갈게.

* **那好哇。**
Nà hǎo wa
그거 좋죠.

* **真是好主意。**
Zhēn shi hǎo zhǔ yi
좋은 생각이에요.

* **那太好了。**
Nà tài hǎo le
그거 아주 좋겠는데요.

❋ **我可以。**
Wǒ kě yǐ
저는 좋습니다.

❋ **抱歉，我有别的事。**
Bào qiàn wǒ yǒu bié de shì
죄송합니다만, 다른 약속이 있습니다.

❋ **谢谢，我看免了吧。**
Xiè xie wǒ kàn miǎn le ba
감사합니다만, 됐습니다.

> A : **今天我想请你喝酒。**
> Jīn tiān wǒ xiǎng qǐng nǐ hē jiǔ
> 오늘 제가 술 한 잔 대접하고 싶은데요.
>
> B : **对不起，不行。我已经有安排了。**
> duì bu qǐ bù xíng wǒ yǐ jīng yǒu ān pái le
> 미안하지만, 안될 것 같아요. 제가 다른 약속이 있어서요.

❋ **我有点儿不舒服。**
Wǒ yǒu diǎnr bù shū fu
몸이 좀 안 좋습니다.

❋ **今天我太忙了。**
Jīn tiān wǒ tài máng le
오늘은 너무 바쁩니다.

❋ **对不起，我可能去不了。**
Duì bu qǐ wǒ kě néng qù bu liǎo
죄송하지만, 갈 수 없을 것 같군요.

❋ **对不起，我还有事需要处理。**
Duì bu qǐ wǒ hái yǒu shì xū yào chǔ lǐ
죄송하지만, 처리해야 할 일이 있습니다.

초대한 사람은 방문자를 친절히 안내하며, 초대받은 사람은 「谢谢您的招待。Xiè xie nín de zhāo dài.(초대해 주셔서 감사합니다.)」라고 감사의 의미를 표현합니다. 이때 초대를 한 사람은 방문자에게 「请 qǐng」이란 말을 자주 사용합니다. 문장 속의 「请」은 경어(敬语)로 높임의 의미를 나타내고, 「请」 뒤에 구체적인 동사를 생략하여도 상황에 맞게 「드십시오, 이쪽으로 오세요, 앉으세요」라는 의미를 나타냅니다.

방문했을 때

✽ 有人吗?
　Yǒu rén ma
　계십니까?

✽ 谢谢您的招待。
　Xiè xie nín de zhāo dài
　초대해 주셔서 감사합니다.

✽ 我来得太早了吧。
　Wǒ lái de tài zǎo le ba
　제가 너무 일찍 왔나 봐요.

✽ 对不起, 我来晚了。
　Duì bu qǐ　wǒ lái wǎn le
　죄송합니다. 늦었습니다.

✽ 我带了个小礼物, 请收下。
　Wǒ dài le ge xiǎo lǐ wù　qǐng shōu xià
　제가 작은 선물을 가져왔습니다, 받아 주십시오.

A : 这是我小小的心意, 请你收下吧。
　　Zhè shì wǒ xiǎo xiǎo de xīn yì　qǐng nǐ shōu xià ba
　　이건 제 작은 성의니, 받아주십시오.

B : 你太客气了。
　　Nǐ tài kè qi le
　　이런 것까지 준비하시다니.

❊ 请进。
Qǐng jìn
들어오십시오.

❊ 请坐吧。
Qǐng zuò ba
앉으십시오.

❊ 欢迎，欢迎。
Huān yíng huān yíng
어서 오세요.

❊ 欢迎光临。
Huān yíng guāng lín
와 주셔서 감사합니다.

❊ 往这边来。
Wǎng zhè biān lái
이쪽으로 오시죠.

❊ 不要客气。
Bú yào kè qì
편히 하세요.

방문객을
대접할 때

❊ 您要喝点儿什么？
Nín yào hē diǎnr shén me
뭘 드시겠어요?

❊ 要不要来一杯绿茶？
Yào bú yào lái yì bēi lǜ chá
녹차 한 잔 하시겠어요?

❊ 我给您煮杯咖啡吧。
Wǒ gěi nín zhǔ bēi kā fēi ba
커피 한 잔 끓여드릴게요.

❊ 来一杯饮料怎么样？
Lái yì bēi yǐn liào zěn me yàng
음료수 한 잔 드시겠어요?

방문을 마칠 때

✳ 多吃一点儿啊。
Duō chī yì diǎnr a
많이 드세요.

✳ 我该回家了。
Wǒ gāi huí jiā le
이만 돌아갈게요.

> A : 我该走了，太晚了。
> Wǒ gāi zǒu le   tài wǎn le
> 가봐야겠습니다, 너무 늦었어요.
>
> B : 急什么? 还早呢。
> Jí shén me   Hái zǎo ne
> 뭘 그리 서두르세요? 아직 시간이 이른데요.

✳ 谢谢你的盛情款待。
Xiè xie nǐ de shèng qíng kuǎn dài
융숭한 대접에 감사 드립니다.

✳ 时间不早了，我得告辞了。
Shí jiān bù zǎo le   wǒ děi gào cí le
늦었습니다, 이만 가봐야겠습니다.

**주인으로서의
작별 인사**

✳ 您慢走。
Nín màn zǒu
살펴 가십시오.

✳ 你这就要走?
Nǐ zhè jiù yào zǒu
지금 가신다는 말씀이세요?

✳ 有空随时过来坐坐。
yǒu kòng suí shí guò lái zuò zuo
시간나시면 언제든 오세요.

✳ 您走好，有时间再来玩儿啊。
Nín zǒu hǎo   yǒu shí jiān zài lái wánr a
살펴 가세요, 시간이 있으면 또 놀러 오세요.

식사와 술대접

「식사하셨습니까?」라고 물을 때는 「你吃饭了吗? Nǐ chī fàn le ma?」라고 하며 식사를 함께 할 것을 제의할 때는 「咱们一起吃饭吧。Zán men yì qǐ chī fàn ba.」 라고 하면 됩니다. 식사 초대를 한 사람은 이것저것 권유를 하며 음식은 먹고 남도록 풍성하게 차립니다. 초대받은 사람은 너무 많이 먹지 않으며 주인이 음식을 권할 때도 한 번 사양을 하는 것이 미덕입니다.

식사를 제의할 때

✽ 我想请你吃晚饭。
Wǒ xiǎng qǐng nǐ chī wǎn fàn
당신을 저녁식사에 초대하고 싶어요.

✽ 你吃过中国菜吗?
Nǐ chī guo zhōng guó cài ma
중국 요리 먹어봤어요?

> A : 你吃过韩国菜吗?
> Nǐ chī guo Hán guó cài ma
> 한국 요리 먹어 본 적 있어요?
>
> B : 吃过几次。
> Chī guo jǐ cì
> 몇 번 먹었어요.

✽ 肚子饿了，我们吃点儿东西吧。
Dù zi è le　wǒ men chī diǎnr dōng xi ba
배고픈데, 우리 뭐 좀 먹읍시다.

✽ 进这儿吃点什么吧。
Jìn zhèr chī diǎn shén me ba
여기 들어가서 뭐 좀 먹읍시다.

✽ 中午叫饭吃吧。
Zhōng wǔ jiào fàn chī ba
점심을 시켜 먹읍시다.

✻ 你要吃什么?
  Nǐ yào chī shén me
  뭐 드시겠어요?

✻ 你来吃饭吧。
  Nǐ lái chī fàn ba
  식사하러 오세요.

✻ 我现在什么都不想吃。
  Wǒ xiàn zài shén me dōu bù xiǎng chī
  지금은 아무 것도 먹고 싶지 않아요.

> A : 进这儿吃点什么吧。
>   Jìn zhèr chī diǎn shén me ba
>   들어가서 뭘 좀 먹읍시다.
>
> B : 我现在什么都不想吃。
>   Wǒ xiàn zài shén me dōu bù xiǎng chī
>   전 지금 아무것도 먹고 싶지 않아요.

자신이 대접할 때

✻ 今天我请你吃饭。
  Jīn tiān wǒ qǐng nǐ chī fàn
  오늘은 내가 쏠게.

✻ 我请你吃午饭。
  Wǒ qǐng nǐ chī wǔ fàn
  제가 점심을 사겠습니다.

✻ 今天晚上出去吃饭吧，我请客。
  Jīn tiān wǎn shang chū qù chī fàn ba   wǒ qǐng kè
  오늘 저녁 나가서 식사합시다, 제가 사겠습니다.

식사할 때

✻ 请多用。
  Qǐng duō yòng
  많이 드십시오.

✻ 请慢用。
  Qǐng màn yòng
  천천히 드십시오.

❋ 不要客气，请多用。
Bú yào kè qi　qǐng duō yòng
사양하지 말고 많이 드세요.

A : 你试试看，这个菜味道怎么样?
Nǐ shì shi kàn　zhè ge cài wèi dao zěn me yàng
맛 좀 보세요, 음식 맛이 어때요?

B : 味道不错。
Wèi dao bú cuò
맛이 좋네요.

❋ 我不要辣的。
Wǒ bú yào là de
매운 것은 싫어요.

❋ 渴死我了。
Kě sǐ wǒ le
목말라 죽겠어요.

❋ 真香呀!
Zhēn xiāng ya
맛있겠네요!

❋ 众口难调。
Zhòng kǒu nán tiáo
사람마다 입맛이 다릅니다.

❋ 我爱吃中国菜。
Wǒ　ài　chī Zhōng guó cài
나는 중국 요리를 좋아해.

식사를 마칠 때

❋ 你吃好了吗?
Nǐ　chī hǎo le　ma
맛있게 드셨습니까?

❋ 今天太丰盛了。
Jīn tiān tài fēng shèng le
오늘 거하게 잘 먹었습니다.

✽ 这个菜比我上次吃过的好。
Zhè ge cài bǐ wǒ shàng cì chī guo de hǎo
이 요리는 제가 지난번에 먹은 것보다 맛있어요.

A : 这个菜比我上次吃过的好。
Zhè ge cài bǐ wǒ shàng cì chī guo de hǎo
이 음식은 내가 전에 먹었던 것보다 맛있어요.

B : 可能换厨师了。
Kě néng huàn chú shī le
아마 요리사가 달라서일 거예요.

✽ 您吃好了吗?
Nín chī hǎo le ma
맛있게 드셨습니까?

✽ 要不要喝一杯?
Yào bú yào hē yì bēi
술 한잔 하시겠어요?

✽ 今晚来一杯如何?
Jīn wǎn lái yì bēi rú hé
오늘 밤 한잔 하시죠?

✽ 到我家喝几杯去。
Dào wǒ jiā hē jǐ bēi qù
저희 집에 가서 한 잔 합시다.

A : 到我家喝几杯去。
Dào wǒ jiā hē jǐ bēi qù
저희 집에 가서 한 잔 합시다.

B : 算了，下次再说吧。
Suàn le xià cì zài shuō ba
됐어요, 다음 번에 해요.

✽ 很能喝酒。
Hěn néng hē jiǔ
술이 무척 셉니다.

❋ 要喝什么样的?
Yào hē shén me yàng de
무엇을 마시겠습니까?

❋ 要带冰的。
Yào dài bīng de
얼음을 타서 주세요.

❋ 这酒烈吗?
Zhè jiǔ liè ma
이 술은 독한가요?

❋ 有什么下酒菜?
Yǒu shén me xià jiǔ cài
안주는 무엇이 있습니까?

❋ 要不要再来一杯啤酒?
Yào bú yào zài lái yì bēi pí jiǔ
맥주 한 잔 더 하시겠어요?

❋ 我敬你一杯。
Wǒ jìng nǐ yì bēi
제가 한 잔 따라 드리겠습니다.

❋ 不用了，谢谢。我喝多了。
Bú yòng le   xiè xie   Wǒ hē duō le
아니요, 됐습니다. 과음했습니다.

❋ 今晚不醉不归。
Jīn wǎn bú zuì bù guī
오늘 밤 취하도록 마셔 봅시다.

❋ 我们边喝边谈。
Wǒ men biān hē biān tán
마시면서 얘기 나눕시다.

❋ 我们换个地方再去喝几杯。
Wǒ men huàn ge dì fang zài qù hē jǐ bēi
우리 2차 갑시다. (우리 자리를 옮겨 한 잔 더 합시다.)

전화를 걸 때는 먼저 자신의 이름이나 소속을 알리는 게 예의입니다. 「~를
바꿔 주십시오」라고 할 때는 「请让~接电话 Qǐng ràng ~ jiē diànhuà」라고 합니다.
전화로 「여보세요」라고 할 때에는 「喂 wèi」 혹은 「你好 Nǐ hǎo」라고 하며, 「喂」
는 본래 4성이지만 부드럽고 친밀감을 주기 위해 남쪽 사람들은 주로 2성으로
발음합니다.

전화를 걸기 전에

✽ **电话号码是多少?**
Diàn huà hào mǎ shì duō shao
전화번호는 몇 번입니까?

✽ **你的手机号是多少?**
Nǐ de shǒu jī hào shì duō shao
휴대폰 번호는 몇 번입니까?

✽ **传真号是多少?**
Chuán zhēn hào shì duō shao
팩스번호는 몇 번입니까?

✽ **请问，公用电话在哪儿?**
Qǐng wèn gōng yòng diàn huà zài nǎr
공중전화는 어디에 있습니까?

✽ **借用一下电话可以吗?**
Jiè yòng yí xià diàn huà kě yǐ ma
전화기 좀 빌릴 수 있을까요?

전화를 걸 때

✽ **喂。**
Wèi
여보세요.

✽ **喂，是不是一二三四五六七八?**
Wèi shì bú shì yī èr sān sì wǔ liù qī bā
여보세요, 1234-5678인가요?

✽ 喂，您好！是北京饭店吗？
Wèi nín hǎo shì Běi jīng fàn diàn ma
여보세요, 안녕하세요! 베이징 호텔입니까?

✽ 李先生在吗？
Lǐ xiān sheng zài ma
이 선생 계십니까?

✽ 请问，那儿是不是王先生家？
Qǐng wèn nàr shì bú shì Wáng xiān sheng jiā
여보세요, 거기가 왕 선생님 댁인가요?

✽ 这么晚了给您打电话，真对不起。
Zhè me wǎn le gěi nín dǎ diàn huà zhēn duì bu qǐ
이렇게 밤늦게 전화드려 죄송합니다.

✽ 请让王先生接电话。
Qǐng ràng Wáng xiān sheng jiē diàn huà
왕 선생 좀 바꿔 주세요.

✽ 请转七五零号房间。
Qǐng zhuǎn qī wǔ líng hào fáng jiān
750호실로 연결해 주십시오.

전화가 걸려
왔을 때

✽ 来电话了。
Lái diàn huà le
전화 왔어요.

✽ 来电话了，快来接。
Lái diàn huà le kuài lái jiē
전화 왔어요, 빨리 받아요.

✽ 我来接电话。
Wǒ lái jiē diàn huà
제가 전화 받을게요.

✽ 占线
Zhàn xiàn
통화 중이네요.

✽ 打不通。
Dǎ bu tōng
연결이 안 됩니다.

❋ **李先生，接电话吧。**
Lǐ xiān sheng　jiē diàn huà ba
이 선생님, 전화 받으세요.

❋ **谁来的电话?**
Shéi lái de diàn huà
누구한테서 온 전화예요?

❋ **您找哪位?**
Nín zhǎo nǎ wèi
누굴 바꿔 드릴까요?

> A : **喂? 请问您找哪位?**
> Wèi　Qǐng wèn nín zhǎo nǎ wèi
> 여보세요? 누굴 바꿔 드릴까요?
>
> B : **我找杨萍。**
> Wǒ zhǎo Yáng Píng
> 양핑 좀 바꿔 주십시오.
>
> A : **我就是。你是哪位?**
> Wǒ jiù shì　Nǐ shì nǎ wèi
> 전데요. 누구세요?

❋ **哪位?**
Nǎ wèi
누구십니까?

❋ **请问您是哪儿?**
Qǐng wèn nín shì nǎr
어디십니까?

❋ **请稍等一下。**
Qǐng shāo děng yí xià
잠시 기다리세요.

❋ **我来接吧。**
Wǒ lái jiē ba
제가 받을게요.

❋ **我就是。**
Wǒ jiù shì
전데요.

❋ 请问打电话的是哪位？
Qǐng wèn dǎ diàn huà de shì nǎ wèi
전화하시는 분은 누구시죠?

❋ 很高兴接到你的电话。
Hěn gāo xing jiē dào nǐ de diàn huà
전화 반갑습니다.

❋ 谢谢你的电话。
Xiè xie nǐ de diàn huà
전화 고맙습니다.

❋ 您有什么事？
Nín yǒu shén me shì
무슨 일이십니까?

❋ 什么事，这么着急。
Shén me shì zhè me zháo jí
무슨 일이세요, 이렇게 급하게?

❋ 您有急事吗？
Nín yǒu jí shì ma
급한 일이 있으신가요?

❋ 您找她有事吗？
Nín zhǎo tā yǒu shì ma
그녀를 무슨 일로 찾으세요?

❋ 丽丽刚出去，找她有什么事儿。
Lì li gāng chū qù zhǎo tā yǒu shén me shìr
리리는 방금 나갔는데 무슨 일로 찾으세요?

A : 丽丽刚出去，你打她的手机吧。
Lì li gāng chū qù nǐ dǎ tā de shǒu jī ba
리리는 방금 나갔으니 핸드폰으로 해 보세요.

B : 她的手机号是多少？
Tā de shǒu jī hào shì duō shao
핸드폰 번호가 몇 번이에요?

<table>
<tr><td>

전화를 바꿔줄 때

</td><td>

✽ 喂，你好! 请找一下李老师。
Wèi　nǐ hǎo Qǐng zhǎo yí xià Lǐ lǎo shī
여보세요, 안녕하세요! 이 선생님 좀 부탁드립니다.

✽ 请稍等。
Qǐng shāo děng
잠시만 기다리세요.

✽ 先生，请问您找谁?
Xiān sheng qǐng wèn nín zhǎo shéi
실례지만 누굴 찾으십니까?

✽ 请先别挂断电话，马上给您接上。
Qǐng xiān bié guà duàn diàn huà mǎ shàng gěi nín jiē shàng
전화를 끊지 마세요, 곧 연결해 드릴게요.

</td></tr>
<tr><td>

통화 중일 때

</td><td>

✽ 老板正在通话中，请您稍等。
Lǎo bǎn zhèng zài tōng huà zhōng qǐng nín shāo děng
사장님은 지금 통화 중이시니 잠시만 기다리세요.

✽ 占线，待会儿再打过来。
Zhàn xiàn dāi huìr　zài dǎ guò lái
통화 중이니, 잠시 후에 다시 거세요.

</td></tr>
<tr><td>

전화를 받을
상대가 없을 때

</td><td>

✽ 现在不在。
Xiàn zài bú zài
지금 자리에 안 계세요.

✽ 他出差了。
Tā chū chāi le
그는 출장 갔는데요.

✽ 他不在家，刚刚出去。
Tā bú zài jiā　gāng gāng chū qù
그 사람 집에 없는데요, 방금 나갔어요.

✽ 他正在开会。
Tā zhèng zài kāi huì
그는 회의 중입니다.

</td></tr>
</table>

* 他出去了。
Tā chū qù le
그 사람 외출 중인데요.

* 让他给我回电话。
Ràng tā gěi wǒ huí diàn huà
저에게 전화하라고 전해주세요.

A : 他不在，刚刚出去。
Tā bú zài gāng gāng chū qù
그 사람은 없어요, 방금 나갔어요.

B : 那等他回来，让他给我回电话，我姓王。
Nà děng tā huí lái ràng tā gěi wǒ huí diàn huà wǒ xìng Wáng
돌아오면 저에게 전화 좀 하라고 하세요, 저는 미스터 왕입니다.

A : 好的。
Hǎo de
네.

* 等他回来了我让他给你去电话。
Děng tā huí lái le wǒ ràng tā gěi nǐ qù diàn huà
그가 오면 너에게 전화하라고 전할게.

* 我等你电话。
Wǒ děng nǐ diàn huà
전화 기다릴게.

* 您要不要留言?
Nín yào bú yào liú yán
메시지를 남기시겠어요?

* 不用了，我下次再打。
Bú yòng le wǒ xià cì zài dǎ
아니요, 제가 다음에 다시 걸죠.

* 您可以帮我留言吗?
Nín kě yǐ bāng wǒ liú yán ma
제 메시지를 전해주시겠어요?

❋ **请转告他，我来过电话。**
Qǐng zhuǎn gào tā wǒ lái guo diàn huà
제가 전화했었다고 전해 주십시오.

> A : **请转告他回来就给我回电话。**
> Qǐng zhuǎn gào tā huí lái jiù gěi wǒ huí diàn huà
> 돌아오면 전화 좀 해달라고 전해 주십시오.
>
> B : **他知道你的电话吗？**
> Tā zhī dào nǐ de diàn huà ma
> 그가 당신 전화번호를 압니까?

❋ **我怎么转告他？**
Wǒ zěn me zhuǎn gào tā
그 사람에게 뭐라고 전해드릴까요?

❋ **你打的是多少？**
Nǐ dǎ de shì duō shao
몇 번으로 거셨습니까?

❋ **我打错了。**
Wǒ dǎ cuò le
제가 잘못 걸었습니다.

❋ **对不起，您打错了。**
Duì bu qǐ   nín dǎ cuò le
죄송합니다, 잘못 거셨습니다.

> A : **对不起，您打错了。**
> Duì bu qǐ   nín dǎ cuò le
> 죄송합니다, 잘못 거셨습니다.
>
> B : **您那儿是六四二九一一五八吗？**
> Nín nàr   shì liù sì èr jiǔ yāo yāo wǔ bā ma
> 거기 6429에 1158 아니에요?
>
> A : **不是。**
> Bú shì
> 아닌데요.
>
> B : **对不起。**
> Duì bu qǐ
> 죄송합니다.

✲ 你拨错了，这不是王先生家。
Nǐ bō cuò le　zhè bú shì Wáng xiān sheng jiā
잘못 거셨네요, 여기는 왕 씨네 집이 아닙니다.

✲ 我打错了，对不起。
Wǒ dǎ cuò le　duì bu qǐ
죄송해요, 잘못 걸었습니다.

✲ 串线了。
Chuàn xiàn le
혼선이 됐어요.

✲ 请您慢一点儿说。
Qǐng nín màn yì diǎnr shuō
좀 천천히 말씀해주세요.

✲ 请大声点儿。
Qǐng dà shēng diǎnr
좀 크게 말씀해 주십시오.

✲ 他突然挂断了电话。
Tā tū rán guà duàn le diàn huà
그가 갑자기 전화를 끊어버렸어.

✲ 电话突然断了。
Diàn huà tū rán duàn le
전화가 갑자기 끊어졌어.

A : 电话突然断了。
Diàn huà tū rán duàn le
전화가 갑자기 끊어졌어.

B : 对不起。手机没电了，刚换了个新的。
Duì bu qǐ　Shǒu jī méi diàn le　gāng huàn le ge xīn de
미안해, 휴대폰 배터리가 다 돼서 방금 새 것으로 갈
아 끼웠어.

✲ 他没听完就挂了电话。
Tā méi tīng wán jiù guà le diàn huà
그는 말을 다 듣지도 않고 전화를 끊어버렸어.

* 挂了吧!
Guà le ba
끊으세요!

* 挂了!
Guà le
끊을게!

국제전화를 걸 때

* 我要打国际电话。
Wǒ yào dǎ guó jì diàn huà
국제전화를 걸고 싶은데요.

* 我想打到韩国首尔。
Wǒ xiǎng dǎ dào Hán guó Shǒu ěr
한국 서울로 걸고 싶은데요.

* 电话号码是多少?
Diàn huà hào mǎ shì duō shao
전화번호가 어떻게 됩니까?

* 您的电话接通了。
Nín de diàn huà jiē tōng le
전화가 연결되었습니다.

* 请讲。
Qǐng jiǎng
말씀하십시오.

**휴대폰을
이용할 때**

* 他现在不在，打一下手机。
Tā xiàn zài bú zài　dǎ yí xià shǒu jī
자리에 안 계십니다, 휴대폰으로 전화해 보세요.

* 有急事就打他的手机吧。
Yǒu jí shì jiù dǎ tā de shǒu jī ba
급한 일이면 그의 핸드폰에 거세요.

개인 신상

중국에서는 우리와는 달리 서양에서처럼 만으로 나이를 계산합니다. 이것을 「周岁 zhōusuì」라고 합니다. 예전에는 우리처럼 태어나면서 바로 1살이 되었는데 이것을 「虚岁 xū suì」라고 합니다. 상대에게 나이를 물을 때는 「你多大了? Nǐ duō dà le」나 「你多大年纪? Nǐ duō dà nián jì」라고 합니다. 「你几岁? Nǐ jǐ suì」는 어린아이에게 나이를 물을 때 쓰는 표현입니다.

출신지에 대해서

✱ 你的老家在哪儿?
　Nǐ de lǎo jiā zài nǎr
고향은 어디입니까?

A : 你的老家在哪儿?
　　Nǐ de lǎo jiā zài nǎr
고향은 어디입니까?

B : 庆州。南方的一个城市。
　　Qìng zhōu Nán fāng de yí gè chéng shì
경주에요. 남쪽에 있는 도시예요.

✱ 我的老家在鄉下。
　Wǒ de lǎo jiā zài xiāng xià
제 고향은 시골이에요.

✱ 您从什么地方来的?
　Nín cóng shén me dì fang lái de
어디서 오셨습니까?

✱ 我是韩国人。
　Wǒ shì Hán guó rén
저는 한국인입니다.

✱ 我从北京来的。
　Wǒ cóng Běi jīng lái de
나는 북경에서 왔어요.

* 她不是中国人，是韩国人。
Tā bú shì Zhōng guó rén shì Hán guó rén
저 여자는 중국인이 아니라 한국인이에요.

* 你们都是韩国人吗?
Nǐ men dōu shì Hán guó rén ma
당신들은 모두 한국인인가요?

* 你属什么?
Nǐ shǔ shén me
무슨 띠입니까?

A : 你属什么?
Nǐ shǔ shén me
무슨 띠입니까?

B : 我属猪。
Wǒ shǔ zhū
돼지띠예요.

* 你今年多大了?
Nǐ jīn nián duō dà le
올해 몇 살이에요?

* 我二十二岁。
Wǒ èr shí èr suì
스물 두 살이에요.

* 您今年多大岁数?
Nín jīn nián duō dà suì shu
금년에 연세가 어떻게 되세요?

A : 您今年多大岁数?
Nín jīn nián duō dà suì shu
금년에 연세가 어떻게 되세요?

B : 你看我有多大呢?
Nǐ kàn wǒ yǒu duō dà ne
몇 살로 보여요?

✽ **打听一下岁数不失礼吧?**
Dǎ tīng yí xià suì shù bù shī lǐ ba
나이를 여쭤 봐도 실례가 안될까요?

A : **请问你多大岁数?**
Qǐng wèn nǐ duō dà suì shu
나이가 어떻게 되십니까?

B : **三十五了。**
Sān shí wǔ le
서른 다섯입니다.

✽ **刚过二十岁。**
Gāng guò èr shí suì
20대 초반입니다.

✽ **三十多快四十了。**
Sān shí duō kuài sì shí le
30대 후반입니다.

✽ **你和我同岁呀。**
Nǐ hé wǒ tóng suì yā
저와 동갑이군요.

✽ **你显得比岁数年轻。**
Nǐ xiǎn dé bǐ suì shù nián qīng
당신은 나이보다 젊어보입니다.

생일에 대해서

✽ **你猜猜今天是什么日子?**
Nǐ cāi cai jīn tiān shì shén me rì zi
오늘이 무슨 날일까요?

A : **你猜猜他有多大?**
Nǐ cāi cai tā yǒu duō dà
저 사람 몇 살인 것 같아?

B : **这很难猜吧。四十出头?**
Zhè hěn nán cāi ba   Sì shí chū tou
추측하기 어렵네요. 40대 초반?

❋ 今天是你的生日，对吧?
Jīn tiān shì nǐ de shēng rì duì ba
오늘 네 생일이지, 그렇지?

❋ 祝你生日快乐!
Zhù nǐ shēng rì kuài lè
생일 축하해요!

❋ 生日是什么时候?
Shēng rì shì shén me shí hou
생일이 언제입니까?

❋ 哪年出生的?
Nǎ nián chū shēng de
몇 년도에 태어나셨어요?

❋ 你的生日是几月几号?
Nǐ de shēng rì shì jǐ yuè jǐ hào
생일은 몇 월 며칠입니까?

중국은 도시의 경우 인구억제 정책이 순조롭게 진행됐는데, 시대 변화에 따라 사람들의 가치관이 변화되었음을 말합니다. 즉 모든 어려움을 참아가면서 자식을 위해 살아가던 중국인들의 생활방식이 바뀐 것입니다. 우리나라도 마찬가지겠지만 중국에서도 이제는 개인의 행복과 여유를 희생하면서까지 대를 잇는 일에 얽매이지 않겠다는 자유분방한 사고방식을 가진 사람들이 많아졌습니다.

가족에 대해 물을 때

＊ **你家有几口人?**
Nǐ jiā yǒu jǐ kǒu rén
가족은 몇 분이나 됩니까?

＊ **家里人多吗?**
Jiā li rén duō ma
식구는 많습니까?

＊ **能谈谈你家庭情况吗?**
Néng tán tan nǐ jiā tíng qíng kuàng ma
가족에 대해 좀 말씀해 주시겠습니까?

A : **跟父母一起过吗?**
Gēn fù mǔ yì qǐ guò ma
부모님과 함께 사세요?

B : **不, 我自己住。**
Bù wǒ zì jǐ zhù
아니오, 혼자 삽니다.

A : **你们家兄弟几个?**
Nǐ men jiā xiōng dì jǐ ge
형제가 몇 분이세요?

B : **我们家男孩儿就我一个, 我还有一个 妹妹。**
Wǒ men jiā nán hár jiù wǒ yí gè wǒ hái yǒu yí gè mèi mei
우리집에서 아들은 저 하나고, 여동생이 한 명 있습니다.

❋ 请问令尊在哪里高就?
Qǐng wèn lìng zūn zài nǎ li gāo jiù
부친께서는 무슨 일을 하십니까?

❋ 你先生做什么工作?
Nǐ xiān sheng zuò shén me gōng zuò
남편은 어떤 일을 하세요?

> A : 你先生做什么工作?
> Nǐ xiān sheng zuò shén me gōng zuò
> 남편은 어떤 일을 하세요?
>
> B : 他在市厅工作，是公务员。
> Tā zài shì tīng gōng zuò shì gōng wù yuán
> 시청에서 근무해요, 공무원이에요.

❋ 请问双亲今年高寿?
Qǐng wèn shuāng qīn jīn nián gāo shòu
부모님은 연세가 어떻게 되십니까?

❋ 你父母都健在吗?
Nǐ fù mǔ dōu jiàn zài ma
부모님은 건강하게 살아 계시나요?

가족에 대해
대답할 때

❋ 我家有五口人。
Wǒ jiā yǒu wǔ kǒu rén
우리 식구는 다섯 명입니다.

❋ 我们家是一个大家族。
Wǒ men jiā shì yí gè dà jiā zú
우리는 대가족입니다.

❋ 我跟父母一起过呢。
Wǒ gēn fù mǔ yì qǐ guò ne
저는 부모님과 같이 살고 있습니다.

❋ 我是独生子，你呢?
Wǒ shì dú shēng zǐ   nǐ ne
전 외아들인데, 당신은요?

* 爷爷也跟你们在一起吗?
Yé ye yě gēn nǐ men zài yì qǐ ma
할아버지도 함께 사십니까?

* 我家有三口人。
Wǒ jiā yǒu sān kǒu rén
우리 식구는 세 명입니다.

* 你是老几?
Nǐ shì lǎo jǐ
당신은 몇 째입니까?

* 我也是独生女。
Wǒ yě shì dú shēng nǚ
저도 외동딸이에요.

* 我是老大。
Wǒ shì lǎo dà
제가 맏이에요.

형제자매에 대해서

* 有兄弟姐妹吗?
Yǒu xiōng dì jiě mèi ma
형제나 자매가 있습니까?

* 有两个哥哥，没有姐姐。
Yǒu liǎng gè gē ge méi yǒu jiě jie
형은 둘 있는데, 누나는 없어요.

* 你有几个兄弟姐妹?
Nǐ yǒu jǐ gè xiōng dì jiě mèi
형제자매가 몇이세요?

* 我有两个哥哥，一个姐姐。
Wǒ yǒu liǎng gè gē ge yí gè jiě jie
저는 오빠가 둘, 언니가 하나 있어요.

* 我哥哥已经结婚了。
Wǒ gē gē yǐ jīng jié hūn le
오빠(형)는 이미 결혼했어요.

* 我姐姐比我大一岁。
Wǒ jiě jie bǐ wǒ dà yí suì
언니(누나)는 나보다 한 살이 많아요.

* 我弟弟比我小三岁。
Wǒ dì di bǐ wǒ xiǎo sān suì
남동생은 나보다 세 살이 적어요.

* 你家亲戚多吗?
Nǐ jiā qīn qī duō ma
친척이 많습니까?

> A : 你家亲戚多吗?
> Nǐ jiā qīn qī duō ma
> 친척들은 많이 있습니까?
>
> B : 不少。我们家是个大家族。
> Bù shǎo wǒ men jiā shì ge dà jiā zú
> 많아요. 우리집은 대가족이에요.

* 我有叔叔, 还有阿姨。
Wǒ yǒu shū shu hái yǒu ā yí
나는 삼촌과 이모가 있습니다.

* 你有几个孩子?
Nǐ yǒu jǐ gè hái zi
아이들은 몇 명이나 됩니까?

* 子女多大了?
Zǐ nǚ duō dà le
자녀들은 몇 살입니까?

* 孩子们叫什么名字?
Hái zi men jiào shén me míng zi
애들 이름이 뭐죠?

* 有两个儿子, 没有女儿。
Yǒu liǎng gè ér zi méi yǒu nǚ ér
아들만 둘이고 딸은 없습니다.

❊ 孩子们上学了吗?
Hái zi men shàng xué le ma
애들은 학교에 다니나요?

❊ 你们想什么时候要孩子?
Nǐ men xiǎng shén me shí hou yào hái zi
아이는 언제 가질 예정입니까?

A : 你们想什么时候要孩子?
Nǐ men xiǎng shén me shí hou yào hái zi
아이는 언제 가질 예정입니까?

B : 还没计划呢。
Hái méi jì huà ne
아직 계획이 없어요.

❊ 有三个孩子，两个女儿，一个儿子。
Yǒu sān gè hái zi liǎng gè nǚ ér yí gè ér zi
아이들이 셋 있어요, 딸 둘하고, 아들 하나예요.

❊ 你的女儿像谁?
Nǐ de nǚ ér xiàng shéi
당신 딸은 누구를 닮았어요?

❊ 你家在哪儿?
Nǐ jiā zài nǎr
집이 어디세요?

❊ 你家离这儿远不远?
Nǐ jiā lí zhèr yuǎn bù yuǎn
당신 집은 여기에서 먼 가요?

A : 你家离这儿远不远?
Nǐ jiā lí zhèr yuǎn bù yuǎn
당신 집은 여기에서 먼 가요?

B : 不远，就在这附近。
Bù yuǎn jiù zài zhè fù jìn
안 멀어요, 바로 이 근처예요.

연애가 자유로운 도시에서는 직장에서 결혼식을 치러주며 간략한 주례의식을 거친 다음 신랑 신부 맞절, 양가부모 및 손님들에게 인사 그리고 술을 들고 축배를 올리는 「敬酒 jìng jiǔ」가 있은 다음, 신랑신부가 각 식탁마다 다니면서 술을 권하며 인사합니다. 신랑은 양복을 입으며, 신부는 「旗袍 qí páo」 혹은 서양식 웨딩드레스를 입습니다. 신랑측에서 대부분의 살림살이를 장만하고 신부측에서 약간의 살림자금을 보태주는 것이 한국과는 다릅니다.

청혼과 약혼에 대해서

✽ 你肯跟我结婚吗?
Nǐ kěn gēn wǒ jié hūn ma
저와 결혼해 주시겠습니까?

✽ 做我的妻子好吗?
Zuò wǒ de qī zi hǎo ma
내 아내가 되어 줄래요?

✽ 想一辈子跟你在一起。
Xiǎng yí bèi zi gēn nǐ zài yì qǐ
당신과 평생 함께 있고 싶습니다.

✽ 我们这个月定的婚。
Wǒ men zhè ge yuè dìng de hūn
우리는 이번 달에 약혼했습니다.

✽ 她是刘一达的未婚妻。
Tā shì Liú Yī dá de wèi hūn qī
그녀는 리우이다의 약혼녀예요.

결혼에 대해서

✽ 请问, 你结婚了吗?
Qǐng wèn nǐ jié hūn le ma
결혼하셨습니까?

✽ 什么时候成家的?
Shén me shí hou chéng jiā de
언제 결혼을 하셨습니까?

❋ 结婚多长时间了？
Jié hūn duō cháng shí jiān le
결혼한 지 얼마나 됐습니까?

A : 结婚多长时间了？
Jié hūn duō cháng shí jiān le
결혼한 지 얼마나 됐습니까?

B : 刚六个月。
Gāng liù gè yuè
이제 6개월 됐습니다.

❋ 请问你是已婚还是未婚？
Qǐng wèn nǐ shì yǐ hūn hái shi wèi hūn
당신은 기혼입니까, 미혼입니까?

❋ 我是单身。
Wǒ shì dān shēn
저는 독신입니다.

별거와 이혼에
대해서

❋ 我们分居了。
Wǒ men fēn jū le
우리는 별거 중입니다.

❋ 我离婚了。
Wǒ lí hūn le
저는 이혼했습니다.

❋ 我们打算离婚。
Wǒ men dǎ suàn lí hūn
우리는 이혼할 생각입니다.

A : 我们打算离婚。
Wǒ men dǎ suan lí hūn
우리는 이혼할 생각입니다.

B : 真遗憾。不后悔吗？
Zhēn yí hàn Bú hòu huǐ ma
유감이군요. 후회하지 않습니까?

A : 不会的。
Bú huì de
후회하지 않아요.

직업

직업 선택의 기준은 무엇보다도 돈 문제와 연관이 있습니다. 중국에서는 급여 수준이 높은 합작회사, 연안 해안도시(심천, 주해, 광주 등)로 고급인력이 모이며, 얼마 전까지만 하더라도 고급인력이 아니더라도 영어, 일어 가능자라면 여행 가이드가 되어 팁(小费)과 환전 대행 등으로 고수입자가 될 수 있었습니다. 그리고 학력과 상관없이 택시기사가 되면 비교적 높은 수입을 올릴 수 있어, 예전에는 실제로 중국의 택시기사가 고소득자로 분류되기도 했었답니다.

직업을 물을 때

✳ **你是做什么工作的?**
Nǐ shì zuò shén me gōng zuò de
어떤 일을 합니까?

✳ **你在哪儿工作?**
Nǐ zài nǎr gōng zuò
어디에서 일하세요?

✳ **你的职业是什么?**
Nǐ de zhí yè shì shén me
당신 직업이 무엇입니까?

✳ **我看你像个律师。**
Wǒ kàn nǐ xiàng ge lǜ shī
제가 보기에 당신은 변호사 같은데요.

A : **你是做什么工作的?**
Nǐ shì zuò shén me gōng zuò de
당신은 무엇을 하시는 분이세요?

B : **你看呢?**
Nǐ kàn ne
보기에는 어떠세요?

A : **我看你像个律师。**
Wǒ kàn nǐ xiàng ge lǜ shī
변호사 같아 보이는데요.

✻ 我是做贸易的。
Wǒ shì zuò mào yì de
저는 무역을 하는 사람입니다.

✻ 我现在不上班。
Wǒ xiàn zài bú shàng bān
지금은 회사에 다니지 않습니다.

✻ 我在银行工作。
Wǒ zài yín háng gōng zuò
은행에서 일합니다.

✻ 我是公务员。
Wǒ shì gōng wù yuán
저는 공무원입니다.

✻ 我是家庭主妇。
Wǒ shì jiā tíng zhǔ fù
저는 가정주부입니다.

✻ 我是工人。
Wǒ shì gōng rén
저는 노동자입니다.

✻ 我是技术员。
Wǒ shì jì shù yuán
저는 기술자입니다.

✻ 我已经退休了。
Wǒ yǐ jīng tuì xiū le
저는 벌써 퇴직했습니다.

✻ 我是工薪族。
Wǒ shì gōng xīn zú
저는 샐러리맨(봉급생활자)입니다.

✻ 我是事务员。
Wǒ shì shì wù yuán
저는 사무원입니다.

✻ 我在一家韩国企业工作。
Wǒ zài yì jiā Hán guó qǐ yè gōng zuò
저는 한국 기업에서 근무하고 있습니다.

❋ 我是自由职业者。
Wǒ shì zì yóu zhí yè zhě
저는 프리랜서입니다.

❋ 我是个待业青年。
Wǒ shì ge dài yè qīng nián
저는 미취업 청년(백수)입니다.

❋ 生意还顺利吧?
Shēng yi hái shùn lì ba
사업은 잘 되시죠?

> A : 工作怎么样? 还顺利吧?
> Gōng zuò zěn me yàng Hái shùn lì ba
> 일은 어때요? 잘 되시죠?
>
> B : 算是顺利吧。挣点儿辛苦钱吧!
> Suàn shi shùn lì ba Zhēng diǎnr xīn kǔ qián ba
> 잘 되는 편입니다. 돈 버는 게 다 힘들죠!

❋ 还好。
Hái hǎo
그런 대로 괜찮아요.

❋ 马马虎虎。
Mǎ ma hū hū
그저 그래요.

❋ 在中国做买卖, 真不容易!
Zài Zhōng guó zuò mǎi mài zhēn bù róng yì
중국에서 장사하는 일은 쉽지 않네요!

취미와 여가

취미만큼 범위가 다양한 화제도 흔치 않습니다. 취미와 관련된 대화를 통해 상대방의 성격을 파악해 둔다면 개인적 친교에 도움이 될 뿐 아니라 비즈니스에서도 유익한 점이 많습니다. 상대방에게 취미를 물을 때는 「你的爱好是什么? Nǐ de ài hāo shì shén me?(취미가 무엇입니까?)」라고 합니다.

**취미와 흥미를
물을 때**

✳ **你的爱好是什么?**
　Nǐ de ài hào shì shén me
　취미가 무엇입니까?

✳ **请问你有什么爱好?**
　Qǐng wèn nǐ yǒu shén me ài hào
　어떤 취미를 갖고 계세요?

✳ **你收藏什么?**
　Nǐ shōu cáng shén me
　무엇을 수집합니까?

A : **你收藏什么?**
　　Nǐ shōu cáng shén me
　　무엇을 수집하십니까?

B : **我喜欢收藏货币。**
　　Wǒ xǐ huan shōu cáng huò bì
　　화폐 수집하는 것을 좋아합니다.

✳ **你爱听音乐吗?**
　Nǐ ài tīng yīn yuè ma
　음악감상 좋아하세요?

✳ **你会些什么乐器?**
　Nǐ huì xiē shén me yuè qì
　어떤 악기를 다루십니까?

❋ 我的爱好是下象棋。
Wǒ de　ài hào shì　xià xiàng qí
제 취미는 장기입니다.

❋ 我喜欢听音乐。
Wǒ　xǐ huan tīng yīn yuè
음악감상을 좋아해요.

❋ 我喜欢钓鱼。
Wǒ　xǐ huan diào yú
낚시를 좋아합니다.

❋ 你有挺不错的爱好。
Nǐ　yǒu tǐng bú cuò de　ài　hào
대단히 좋은 취미를 가지셨군요.

❋ 我的兴趣很广泛。
Wǒ de xìng qù　hěn guǎng fàn
제 취미는 아주 다양해요.

A : 你有什么爱好?
Nǐ yǒu shén me ài　hào
취미가 뭐예요?

B : 我的兴趣很广泛，没一定的。
Wǒ de xìng qù hěn guǎng fàn　méi　yí　dìng de
제 취미는 광범위해서 특별하게 하나를 꼽을 수 없네요.

❋ 我对那些事没什么兴趣。
Wǒ duì nà　xiē　shì méi shén me xìng qù
저는 그런 일에는 별로 흥미가 없습니다.

❋ 我喜欢上了登山。
Wǒ　xǐ huan shàng le dēng shān
저는 등산을 좋아하게 되었습니다.

❋ 我是个电影迷。
Wǒ shì　ge diàn yǐng mí
저는 영화광입니다.

❋ 有很多爱好，但最喜欢的还是看书。
Yǒu hěn duō ài hào　　dàn zuì　xǐ huan de　hái shi kàn shū
많은 취미가 있지만, 제일 즐기는 건 독서입니다.

✱ **不要太沉醉在自己的兴趣里。**
Bú yào tài chén zuì zài zì jǐ de xìng qù li
취미에 너무 빠지지 마세요.

✱ **周末主要干什么?**
Zhōu mò zhǔ yào gàn shén me
주말에는 주로 무엇을 합니까?

✱ **你怎么打发闲暇?**
Nǐ zěn me dǎ fa xián xiá
여가시간을 어떻게 보내세요?

✱ **你怎么转换心情?**
Nǐ zěn me zhuǎn huàn xīn qíng
어떻게 기분전환하세요?

A : **用什么办法转换心情?**
Yòng shén me bàn fǎ zhuǎn huàn xīn qíng
어떤 방법으로 기분전환하세요?

B : **看电影。**
Kàn diàn yǐng
영화를 봐요.

✱ **周末有什么计划吗?**
Zhōu mò yǒu shén me jì huà ma
주말에 무슨 계획이 있으세요?

✱ **假日打算干什么?**
Jià rì dǎ suan gàn shén me
휴일에 무엇을 하실 겁니까?

✱ **工作之余干什么?**
Gōng zuò zhī yú gàn shén me
일과 후에 무엇을 하세요?

A : **明天是休息日，你有什么安排?**
Míng tiān shì xiū xi rì nǐ yǒu shén me ān pái
내일은 휴일인데 넌 무엇을 할 계획이야?

B : **我打算待在家里。**
Wǒ dǎ suan dāi zài jiā li
그냥 집에 있을 생각이에요.

중국의 대표적인 오락으로는 마작(麻雀)이 있습니다. 마작은 실내 놀이의 한 종류로 네 사람이 136개의 패(牌)를 가지고 짝을 맞추는 놀이입니다. 마작은 명절 때 많이 하지만 우리나라의 장기처럼 평상시에도 친목도모를 위해 자주 하는 놀이입니다. 한국에서는 남자들이 장기를 주로 하지만, 마작은 여자들도 많이 즐기는 놀이입니다.

오락과 유흥

✳ **赌场从几点开始?**
Dǔ chǎng cóng jǐ diǎn kāi shǐ
카지노는 몇 시부터 시작합니까?

✳ **请给我介绍个好赌场。**
Qǐng gěi wǒ jiè shào ge hǎo dǔ chǎng
좋은 카지노를 소개해 주십시오.

✳ **赌场谁都可以进吗?**
Dǔ chǎng shéi dōu kě yǐ jìn ma
카지노는 아무나 들어갈 수 있습니까?

✳ **在哪儿换币?**
Zài nǎr huàn bì
칩은 어디서 바꿉니까?

✳ **请给我现金。**
Qǐng gěi wǒ xiàn jīn
현금으로 주세요.

✳ **有没有容易点的游戏?**
Yǒu méi yǒu róng yì diǎn de yóu xì
좀 쉬운 게임은 있습니까?

✳ **有没有好点儿的夜总会, 介绍一个。**
Yǒu méi yǒu hǎo diǎnr de yè zǒng huì jiè shào yí gè
좀 더 좋은 나이트클럽이 있으면 하나만 소개해 주세요.

✽ 最受欢迎的迪厅是哪里？
Zuì shòu huān yíng de dí tīng shì nǎ li
인기가 있는 디스코텍은 어디입니까?

✽ 想看场话剧。
Xiǎng kàn chǎng huà jù
연극을 보고 싶은데요.

> A : 最近想看场话剧。
> Zuì jìn xiǎng kàn chǎng huà jù
> 요사이 연극이 보고 싶어.
>
> B : 《茶馆》的档期刚过，恐怕没什么可看的了。
> Chá guǎn de dàng qī gāng guò kǒng pà méi shén me kě kàn de le
> 〈차관〉공연 기간도 막 끝나서 아마 볼 게 없을 거야.

✽ 这是什么演出？
Zhè shì shén me yǎn chū
이건 무슨 공연입니까?

✽ 能给我离舞台近点儿的座位吗？
Néng gěi wǒ lí wǔ tái jìn diǎnr de zuò wèi ma
무대 근처 자리로 주시겠어요?

✽ 都有什么音乐？
Dōu yǒu shén me yīn yuè
어떤 음악을 연주합니까?

✽ 能和我一起跳舞吗？
Néng hé wǒ yì qǐ tiào wǔ ma
저와 함께 춤추시겠어요?

✽ 年轻人多吗？
Nián qīng rén duō ma
젊은 사람이 많습니까?

✽ 欢迎光临，几位？
Huān yíng guāng lín jǐ wèi
어서 오십시오, 몇 분이십니까?

❋ **去唱卡拉 OK!**
Qù chàng kǎ lā
가라오케 가자!

❋ **好吧。**
Hǎo ba
좋지.

❋ **这附近有卡拉 OK吗?**
Zhè fù jìn yǒu kǎ lā   ma
이 근처에 가라오케가 있습니까?

❋ **有韩国歌吗?**
Yǒu Hán guó gē ma
한국 노래는 있습니까?

❋ **你唱什么歌?**
Nǐ chàng shén me gē
무슨 노래 부르실래요?

❋ **你会唱韩国歌吗?**
Nǐ huì chàng Hán guó gē ma
한국 노래 할 줄 아세요?

❋ **您唱的真好。**
Nín chàng de zhēn hǎo
노래를 잘 하시는군요.

❋ **他很会唱歌。**
Tā hěn huì chàng gē
그는 노래를 잘합니다.

❋ **我五音不全。**
Wǒ wǔ yīn bù quán
저는 음치입니다.

❋ **我只会唱老歌。**
Wǒ zhǐ huì chàng lǎo gē
옛날 노래밖에 못 부릅니다.

중국도 고도 경제성장으로 생활수준이 향상되었을 뿐만 아니라, 주5일 근무제에 따른 주말 연휴(双休日 shuāngxiūrì)와 노동절(劳动节 Láodòngjié), 국경절(国庆节 Guóqìngjié)의 7일간 연휴가 있기 때문에 여행, 문화생활 등 삶의 질을 높이는 데 관심이 집중되고 있습니다. 노동절이나 국경절 연휴도 본래는 1~3일간이지만 앞뒤 주말연휴를 합쳐 긴 휴가를 갖는 것도 장거리 여행과 떨어져 사는 가족과 상봉을 권장하기 위한 국가 차원의 배려라고 합니다.

책에 대해서

✽ **你喜欢读什么样的书?**
Nǐ xǐ huan dú shén me yàng de shū
어떤 책을 즐겨 읽으십니까?

> A : **你喜欢读哪类书?**
> Nǐ xǐ huan dú nǎ lèi shū
> 어떤 책을 즐겨 읽으십니까?
>
> B : **精典的都喜欢。**
> Jīng diǎn de dōu xǐ huan
> 우수도서는 모두 좋아해요.

✽ **主要看言情小说。**
Zhǔ yào kàn yán qíng xiǎo shuō
주로 애정소설을 읽습니다.
* 言情 : 남녀간의 애정을 묘사하다

✽ **我是随意，逮什么读什么。**
Wǒ shì suí yì　　dǎi shén me dú shén me
저는 손에 잡히는 대로 다 읽습니다.

✽ **你读书很多吗?**
Nǐ dú shū hěn duō ma
책을 많이 읽으십니까?

✽ **这本没意思。**
Zhè běn méi yì si
이 책은 재미없어요.

✽ 你喜欢的作家是谁?
Nǐ xǐ huan de zuò jiā shì shéi
좋아하는 작가는 누구입니까?

✽ 最近的畅销书是什么?
Zuì jìn de chàng xiāo shū shì shén me
요즘 베스트셀러는 무엇입니까?

✽ 这本太冗长。
Zhè běn tài rǒng cháng
이 책은 지루해요.

✽ 泛泛地浏览了一遍。
Fàn fàn de liú lǎn le yí biàn
대충 한 번 훑어 봤어요.

✽ 她可是个书呆子。
Tā kě shì ge shū dāi zi
그녀는 책벌레입니다.

✽ 最近有什么可读的好书吗?
Zuì jìn yǒu shén me kě dú de hǎo shū ma
요즘 읽을만한 좋은 책이 있나요?

A : 最近有什么可读的好书，给我推荐推荐。
Zuì jìn yǒu shén me kě dú de hǎo shū gěi wǒ tuī jiàn tuī jiàn
요즘에 뭐 읽을 만한 좋은 책 있으면 추천 좀 해 주세요.

B : 最近真没什么好书。商业炒作太多。
Zuì jìn zhēn méi shén me hǎo shū hāng yè chǎo zuò tài duō
요즘엔 정말 좋은 책이 별로 없어요. 상업성이 짙은 책들이 너무 많아요.

✽ 我喜欢看漫画。
Wǒ xǐ huan kàn màn huà
만화를 좋아해요.

✽ 和随笔比，我更喜欢看小说。
Hé suí bǐ bǐ wǒ gèng xǐ huan kàn xiǎo shuō
수필보다 소설을 좋아합니다.

❋ 你看什么报纸?
Nǐ kàn shén me bào zhǐ
무슨 신문을 보십니까?

❋ 我订阅<人民日报>。
Wǒ dìng yuè Rén mín rì bào
〈인민일보〉를 구독하고 있습니다.

❋ 你订了什么报纸?
Nǐ dìng le shén me bào zhǐ
어떤 신문을 받아 보십니까?

❋ 你看没看今天的报纸?
Nǐ kàn méi kàn jīn tiān de bào zhǐ
오늘 신문 보셨어요?

❋ 那事件登在头版呢。
Nà shì jiàn dēng zài tóu bǎn ne
그 사건은 일면에 났어요.

❋ 登在什么报纸上?
Dēng zài shén me bào zhǐ shang
어느 신문에 게재되었나요?

❋ 那人上报了。
Nà rén shàng bào le
그 사람 신문에 났더군요.

❋ 我只看报道的题目。
Wǒ zhǐ kàn bào dào de tí mù
저는 기사 제목들만 봐요.

❋ 我最先看体育版。
Wǒ zuì xiān kàn tǐ yù bǎn
저는 스포츠면을 먼저 읽습니다.

❋ 你喜欢什么样的杂志?
Nǐ xǐ huan shén me yàng de zá zhì
어떤 잡지를 좋아합니까?

❋ 我订阅汽车杂志。
Wǒ dìng yuè qì chē zá zhì
자동차 잡지를 구독합니다.

✽ 那是隔周发行的期刊。
Nà shì gé zhōu fā xíng de qī kān
그 잡지는 격주로 발행됩니다.

✽ 你最爱听什么音乐?
Nǐ zuì ài tīng shén me yīn yuè
어떤 음악을 가장 좋아하십니까?

A : 你最爱听什么音乐?
Nǐ zuì ài tīng shén me yīn yuè
어떤 음악을 가장 좋아하십니까?

B : 我比较喜欢听轻音乐。
Wǒ bǐ jiào xǐ huan tīng qīng yīn yuè
저는 경음악을 비교적 좋아합니다.

✽ 你有许多唱片吗?
Nǐ yǒu xǔ duō chàng piàn ma
음반을 많이 갖고 계십니까?

A : 你的唱片多不多?
Nǐ de chàng piàn duō bù duō
음반이 많으십니까?

B : 唱片? 没有。我有很多光盘。
Chàng piàn Méi yǒu   Wǒ yǒu hěn duō guāng pán
음반이요? 없어요. 전 CD가 많아요.

✽ 你常去音乐会吗?
Nǐ cháng qù yīn yuè huì ma
당신은 음악회에 자주 가십니까?

✽ 我是古典迷。
Wǒ shì gǔ diǎn mí
저는 클래식 매니아입니다.

✽ 我喜欢轻音乐。
Wǒ xǐ huan qīng yīn yuè
저는 경음악을 좋아합니다.

303

✳ 昨天在广场开了音乐会。
Zuó tiān zài guǎng chǎng kāi le yīn yuè huì
어제 광장에서 음악회가 열렸습니다.

✳ 我有两张音乐会的票一起去吧。
Wǒ yǒu liǎng zhāng yīn yuè huì de piào yì qǐ qù ba
나한테 콘서트 입장권 두 장 있는데 같이 갑시다.

✳ 这附近有没有歌舞厅?
Zhè fù jìn yǒu méi yǒu gē wǔ tīng
이 부근에 노래방이 있습니까?

그림에 대해서

✳ 你去不去看画展?
Nǐ qù bú qù kàn huà zhǎn
미술전시회에 가시겠습니까?

✳ 一起去看美术展吧。
Yì qǐ qù kàn měi shù zhǎn ba
함께 미술전시회를 보러 갑시다.

✳ 这个作品是哪个时代的?
Zhè ge zuò pǐn shì nǎ ge shí dài de
이 작품은 어느 시대의 것입니까?

✳ 我喜欢画画儿。
Wǒ xǐ huan huà huàr
저는 그림 그리기를 좋아합니다.

✳ 这个作品真是太美了。
Zhè ge zuò pǐn zhēn shi tài měi le
이 작품은 정말 아름답네요.

✳ 我喜欢搜集美术品。
Wǒ xǐ huan sōu jí měi shù pǐn
저는 미술품 수집을 좋아합니다.

✳ 你画得真好。
Nǐ huà de zhēn hǎo
그림을 아주 잘 그리시는군요.

❈ **你喜欢的画家是谁?**
Nǐ xǐ huan de huà jiā shì shéi
좋아하는 화가는 누군가요?

A : **你喜欢油画还是图画?**
Nǐ xǐ huan yóu huà hái shi tú huà
유화를 좋아하세요, 아니면 회화를 좋아하세요?

B : **都还可以。不过我最喜欢的是版画。**
Doū hái kě yǐ　Bú guò wǒ zuì xǐ huan de shì bǎn huà
다 좋아해요. 하지만 제가 가장 좋아하는 것은 판화입니다.

텔레비전과 영화

경극은 중국에서 영향력이 가장 크고 가장 대표적인 연극입니다. 경극은 극본, 연기, 음악, 노래, 소도구, 분장, 의상 등의 예술적 요소를 다채롭게 결합한 총체적 예술로 창(唱, 노래), 과(科, 연기), 백(白, 대사)의 삼위일체에 안무가 곁들여집니다. 경극은 중국의 전통적인 음악, 노래, 낭독, 춤, 서커스, 무술 등을 잘 융합시킨 것으로 중국 고유의 전통적인 종합 무대예술이라고 할 수 있습니다.

텔레비전에 대해서

✱ **你喜欢哪类电视节目?**
Nǐ xǐ huan nǎ lèi diàn shì jié mù
어떤 텔레비전 프로그램을 좋아하십니까?

> A : **你喜欢哪类电视节目?**
> Nǐ xǐ huan nǎ lèi diàn shì jié mù
> 어떤 텔레비전 프로그램을 좋아하십니까?
>
> B : **我比较喜欢专访节目。**
> Wǒ bǐ jiào xǐ huan zhuān fǎng jié mù
> 저는 특집보도 프로그램을 비교적 좋아합니다.

✱ **我喜欢连续剧。**
Wǒ xǐ huan lián xù jù
연속극을 좋아합니다.

✱ **今晚电视有什么节目?**
Jīn wǎn diàn shì yǒu shén me jié mù
오늘 저녁에는 무슨 프로그램이 하나요?

✱ **今天, 电视有什么好节目没有?**
Jīn tiān diàn shì yǒu shén me hǎo jié mù méi yǒu
오늘 재미있는 텔레비전 프로그램이 있나요?

✱ **今天晚上电视节目怎么样?**
Jīn tiān wǎn shang diàn shì jié mù zěn me yàng
오늘 저녁 텔레비전에서 어떤 프로그램을 방송합니까?

* 现在电视演的是什么?
  Xiàn zài diàn shì yǎn de shì shén me
  지금 방송하고 있는 프로그램은 뭡니까?

* 昨晚的电视里演的怎么样?
  Zuó wǎn de diàn shì li yǎn de zěn me yàng
  어젯밤 텔레비전 영화는 어땠어요?

* 遥控器在哪里?
  Yáo kòng qì zài nǎ li
  리모콘이 어디 있죠?

* 电视节目预告上写着呢。
  Diàn shì jié mù yù gào shang xiě zhe ne
  텔레비전 프로그램 편성표에 써 있어요.

영화와 연극에 대해서

* 那部电影几号上映?
  Nà bù diàn yǐng jǐ hào shàng yìng
  그 영화는 며칠에 상영합니까?

* 电影几点开始?
  Diàn yǐng jǐ diǎn kāi shǐ
  영화는 몇 시에 상영합니까?

* 买票了吗?
  Mǎi piào le ma
  표를 샀습니까?

* 今晚演什么电影?
  Jīn wǎn yǎn shén me diàn yǐng
  오늘 저녁에 무슨 영화를 상영합니까?

* 你喜欢中国电影吗?
  Nǐ xǐ huan Zhōng guó diàn yǐng ma
  중국 영화를 좋아하십니까?

* 你喜欢哪一位电影明星?
  Nǐ xǐ huan nǎ yí wèi diàn yǐng míng xīng
  영화배우 중 누구를 좋아합니까?

✱ 我最喜欢章子怡。
Wǒ zuì xǐ huan Zhāng Zǐ yí
장쯔이를 제일 좋아합니다.

✱ 你常去看电影吗?
Nǐ cháng qù kàn diàn yǐng ma
영화 보러 자주 가십니까?

✱ 一个月我看两场电影。
Yí gè yuè wǒ kàn liǎng chǎng diàn yǐng
저는 한 달에 두 번 영화를 봅니다.

✱ 去看电影吗?
Qù kàn diàn yǐng ma
영화 보러 갈래?

✱ 有什么好电影吗?
Yǒu shén me hǎo diàn yǐng ma
무슨 좋은 영화라도 하니?

✱ 我最喜欢看电影。
Wǒ zuì xǐ huan kàn diàn yǐng
영화 보는 걸 무척 좋아해.

✱ 我最爱看他演的电影。
Wǒ zuì ài kàn tā yǎn de diàn yǐng
그가 출연한 영화를 가장 좋아해.

✱ 这个电影太棒了。
Zhè ge diàn yǐng tài bàng le
이 영화는 정말 끝내줘.

✱ 这部电影不怎么样。
Zhè bù diàn yǐng bù zěn me yàng
이 영화는 별로야.

✱ 你喜欢什么样的戏?
Nǐ xǐ huan shén me yàng de xì
어떤 연극을 좋아하십니까?

✱ 最近你看过什么好戏吗?
Zuì jìn nǐ kàn guo shén me hǎo xì ma
최근에 어떤 괜찮은 연극을 보셨습니까?

✱ **歌剧院正在上演歌剧<茶花女>。**
Gē jù yuàn zhèng zài shàng yǎn gē jù Chá huā nǚ
극장에서 오페라 〈춘희〉를 공연하고 있어.

✱ **这部话剧风格很前卫。**
Zhè bù huà jù fēng gé hěn qián wèi
이 연극은 풍격이 혁신적이고 개방적입니다.

✱ **早场电影人比较少。**
Zǎo chǎng diàn yǐng rén bǐ jiào shǎo
조조 영화는 사람이 비교적 적어요.

✱ **周末夜场电影票不太好买。**
Zhōu mò yè chǎng diàn yǐng piào bú tài hǎo mǎi
주말 밤 시간대 영화표는 사기 힘들어요.

✱ **汽车剧场的音响效果不错。**
Qì chē jù chǎng de yīn xiǎng xiào guǒ bú cuò
자동차 극장은 음향 효과가 괜찮아요.

A : **好莱坞大片比较合适在汽车影院看。**
Hǎo lái wū dà piàn bǐ jiào hé shì zài qì chē yǐng yuàn kàn
헐리우드 대작은 자동차 극장에서 보는 게 좋아요.

B : **我也这么想。**
Wǒ yě zhè me xiǎng
저도 그렇게 생각해요.

요리

중국인들은 식사를 할 때 젓가락(筷子)을 주로 사용하며 음식을 덜어먹는 것이 일반적입니다. 중국음식은 대개 찬 음식에서 따뜻한 음식 순으로 먹습니다. 「냉채」 같은 것으로 입맛을 돋우고, 따뜻한 요리들을 먹은 다음, 마지막에 국수를 먹습니다. 「먹다, 마시다」는 중국어로 「吃 chī」라고 말할 수도 있지만 일반적으로는 「吃 chī, 喝 hē」라고 나누어 말합니다.

요리 취향에 대해서

＊ **我什么都吃。**
Wǒ shén me dōu chī
전 뭐든 잘 먹어요.

＊ **我不挑食。**
Wǒ bù tiāo shí
전 먹는 걸 안 가려요.

＊ **我很挑嘴。**
Wǒ hěn tiāo zuǐ
전 식성이 까다로워요.(편식이 심해요.)

＊ **他有点偏食。**
Tā yǒu diǎn piān shí
그는 음식을 가려먹어요.

＊ **我不吃猪肉。**
Wǒ bù chī zhū ròu
저는 돼지고기를 못 먹어요.

＊ **吃这个，肚子不好受。**
Chī zhè ge　dù zi bù hǎo shòu
이걸 먹으면 속이 좋지 않습니다.

＊ **我喜欢吃辣的。**
Wǒ xǐ huan chī là de
저는 매운 음식을 좋아합니다.

✱ 闹肚子。
Nào dù zi
배탈이 나다.

A : 我不能吃辣的，一吃辣的，就闹肚子。
Wǒ bù néng chī là de　yì chī là de　jiù nào dù zi
저는 매운 걸 못 먹어요, 매운 걸 먹으면 바로 배탈이 나요.

B : 那你可真没口福。
Nà nǐ kě zhēn méi kǒu fú
정말 먹을 복이 없군요.

✱ 我喜欢吃甜的。
Wǒ xǐ huan chī tián de
저는 단 것을 잘 먹습니다.

A : 听说客人们不喜欢吃荤，今天点的菜都很
清淡。
Ting shuō kè rén men bù xǐ huan chī hūn　jīn tiān diǎn de cài dōu hěn
qīng dàn
손님들이 고기 요리를 좋아하지 않는다고 해서 오늘
은 모두 담백한 음식으로 주문했어요.

B : 您想得很周到。谢谢!
Nín xiǎng de hěn zhōu dào Xiè xie
세심하게 배려해 주시는군요. 고맙습니다!

✱ 这个我不太喜欢。
Zhè ge wǒ bú tài xǐ huan
이건 별로 좋아하지 않아요.

✱ 我不喜欢油腻的。
Wǒ bù xǐ huan yóu nì de
저는 기름기 있는 음식을 안 좋아해요.

✱ 我不喜欢凉菜。
Wǒ bù xǐ huan liáng cài
저는 찬 음식을 싫어합니다.

✱ 这东西我已经吃腻了。
Zhè dōng xi wǒ yǐ jīng chī nì le
이제 이 음식에 질렸어요.

✱ 又苦又咸，有什么吃头!
Yòu kǔ yòu xián　yǒu shén me chī tou
쓰고 짜서, 무슨 맛이 있겠어요!

✱ 又香又脆真好吃。
Yòu xiāng yòu cuì zhēn hǎo chī
향기로우면서도 아삭아삭해서 정말 맛있어요.

✱ 这菜炒老了。
Zhè cài chǎo lǎo le
이 음식은 너무 오래 볶았어요.

✱ 我喜欢口味清淡的菜。
Wǒ　xǐ huan kǒu wèi qīng dàn de cài
저는 맛이 담백한 음식이 좋아요.

✱ 这汤很鲜，你尝尝。
Zhè tāng hěn xiān　nǐ cháng chang
이 탕은 맛과 향기가 좋으니 한번 맛보세요.

✱ 有没有清淡点儿的菜?
Yǒu méi yǒu qīng dàn diǎnr　de cài
좀 담백한 음식은 없나요?

✱ 他很喜欢吃中国菜。
Tā　hěn xǐ huan chī Zhōng guó cài
그는 중국요리를 아주 즐겨먹습니다.

✱ 最近流行韩食了。
Zuì　jìn　liú xíng Hán shí　le
요즘은 한식이 유행이더군요.

식욕에 대해서

✱ 我饿了。
Wǒ　è　le
배고파요.

✱ 渴死我了。
Kě　sǐ　wǒ le
목말라 죽겠어요.

✱ 我吃饱了。
Wǒ chī bǎo le
배가 부르군요.

✽ 我很能吃。
Wǒ hěn néng chī
전 식욕이 왕성해요.

✽ 我不想吃。
Wǒ bù xiǎng chī
먹고 싶은 생각이 없어요.

✽ 你总是吃得这么快吗?
Nǐ zǒng shì chī de zhè me kuài ma
항상 그렇게 빨리 드세요?

✽ 你好大的胃口啊。
Nǐ hǎo dà de wèi kǒu a
당신은 대식가이시군요.

✽ 我好像吃多了。
Wǒ hǎo xiàng chī duō le
제가 과식을 했나 봐요.

✽ 我不太想吃。
Wǒ bú tài xiǎng chī
전 별로 먹고 싶지 않은데요.

✽ 大饱口福。
Dà bǎo kǒu fú

你真有口福。
Nǐ zhēn yǒu kǒu fú
먹을 복이 있군요.

✽ 今天可真是食欲大开呀!
Jīn tiān kě zhēn shi shí yù dà kāi ya
오늘은 제대로 식욕이 생기는데요!

✽ 一点都没胃口。
Yì diǎn dōu méi wèi kǒu
입맛이 하나도 없어요.

✽ 我只能吃一点。
Wǒ zhǐ néng chī yì diǎn
저는 조금밖에 안 먹어요.

❋ 味道怎么样？
Wèi dao zěn me yàng
맛이 어떻습니까?

❋ 非常好吃。
Fēi cháng hǎo chī
아주 맛있는데요.

A : 味道怎么样？
Wèi dao zěn me yàng
맛이 어떻습니까?

B : 非常好。色香味具全。
Fēi cháng hǎo　Sè xiāng wèi jù quán
아주 맛있는데요. 색, 향, 맛 모두 최고예요.

❋ 哪个都好吃。
Nǎ　ge dōu hǎo chī
어느 것이나 다 맛있어요.

❋ 这菜太辣了。
Zhè cài tài　là　le
이 음식은 너무 맵군요.

❋ 我流口水了。
Wǒ　liú kǒu shuǐ le
군침이 도는군요.

❋ 比想象中好吃多了。
Bǐ xiǎng xiàng zhōng hǎo chī duō le
생각보다 맛있군요.

❋ 这个不怎么样。
Zhè ge bù zěn me yàng
이건 맛이 별로 없군요.

❋ 这个不合我的胃口。
Zhè ge bù　hé wǒ de wèi kǒu
이건 제 입맛에 안 맞아요.

❋ 真好闻。
Zhēn hǎo wén
냄새가 좋은데요.

✽ 好吃。
Hǎo chī
맛있어요.

✽ 很甜。
Hěn tián
달콤해요.

✽ 不太好吃。
Bú tài hǎo chī
별로 맛이 없어요.

✽ 味道淡淡的。
Wèi dao dàn dan de
싱거워요.

✽ 很清淡。
Hěn qīng dàn
단백해요.

✽ 恶心。
Ě xin
구역질나.

✽ 有腥味。
Yǒu xīng wèi
비린내나요.

✽ 味道苦。
Wèi dao kǔ
써요.

✽ 味道太咸。
Wèi dao tài xián
너무 짜요.

✽ 好辣啊。
Hǎo là a
아주 매워요.

✽ 酸酸的。
Suān suan de
시큼해요.

✽ **挺新鲜的。**
Tǐng xīn xiān de
아주 신선해요.

✽ **太甜了。**
Tài tián le
너무 달아요.

✽ **好软。**
Hǎo ruǎn
연해요.

✽ **太硬了。**
Tài yìng le
질겨요.

✽ **粘粘乎乎的。**
Nián nian hū hū de
아주 찰기가 있어요. (쫀득쫀득해요.)

✽ **这个好肥啊。**
Zhè ge hǎo féi a
기름기가 많아요.

✽ **这肉挺瘦的。**
Zhè ròu tǐng shòu de
기름기가 없어요.

✽ **真爽口!**
Zhēn shuǎng kǒu
맛이 개운해요!

우리의 경우 건강이라면 신체 건강에 집착하는 경향이 있으나 중국인들은 신체적 건강 뿐만 아니라 정신적 건강도 대단히 중시합니다. 중국인들은 노년기 건강관리에 대한 관심이 많아 우리보다 경제환경이 열악함에도 불구하고 많은 장수노인을 양산한 듯합니다. 대체로 현재 50세 이하의 중국인들은 같은 나이의 한국인들보다 나이들어 보이는 데 반해, 50세 이상의 중국인들은 건강하다는 인상을 주기도 합니다.

건강에 대해서

❋ **看起来很健康。**
Kàn qǐ lái hěn jiàn kāng
건강해 보이시는군요.

A : **你身体看起来很好。**
Nǐ shēn tǐ kàn qǐ lái hěn hǎo
건강해 보이시는군요.

B : **是的，我从来不去医院，不吃药。**
Shì de wǒ cóng lái bú qù yī yuàn bù chī yào
네, 지금까지 병원에 가 본 적도 없고, 약을 먹어 본 적도 없어요.

❋ **身体好吗?**
Shēn tǐ hǎo ma
건강은 어떠세요?

❋ **你最近身体好吗?**
Nǐ zuì jìn shēn tǐ hǎo ma
요즘 건강은 어떠십니까?

❋ **今天您好点吗?**
Jīn tiān nín hǎo diǎn ma
오늘은 좀 괜찮으세요?

❋ **健康状况怎么样?**
Jiàn kāng zhuàng kuàng zěn me yàng
건강 상태는 어때요?

✻ **身体状况良好。**
Shēn tǐ zhuàng kuàng liáng hǎo
건강상태가 양호합니다.

✻ **谢谢，我身体很好。**
Xiè xie　wǒ shēn tǐ hěn hǎo
덕분에 아주 건강합니다, 감사합니다.

✻ **这几天身体不太好。**
Zhè jǐ tiān shēn tǐ bú tài hǎo
요 며칠 몸이 좋지 않습니다.

✻ **没有比健康更重要的了。**
Méi yǒu bǐ jiàn kāng gèng zhòng yào de le
건강보다 더 중요한 건 없습니다.

✻ **我一向身体很好。**
Wǒ yí xiàng shēn tǐ hěn hǎo
저는 예전부터 줄곧 건강했습니다.

* 一向 : 줄곧, 요즘, 지난번에

✻ **身体不舒服。**
Shēn tǐ bù shū fu
몸이 불편합니다.

✻ **你脸色蒼白。**
Nǐ liǎn sè cāng bái
안색이 아주 창백합니다.

✻ **心发慌，冒虚汗。**
Xīn fā huāng mào xū hàn
마음이 불안하고 식은땀이 납니다.

✻ **头重脚轻，走路晃晃悠悠的。**
Tóu zhòng jiǎo qīng zǒu lù huàng huang yōu yōu de
머리는 무겁고 다리는 힘이 빠져 비틀거립니다.

✻ **酒是醒了，可是脑袋还是况况的。**
Jiǔ shì xǐng le　kě shì nǎo dài hái shi kuàng kuang de
술은 깼는데 머리는 여전히 머리가 아픕니다.

✽ 浑身没劲。
Hún shēn méi jìn
온 몸에 힘이 없습니다.

✽ 每天都萎靡不振的，打不起精神来。
Měi tiān dōu wěi mí bú zhèn de　dǎ bu qǐ jīng shen lái
매일 원기가 떨어지고, 정신을 못 차리겠습니다.

✽ 最近身体状态不怎么好。
Zuì jìn shēn tǐ zhuàng tài bù zěn me hǎo
요즘 건강상태가 별로 좋지 않습니다.

✽ 你身体怎么那么好？
Nǐ shēn tǐ zěn me nà me hǎo
어떻게 그렇게 건강하십니까?

✽ 请问，你健康的秘诀是什么？
Qǐng wèn　nǐ jiàn kāng de mì jué shì shén me
건강의 비결은 무엇입니까?

A : 你健康的秘诀是什么？
Nǐ jiàn kāng de mì jué shì shén me
건강의 비결은 무엇입니까?

B : 很简单。保持有规律的生活习惯。
Hěn jiǎn dān　Bǎo chí yǒu guī lǜ de shēng huó xí guàn
간단해요. 규칙적인 생활 습관을 가지면 되요.

✽ 你经常运动吗？
Nǐ jīng cháng yùn dòng ma
운동을 자주 하십니까?

✽ 运动有助于增进健康。
Yùn dòng yǒu zhù yú zēng jìn jiàn kāng
운동은 건강 증진에 도움이 됩니다.

✽ 您是不是天天锻炼？
Nín shì bú shì tiān tiān duàn liàn
날마다 운동하시죠?

* 我天天晨练。
Wǒ tiān tiān chén liàn
매일 조깅을 합니다.

* 良好的生活习惯对健康有益。
Liáng hǎo de shēng huó xí guàn duì jiàn kāng yǒu yì
좋은 생활 습관은 건강에 유익합니다.

* 生活无规律对健康有害。
Shēng huó wú guī lǜ duì jiàn kāng yǒu hài
생활이 불규칙하면 건강에 해롭습니다.

* 绿色食品对身体有好处。
Lǜ sè shí pǐn duì shēn tǐ yǒu hǎo chù
녹색 식품은 몸에 좋습니다.

* 一些食品对健康有害。
Yì xiē shí pǐn duì jiàn kāng yǒu hài
일부 식품은 건강에 해롭습니다.

* 适当的运动有利于身体健康。
Shì dàng de yùn dòng yǒu lì yú shēn tǐ jiàn kāng
적당한 운동은 신체건강에 유익합니다.

* 我正在减肥。
Wǒ zhèng zài jiǎn féi
저는 다이어트 중입니다.

* 你是怎么保持体形的?
Nǐ shì zěn me bǎo chí tǐ xíng de
당신은 어떻게 몸매를 유지합니까?

* 保持体形的秘诀是多做运动。
Bǎo chí tǐ xíng de mì jué shì duō zuò yùn dòng
몸매를 유지하는 비결은 많이 운동하는 것입니다.

* 局部减肥没那么容易。
Jú bù jiǎn féi méi nà me róng yì
부위별 다이어트는 그렇게 쉽지 않습니다.

✽ 我觉得我有点胖了，需要减肥了。
Wǒ jué de wǒ yǒu diǎn pàng le xū yào jiǎn féi le
살이 좀 찐 것 같아요, 다이어트를 해야겠어요.

✽ 人上了年纪就有点儿发福了。
Rén shàng le nián jì jiù yǒu diǎnr fā fú le
나이가 들면 살이 좀 찝니다.

✽ 到了一定年纪，胖一点好看。
Dào le yí dìng nián jì pàng yì diǎn hǎo kàn
어느 정도 나이가 들면 살이 좀 쪄야 보기 좋습니다.

> A : 干巴巴的老人，看起来很可怕。
> Gān bā bā de lǎo rén kàn qǐ lái hěn kě pà
> 비쩍 마른 노인은 무서워 보여요.
>
> B : 可不是，人上了年纪，胖一点才好看。
> Kě bú shì rén shàng le nián jì pàng yì diǎn cái hǎo kàn
> 누가 아니래요, 사람은 나이가 들면, 살이 좀 쪄야 보
> 기 좋지요.

✽ 你这个啤酒肚怎么办呀。
Nǐ zhè ge pí jiǔ dù zěn me bàn ya
당신은 이 뚱뚱한 배를 어떻게 하려고 그래요.

✽ 饥饿减肥很容易反弹。
Jī è jiǎn féi hěn róng yì fǎn tán
굶는 다이어트는 쉽게 요요 현상이 나타납니다.

✽ 体重并不能说明什么。
Tǐ zhòng bìng bù néng shuō míng shén me
몸무게는 아무 것도 말해 줄 수 없습니다.

✽ 这么标准的三围，好羡慕啊!
Zhè me biāo zhǔn de sān wéi hǎo xiàn mù a
이상적인 가슴, 허리, 엉덩이 둘레, 정말 부럽군요!

✽ 曲线美!
Qū xiàn měi
곡선미 죽입니다!

스포츠와 레저

중국인들에게 인기 있는 스포츠 종목으로는 축구(足球 zú qiú)를 들 수 있습니다. 중국에도 프로 축구팀이 있어 그들의 시합은 늘 화제거리가 됩니다. 탁구(乒乓球 pīng pīng qiú)는 오랫동안 중국인들의 사랑을 받고 있는 인기 종목으로 세계 정상의 실력을 과시함으로써 중국인들의 자긍심을 지켜 주고 있습니다. 그러나 우리에게 인기가 있는 야구(棒球 bàng qiú)는 별로 관심이 없습니다.

스포츠에 대해서

❋ **你喜欢运动吗?**
Nǐ xǐ huan yùn dòng ma
스포츠를 좋아하십니까?

A : **你喜欢什么运动?**
Nǐ xǐ huan shén me yùn dòng
어떤 스포츠를 좋아하세요?

B : **只要是运动, 我都喜欢。**
Zhǐ yào shì yùn dòng wǒ dōu xǐ huan
저는 스포츠라면 다 좋아합니다.

❋ **我平时挺喜欢运动。**
Wǒ píng shí tǐng xǐ huan yùn dòng
나는 평소에 운동을 아주 좋아해요.

❋ **我不太喜欢运动。**
Wǒ bú tài xǐ huan yùn dòng
나는 운동을 그다지 좋아하지 않아.

❋ **我是个体育迷。**
Wǒ shì ge tǐ yù mí
저는 스포츠광입니다.

❋ **他的球打得不好。**
Tā de qiú dǎ de bù hǎo
그는 구기종목이 서툽니다.

❋ 你都做些什么运动?
Nǐ dōu zuò xiē shén me yùn dòng
무슨 운동을 하십니까?

❋ 我一周跑两次步。
Wǒ yì zhōu pǎo liǎng cì bù
일주일에 두 번 조깅을 합니다.

❋ 每星期日我都去爬山。
Měi xīng qī rì wǒ dōu qù pá shān
일요일마다 등산을 합니다.

❋ 我只看体育比赛。
Wǒ zhǐ kàn tǐ yù bǐ sài
저는 스포츠는 관람만 합니다.

❋ 我打点儿棒球。
Wǒ dǎ diǎnr bàng qiú
야구를 좀 합니다.

❋ 你会游泳吗?
Nǐ huì yóu yǒng ma
수영을 할 줄 아나요?

A : 你会游泳吗?
Nǐ huì yóu yǒng ma
수영을 할 줄 아나요?

B : 会游，但是不常游。
Huì yóu dàn shì bù cháng yóu
할 줄 알지만 자주 하지는 않아요.

❋ 在哪儿买入场券?
Zài nǎr mǎi rù chǎng quàn
어디서 입장권을 삽니까?

❋ 你看哪个队会赢?
Nǐ kàn nǎ ge duì huì yíng
어느 팀이 이길 것 같습니까?

✳ 谁跟谁比赛?
Shéi gēn shéi bǐ sài
누구와 누구의 경기입니까?

✳ 昨晚的那场比赛打成了平局。
Zuó wǎn de nà chǎng bǐ sài dǎ chéng le píng jú
어제 저녁 경기는 무승부로 끝났습니다.

✳ 比赛结果是很难预测的。
Bǐ sài jié guǒ shì hěn nán yù cè de
시합 결과는 예측하기 힘듭니다.

✳ 昨天的拳击比赛很精彩。
Zuó tiān de quán jī bǐ sài hěn jīng cǎi
어제 권투 경기 매우 재밌었습니다.

A : 今天的比赛结果怎么样?
Jīn tiān de bǐ sài jié guǒ zěn me yàng
오늘 경기 결과는 어떻게 되었습니까?

B : 我们队输了。
Wǒ men duì shū le
우리 팀이 졌습니다.

✳ 我们队以三比一领先。
Wǒ men duì yǐ sān bǐ yī lǐng xiān
우리 팀은 3대 1로 앞서고 있습니다.

* 领先 : 리드하다, 앞서다

✳ 现在场上比分是多少?
Xiàn zài chǎng shang bǐ fēn shì duō shao
현재 스코어는 어떻게 됩니까?

✳ 比赛以平局告终。
Bǐ sài yǐ píng jú gào zhōng
경기는 무승부로 끝났습니다.

✳ 哪头赢了?
Nǎ tóu yíng le
누가 이기고 있죠?

✽ 我们队暂时领先。
Wǒ men duì zàn shí lǐng xiān
우리 팀이 잠시 앞서고 있어요.

✽ 那场赛谁赢了?
Nà chǎng sài shéi yíng le
그 경기 누가 이겼죠?

✽ 胜利属于我们。
Shèng lì shǔ yú wǒ men
승리는 우리의 것입니다.

* 属於 : ～에 속하다

✽ 这是一场势均力敌的比赛。
Zhè shì yì chǎng shì jūn lì dí de bǐ sài
막상막하의 경기였습니다.

스포츠 중계를 볼 때

✽ 今晚的比赛电视转播吗?
Jīn wǎn de bǐ sài diàn shì zhuǎn bō ma
오늘 밤 그 경기는 텔레비전 중계방송하나요?

✽ 什么时候转播?
Shén me shí hou zhuǎn bō
언제 중계합니까?

✽ 这比赛是实况转播吗?
Zhè bǐ sài shì shí kuàng zhuǎn bō ma
이 경기는 실황중계입니까?

✽ 你在为哪个队加油?
Nǐ zài wèi nǎ ge duì jiā yóu
당신은 어느 팀을 응원하고 있지요?

여러 가지 경기에 대해서

✽ 你喜欢打高尔夫吗?
Nǐ xǐ huan dǎ gāo ěr fū ma
골프 치는 것을 좋아하세요?

✽ 我不大喜欢高尔夫。
Wǒ bú dà xǐ huan gāo ěr fū
골프는 별로 좋아하지 않습니다.

✽ 我想学打高尔夫球。
Wǒ xiǎng xué dǎ gāo ěr fū qiú
골프를 배우고 싶습니다.

✽ 这是十八洞球场。
Zhè shì shí bā dòng qiú chǎng
여기는 18번 홀 코스입니다.

✽ 你打多少杆?
Nǐ dǎ duō shao gān
핸디가 얼마입니까?

✽ 让你几杆怎么样?
Ràng nǐ jǐ gān zěn me yàng
몇 타 봐드리면 어떻겠습니까?

✽ 球童小费给多少合适?
Qiú tóng xiǎo fèi gěi duō shao hé shì
캐디비는 얼마를 주어야 적당합니까?

✽ 我偶尔打打高尔夫。
Wǒ ǒu ěr dǎ da gāo ěr fū
종종 골프 좀 칩니다.

✽ 要让几个球?
Yào ràng jǐ ge qiú
핸디가 얼마입니까?

✽ 这是第几回合?
Zhè shì dì jǐ huí hé
지금 몇 회입니까?

✽ 现在是满垒。
Xiàn zài shì mǎn lěi
지금 만루입니다.

✽ 那选手打率怎么样?
Nà xuǎn shǒu dǎ lǜ zěn me yàng
저 선수 타율은 어떻습니까?

✽ 我喜欢看电视的棒球赛。
Wǒ xǐ huan kàn diàn shì de bàng qiú sài
저는 텔레비전으로 야구경기 보는 것을 좋아합니다.

* 看了那场球赛吗?
Kàn le nà chǎng qiú sài ma
그 축구경기 보셨어요?

* 我是球队的替补队员。
Wǒ shì qiú duì de tì bǔ duì yuán
나는 축구팀의 후보 선수입니다.

* 我每天早晨都要晨练。
Wǒ měi tiān zǎo chén dōu yào chén liàn
매일 아침 조깅하러 갑니다.

* 晨练对身体有好处。
Chén liàn duì shēn tǐ yǒu hǎo chù
조깅은 건강에 좋습니다.

* 你会打网球吗?
Nǐ huì dǎ wǎng qiú ma
테니스 칠 줄 아세요?

* 租用球场多少钱?
Zū yòng qiú chǎng duō shao qián
코트를 빌리는 데 얼마입니까?

* 你接受过网球培训吗?
Nǐ jiē shòu guo wǎng qiú péi xùn ma
테니스 레슨을 받은 적 있으세요?

* 咱们几场定胜负?
Zán men jǐ chǎng dìng shèng fù
몇 세트로 승부할까요?

A : 咱们几场定胜负?
Zán men jǐ chǎng dìng shèng fù
몇 세트로 승부할까요?

B : 简单点, 三局二胜怎么样?
Jiǎn dān diǎn sān jú èr shèng zěn me yàng
간단하게 3판 2승제 어때요?

A : 好, 一言为定。
Hǎo yì yán wéi dìng
좋아요, 나중에 다른 말 없기예요.

✽ 咱们掷硬币决定发球吧。
Zán men zhì yìng bì jué dìng fā qiú ba
동전던지기로 서브를 정합시다.

✽ 去海滩洗海水浴。
Qù hǎi tān xǐ hǎi shuǐ yù
해수욕하러 바닷가에 갑니다.

✽ 咱们去游泳吧。
Zán men qù yóu yǒng ba
수영하러 갑시다.

✽ 你游泳游得好吗?
Nǐ yóu yǒng yóu de hǎo ma
수영을 잘하십니까?

✽ 你喜欢哪种姿势的游泳?
Nǐ xǐ huan nǎ zhǒng zī shì de yóu yǒng
수영은 어떤 영법을 좋아하십니까?

✽ 你能游多长距离?
Nǐ néng yóu duō cháng jù lí
얼마나 멀리 헤엄칠 수 있습니까?

A : 你能游多长距离?
Nǐ néng yóu duō cháng jù lí
얼마나 멀리 헤엄칠 수 있습니까?

B : 下一次水，游三千米。
Xià yí cì shuǐ yóu sān qiān mǐ
한 번 물에 들어가면 3천 미터 헤엄칩니다.

✽ 游泳之前要做准备运动。
Yóu yǒng zhī qián yào zuò zhǔn bèi yùn dòng
수영을 하기 전에 준비운동을 해야 합니다.

✽ 我不大会游泳。
Wǒ bú dà huì yóu yǒng
저는 수영을 잘 못합니다.

* 我学帆板容易不容易？
Wǒ xué fān bǎn róng yì bù róng yì
윈드서핑은 배우기 쉽습니까?

* 我在水中简直是个旱鸭子。
Wǒ zài shuǐ zhōng jiǎn zhí shì ge hàn yā zi
저는 물에서 완전 맥주병이에요.

* 我想滑雪。
Wǒ xiǎng huá xuě
스키를 타고 싶은데요.

* 我想接受培训。
Wǒ xiǎng jiē shòu péi xùn
레슨을 받고 싶은데요.

* 滑雪用具在哪儿可以租？
Huá xuě yòng jù zài nǎr kě yǐ zū
스키용품은 어디서 빌릴 수 있나요?

* 滑雪升降机在哪里?
Huá xuě shēng jiàng jī zài nǎ li
리프트 승강장은 어디인가요?

* 行李在哪儿保管?
Xíng li zài nǎr bǎo guǎn
짐은 어디에 보관하나요?

* 都有什么种类的船?
Dōu yǒu shén me zhǒng lèi de chuán
어떤 종류의 크루징이 있습니까?

* 你学骑马学了多长时间?
Nǐ xué qí mǎ xué le duō cháng shí jiān
승마를 배운 지는 얼마나 됐습니까?

* 我喜欢游泳，爬山，滑冰。
Wǒ xǐ huan yóu yǒng pá shān huá bīng
난 수영, 등산, 스케이팅을 좋아해.

외모와 패션

중국은 한족을 제외한 55개 소수민족들이 대부분 전통의상을 입고 생활합니다. 지역에 따라 또는 경제적 수준에 따라 다소 차이는 있지만 소수민족 여자들은 대부분 전통의상을 입고 단체 생활을 하며 남자들은 평상복을 입는 것이 일반적입니다. 운남, 귀주, 내몽고, 신강 위구르자치구 등을 가면 다양한 소수민족의상을 볼 수 있으며 이 때문에 한족과는 확연히 구분됩니다.

체격에 대해서

✽ **你身高多少?**
Nǐ shēn gāo duō shao
키가 얼마나 되죠?

✽ **一米七。**
Yì mǐ qī
1미터 70입니다.

✽ **你的个子有多高?**
Nǐ de gè zi yǒu duō gāo
키가 얼마입니까?

✽ **个子还挺高的。**
Gè zi hái tǐng gāo de
키가 큰 편이군요.

✽ **我的个子矮了点。**
Wǒ de gè zi ǎi le diǎn
저는 키가 좀 작습니다.

✽ **体重是多少?**
Tǐ zhòng shì duō shao
체중은 얼마입니까?

✽ **最近体重又长了。**
Zuì jìn tǐ zhòng yòu zhǎng le
최근에 체중이 또 늘었어요.

✽ **怕腰粗，我小心着。**
Pà yāo cū　　wǒ xiǎo xīn zhe
허리가 굵어질까 조심하고 있습니다.

✽ **我得减点腰围。**
Wǒ děi jiǎn diǎn yāo wéi
허리 살을 좀 빼려고 합니다.

A : **你看我是不是得减减腰围了啊?**
Nǐ kàn wǒ shì bú shì děi jiǎn jian yāo wéi le　a
네가 보기에 나 허리살 좀 빼야될 것 같아?

B : **嗯，臂围也得减。**
Ng　　bì wéi yě děi jiǎn
응, 팔뚝 살도 빼야겠는데.

✽ **体重比身高重一些。**
Tǐ zhòng bǐ shēn gāo zhòng yì xiē
키에 비해 몸무게가 좀 많이 나갑니다.

✽ **她又高又苗条。**
Tā　yòu gāo yòu miáo tiáo
그녀는 키가 크고 날씬합니다.

✽ **他体格好。**
Tā　tǐ　gé hǎo
그는 체격이 좋습니다.

✽ **他的肚子有赘肉。**
Tā　de dù　zi yǒu zhuì ròu
그는 배에 군살이 있어요.

외모에 대해서

✽ **他长得怎么样?**
Tā zhǎng de zěn me yàng
그 사람은 어떻게 생겼어요?

✽ **他长得很帅。**
Tā zhǎng de hěn shuài
그 사람 아주 잘 생겼어.

✳ 她真漂亮啊！
Tā zhēn piào liang a
그녀는 정말 예쁘군요!

✳ 你太瘦了。
Nǐ tài shòu le
너는 너무 말랐어.

A : 你太瘦了，看起来很憔悴，皮肤也没 光泽。
Nǐ tài shòu le　kàn qǐ lái hěn qiáo cuì　pí fū yě méi guāng zé
너는 너무 말랐어, 초췌해 보이고, 피부에도 윤기가 없어.

B : 没办法，天生的。
Méi bàn fǎ　tiān shēng de
타고난 건데, 어쩔 수 없지 뭐.

✳ 我太胖了。
Wǒ tài pàng le
나는 너무 뚱뚱해.

✳ 我越来越胖了。
Wǒ yuè lái yuè pàng le
점점 살이 쪄.

✳ 我也太胖了，要减肥。
Wǒ yě tài pàng le　yào jiǎn féi
나도 너무 뚱뚱해, 살을 빼야겠어.

✳ 韩国人特别讲究外貌。
Hán guó rén tè bié jiǎng jiu wài mào
한국인은 특히 용모에 신경을 써요.

✳ 这衣服真是不称心。
Zhè yī fu zhēn shi bú chèn xīn
이 옷이 정말 마음에 안들어요.

✳ 哪儿的话，挺顺眼的嘛。
Nǎr de huà　tǐng shùn yǎn de ma
무슨 말씀이세요, 보기 좋은데요.

✳ 今天你帅多了。
Jīn tiān nǐ shuài duō le
오늘 멋져 보이시네요.

* 真是个美男子啊。
Zhēn shi ge měi nán zi a
미남이시군요. (꽃미남인데요.)

* 打扮得花枝招展。
Dǎ bàn de huā zhī zhāo zhǎn
아름답게 꾸미셨군요.

* 看起来很健康。
Kàn qǐ lái hěn jiàn kāng
건강해 보이십니다.

* 你真好看。
Nǐ zhēn hǎo kàn
너 정말 예쁘구나.

* 你真苗条。
Nǐ zhēn miáo tiáo
날씬하시네요.

* 你显得很年轻。
Nǐ xiǎn de hěn nián qīng
아주 젊어 보이시는데요.

* 我长得像爸爸。
Wǒ zhǎng de xiàng bà ba
저는 아버지를 닮았어요.

* 你长相随你母亲。
Nǐ zhǎng xiàng suí nǐ mǔ qīn
당신은 어머니를 많이 닮았습니다.

A : 你好，王平，你好帅呀。
Nǐ hǎo Wáng Píng nǐ hǎo shuài ya
안녕, 왕핑, 정말 멋진데.

B : 是吗，我刚理了发。
Shì ma wǒ gāng lǐ le fà
그래, 이발을 했거든.

* 换了发型啊。
Huàn le fà xíng a
머리 모양을 바꾸셨군요.

❋ 你撒了好香水呀。
　　Nǐ　sā　le　hǎo xiāng shuǐ ya
　좋은 향수를 뿌리셨군요.

❋ 妆化得太浓了。
　　Zhuāng huà de tài nóng le
　화장이 너무 진하군요.

❋ 你很适合梳披肩发。
　　Nǐ　hěn shì　hé shū pī jiān fà
　당신은 머리를 어깨까지 늘어뜨리는 게(긴머리가) 어울려요.

❋ 他的长相很有亲和力。
　　Tā　de zhǎng xiàng hěn yǒu qīn hé lì
　그의 외모는 친근해요.

❋ 小伙子浓眉大眼的，很精神。
　　Xiǎo huǒ zi nóng méi dà yǎn de　　hěn jīng shen
　젊은이 눈썹도 진하고 눈이 큰 것이 기운이 넘쳐 보여요.

❋ 她的脸型很好看。
　　Tā　de　liǎn xíng hěn hǎo kàn
　그녀의 얼굴형이 예뻐요.

❋ 这香水味很呛鼻。
　　Zhè xiāng shuǐ wèi hěn qiàng bí
　이 향수 냄새가 코를 찌르는군요.

❋ 皮肤这么好，不化妆也好看。
　　Pí　fū　zhè me hǎo　　bú　huà Zhuāng yě hǎo kàn
　피부가 좋아서 화장을 안해도 예뻐요.

❋ 浓妆艳抹，真俗气。
　　Nóng zhuāng yàn mǒ zhēn sú qì
　야하고 짙은 화장은 정말 천해 보여요.

❋ 他已经老态龙钟了
　　Tā　yǐ　jīng lǎo tài lóng zhōng le
　그는 벌써 늙어서 뼈만 앙상해요.

❋ 我去补补妆再来。
　　Wǒ qù　bǔ　bu zhuāng zài lái
　가서 화장 좀 고치고 올게요.

✱ 那女的好像没化妆。
　Nà　nǚ　de hǎo xiàng méi huà zhuāng
그 여자는 화장을 안한 것 같애.

✱ 我喜欢化淡妆。
　Wǒ　xǐ huan huà dàn zhuāng
저는 화장을 엷게 해요.

✱ 她对穿着很讲究。
　Tā duì chuān zhuó hěn jiǎng jiu
그녀는 옷차림에 신경을 써요.

✱ 你看还行吗?
　Nǐ　kàn hái xíng ma
괜찮아 보입니까?

✱ 那衣服跟你很配。
　Nà　yī　fu gēn　nǐ　hěn pèi
저 옷은 당신한테 정말 잘 어울리는군요.

✱ 我总穿这衣服。
　Wǒ zǒng chuān zhè yī fu
저는 늘 이 옷을 입어요.

✱ 我对时装很敏感呢。
　Wǒ duì　shí zhuāng hěn mǐn gǎn ne
저는 패션에 매우 민감해요.

A : 你怎么晒黑了?
　　Nǐ zěn me shài hēi　le
왜 그리 그을렸어요?

B : 刚从南方打球回来。
　　Gāng cóng nán fāng dǎ qiú huí lái
남쪽 지방에서 골프치고 막 돌아오는 길이에요.

A : 好羡慕你，你生活得真潇洒!
　　Hǎo xiàn mù　nǐ　　nǐ shēng huó de zhēn xiāo sǎ
정말 부럽군요, 멋지게 사시네요.

335

✽ 我向来不修边幅。
Wǒ xiàng lái bù xiū biān fú
저는 복장에 대해 신경을 안써요.

✽ 你看这怎么样?
Nǐ kàn zhè zěn me yàng
괜찮아 보입니까?

✽ 你看我穿这个怎么样?
Nǐ kàn wǒ chuān zhè ge zěn me yàng
이렇게 입으니까 어떻습니까?

✽ 你真是太潇洒了。
Nǐ zhēn shi tài xiāo sǎ le
아주 멋쟁이시군요.

✽ 他很时髦。
Tā hěn shí máo
그는 무척 세련됐어.

✽ 中国女大学生穿着不太新潮。
Zhōng guó nǚ dà xué shēng chuān zhuó bú tài xīn cháo
중국 여대생은 차림새가 별로 세련되지 않아요.

✽ 白领生活很时尚。
Bái lǐng shēng huó hěn shí shàng
화이트 컬러의 생활은 매우 현대적이에요.

✽ 追求名牌也算是一种生活方式吧。
Zhuī qiú míng pái yě suàn shi yì zhǒng shēng huó fāng shì ba
유명 메이커만 쫓는 것도 하나의 생활 방식이지요.

✽ 我的衣裳怎么样?
Wǒ de yī chang zěn me yàng
내 옷 어때요?

✽ 你的服装感觉真好。
Nǐ de fú zhuāng gǎn jué zhēn hǎo
옷 입는 감각이 아주 좋으시군요.

✽ 你对时装很有眼力。
Nǐ duì shí zhuāng hěn yǒu yǎn lì
당신은 패션에 안목이 있으십니다.

✽ **我对外表向来不大在乎。**
Wǒ duì wài biǎo xiàng lái bú dà zài hū
저는 외모에 그다지 신경 쓰지 않습니다.

✽ **我喜欢穿休闲装。**
Wǒ xǐ huan chuān xiū xián zhuāng
저는 캐주얼웨어를 좋아합니다.

✽ **你这身衣服哪儿买的?**
Nǐ zhè shēn yī fu nǎr mǎi de
이 옷 어디서 사셨어요?

✽ **这穿着有些太露了吧。**
Zhè chuān zhuó yǒu xiē tài lù le ba
옷차림이 야한데요.

✽ **穿那个，显得年轻多了。**
Chuān nà ge xiǎn de nián qīng duō le
그걸 입으니 젊어 보입니다.

✽ **这款现在正流行呢。**
Zhè kuǎn xiàn zài zhèng liú xíng ne
이런 디자인은 유행하는 겁니다.

✽ **她的穿着总是很得体。**
Tā de chuān zhe zǒng shì hěn dé tǐ
그녀는 언제나 자리에 맞게 옷차림을 맞춰요.

✽ **色彩搭配很谐调。**
Sè cǎi dā pèi hěn xié tiáo
색깔이 어울려요.

✽ **她穿着一身假名牌，还挺美的。**
Tā chuān zhe yì shēn jiǎ míng pái hái tǐng měi de
그녀는 가짜 명품을 입었는데도 아름답군요.

✽ **这身打扮太土了。**
Zhè shēn dǎ bàn tài tǔ le
그 옷차림은 너무 촌스러워요.

성격과 태도

중국에서 성격이란 말은 자신과 남을 잘 이해하고 어떠한 상황에서도 마음의 평정을 잃지 않는 원숙한 인간의 성품을 뜻합니다. 생활과 인간성에 대해 원만한 이해를 갖는다는 것은 중국인들이 항상 이상으로 삼아온 성품으로 오늘날도 마찬가지입니다. 이와 같은 이해심으로 중국인의 특징인 평화주의, 고요함, 인내심과 같은 성격이 생겨나게 된 것입니다.

성격을 물을 때

❋ **你的性格怎么样?**
Nǐ de xìng gé zěn me yàng
당신의 성격은 어떻습니까?

> A : **你的性格怎么样?**
> Nǐ de xìng gé zěn me yàng
> 당신의 성격은 어떻습니까?
>
> B : **别人都说我很随和，其实我有点小脾气。**
> Bié rén dōu shuō wǒ hěn suí hé　qí shí wǒ yǒu diǎn xiǎo pí qì
> 다른 사람들이 모두 제가 유순하다고 하는데 사실은 성질이 좀 있어요.

❋ **你属于好牵头的还是好追随的呢?**
Nǐ shǔ yú hào qiān tóu de hái shi hào zhuī suí de ne
당신은 앞장서서 이끌어 가는 편입니까, 따라가는 편입니까?

❋ **你的弱点是什么?**
Nǐ de ruò diǎn shì shén me
당신의 약점은 무엇입니까?

❋ **你的长处是什么?**
Nǐ de cháng chu shì shén me
당신의 장점은 무엇입니까?

❋ **你认为自己属于哪种性格的人呢?**
Nǐ rèn wéi zì jǐ shǔ yú nǎ zhǒng xìng gé de rén ne
자신을 어떤 성격의 소유자라고 생각하십니까?

* **你比较开朗吗?**
  Nǐ bǐ jiào kāi lǎng ma
  당신은 성격이 밝은 편입니까?

* **性格挺开朗的。**
  Xìng gé tǐng kāi lǎng de
  낙천적인 편입니다.

* **你真是个有趣的人。**
  Nǐ zhēn shi ge yǒu qù de rén
  당신은 재미있는 사람이군요.

* **这人有点儿儒雅的风度。**
  Zhè rén yǒu diǎnr rú yǎ de fēng dù
  이 사람은 학문이 깊고 의젓한 풍모를 지녔습니다.

* **他的谈吐很文雅。**
  Tā de tán tǔ hěn wén yǎ
  그는 말이나 태도가 고상합니다.

* **他很有个人魅力。**
  Tā hěn yǒu ge rén mèi lì
  그는 매력 있는 사람입니다.

* **喜怒不行于色。**
  Xǐ nù bù xíng yú sè
  좋고 나쁨을 얼굴에 잘 드러내지 않아요.

* **很乖，不惹事。**
  Hěn guāi bù rě shì
  얌전하고 말썽을 일으키지 않아요.

* **她的嘴巴很甜。**
  Tā de zuǐ ba hěn tián
  그녀는 듣기 좋은 말을 잘 합니다.

* **她很善解人意。**
  Tā hěn shàn jiě rén yì
  그녀는 다른 사람의 마음을 잘 이해합니다.

✳ 他很随和。
Tā hěn suí hé
그는 상냥합니다.

✳ 我跟谁都合得来。
Wǒ gēn shéi dōu hé de lái
저는 누구와도 잘 지냅니다.

✳ 我认为自己胆大而心细。
Wǒ rèn wéi zì jǐ dǎn dà ér xīn xì
저는 섬세하면서도 대담하다고 생각합니다.

✳ 我是个活动型的人。
Wǒ shì ge huó dòng xíng de rén
저는 활동적입니다.

✳ 我这个人善于交际。
Wǒ zhè ge rén shàn yú jiāo jì
저는 사교적입니다.

✳ 我认为有些内向。
Wǒ rèn wéi yǒu xiē nèi xiàng
저는 약간 내성적이라고 생각합니다.

✳ 我这个人不善于交际。
Wǒ zhè ge rén bú shàn yú jiāo jì
저는 사교적이지 않습니다.

✳ 我的性子有些急。
Wǒ de xìng zi yǒu xiē jí
저는 성격이 좀 급합니다.

A : 他那人是个闷葫芦。
Tā nà rén shì ge mēn hú lu
그 사람은 알 수 없는 꿍꿍이가 있어요.

B : 那不太容易交朋友吧。
Nà bú tài róng yì jiāo péng yǒu ba
그러면 친구 사귀기가 어려울 것 같은데요.

* **我喜欢随大流。**
Wǒ xǐ huan suí dà liú
저는 대세를 따르기를 좋아합니다.

* **这人性格暴躁。**
Zhè rén xìng gé bào zào
이 사람은 성격이 우락부락합니다.

* **你这人心态不对，看不得别人好。**
Nǐ Zhè rén xīn tài bú duì　kàn bu de bié rén hǎo
당신은 심리 상태가 틀려 먹어서 다른 사람이 잘 되는
꼴을 못 보네요.

* **我属于消极型的。**
Wǒ shǔ yú xiāo jí xíng de
저는 소극적인 편입니다.

* **我没有什么幽默感。**
Wǒ méi yǒu shén me yōu mò gǎn
저는 유머 감각이 없습니다.

* **这女孩很做作。**
Zhè nǚ hái hěn zuò zuò
이 여자아이는 가식적입니다.

* **他不善掩饰自己的感情。**
Tā bú shàn yǎn shì zì jǐ de gǎn qíng
그 사람은 자신의 감정을 잘 숨기지 못해요.

* **她很不善言辞。**
Tā hěn bú shàn yán cí
그 여자는 말을 잘 못합니다.

* **他有点儿笨嘴拙舌。**
Tā yǒu diǎnr bèn zuǐ zhuō shé
그 사람은 말재주가 좀 없습니다.

* **他很懂见风使舵的技巧。**
Tā hěn dǒng jiàn fēng shǐ duò de jì qiǎo
그 사람은 임기응변에 뛰어납니다.

* **他很会察言观色。**
Tā hěn huì chá yán guān sè
그 사람은 상대방의 말과 안색을 살필 줄 압니다.

＊ 这人有点儿死脑筋。
Zhè rén yǒu diǎnr　sǐ nǎo jīn
이 사람은 약간 고집불통입니다.

＊ 别人都说我是内向的人。
Bié rén dōu shuō wǒ shì nèi xiàng de rén
다른 사람들은 저를 내성적인 사람이라고 합니다.

＊ 他就知道自己。
Tā jiù zhī dào zì jǐ
그는 자신밖에 모릅니다.

＊ 你得克服犹豫不决的性格。
Nǐ děi kè fú yóu yù bù jué de xìng gé
당신은 우유부단한 성격을 극복해야 합니다.

＊ 她很热情，也很大方。
Tā hěn rè qíng　yě hěn dà fang
그녀는 열정적이고 시원시원합니다.

A : 她很热情，也很大方。
Tā hěn rè qíng　yě hěn dà fang
그녀는 열정적이고 시원시원합니다.

B : 怪不得人家这么好! 我也喜欢她。
Guài bu de rén jiā zhè me hǎo　Wǒ yě xǐ huan tā
어쩐지 사람이 좋더라니! 저도 그녀가 좋아요.

＊ 你这人真幽默。
Nǐ zhè rén zhēn yōu mò
당신은 유머러스하시네요.

＊ 你这人真风趣。
Nǐ zhè rén zhēn fēng qù
당신은 재미있는 사람이군요.

＊ 您真有绅士风度啊。
Nín zhēn yǒu shēn shì fēng dù a
당신은 정말 신사군요.

* 您这个人真是太好了。
Nín zhè ge rén zhēn shì tài hǎo le
당신은 정말 좋은 분이에요.

* 我喜欢你这样的人。
Wǒ xǐ huan nǐ zhè yàng de rén
저는 당신 같은 사람이 좋아요.

* 你真宽宏大量。
Nǐ zhēn kuān hóng dà liàng
당신은 정말 너그러우시군요.

* 你的性格真好。
Nǐ de xìng gé zhēn hǎo
성격이 원만하시군요.

* 你很温柔。
Nǐ hěn wēn róu
정말 상냥하시군요.

* 你很積极。
Nǐ hěn jī jí
당신은 적극적이군요.

* 真是太小气了。
Zhēn shì tài xiǎo qì le
정말 소심하군요.

* 他的性格真怪
Tā de xìng gé zhēn guài
그 사람은 성격이 정말 이상해.

* 她很讨人喜欢。
Tā hěn tǎo rén xǐ huan
그 여자는 사람들에게 귀여움을 받아요.(사람들이 좋아해요.)

* 我喜欢彬彬有礼的人。
Wǒ xǐ huan bīn bīn yǒu lǐ de rén
저는 예절이 바른 사람을 좋아합니다.

* 他总是和蔼可亲地回答我的问题。
Tā zǒng shì hé ǎi kě qīn de huí dá wǒ de wèn tí
그 사람은 언제나 상냥하게 제 문제에 대답해 줍니다.

❋ 待人热情大方。
Dài rén rè qíng dà fang
사람들을 열정적이고 자연스럽게 대합니다.

❋ 那个人太狡猾。
Nà ge rén tài jiǎo huá
그 사람은 너무 교활해요.

❋ 他的为人怎么样?
Tā de wéi rén zěn me yàng
그는 사람 됨됨이가 어떤가요?

❋ 听说他为人很好。
Tīng shuō tā wéi rén hěn hǎo
그 사람은 사람 됨됨이가 좋대요.

❋ 他这人很没教養。
Tā zhè rén hěn méi jiào yǎng
그 사람은 교양이 없어요.

❋ 他一点礼貌也不懂。
Tā yì diǎn lǐ mào yě bù dǒng
그 사람은 예의라곤 도무지 없는 사람이야.

❋ 大家都喜欢他。
Dà jiā dōu xǐ huan tā
모두들 그 사람을 좋아해요.

❋ 我不喜欢他。
Wǒ bù xǐ huan tā
나는 그 사람을 좋아하지 않아요.

❋ 那个人很可靠。
Nà ge rén hěn kě kào
저 사람은 정말 믿을 만해요.

❋ 他这人靠得住。
Tā zhè rén kào de zhù
그 사람은 믿을 만해요.

A : 她丈夫人怎么样?
Tā zhàng fu rén zěn me yàng
저 여자 남편 어때요?

B : 很无聊，但很充实，是个靠得住的人。
Hěn wú liáo dàn hěn chōng shí shì ge kào de zhù de rén
재미는 없지만 충실하고 믿을만한 사람이에요.

✽ 我看，那个小姐很文静。
Wǒ kàn nà ge xiǎo jie hěn wén jìng
저 아가씨는 아주 얌전해 보이네요.

✽ 他非常认真。
Tā fēi cháng rèn zhēn
그 사람은 대단히 성실해요.

✽ 他很像不倒翁。
Tā hěn xiàng bù dǎo wēng
그 사람은 오뚝이 같아요.

✽ 他老打我。
Tā lǎo dǎ wǒ
그 사람이 늘 나를 때려요.

✽ 吊儿郎当地混日子。
Diàor láng dāng de hùn rì zi
건들건들거리며 그럭저럭 살아요.

✽ 他很轻浮。
Tā hěn qīng fú
그 사람은 방정맞아요.

✽ 这人生活作风不太好。
Zhè rén shēng huó zuò fēng bú tài hǎo
이 사람은 생활 태도가 그다지 좋지 않아요.

✽ 他是个没用的人。
Tā shì ge méi yòng de rén
그는 아무 쓸모도 없는 사람이야.

✽ **不要听他的话。**
Bú yào tīng tā de huà
그 사람 말 듣지 마세요.

✽ **他那个人太可怕了。**
Tā nà ge rén tài kě pà le
그 사람은 너무 무서워요.

✽ **我真不能容忍他的傲慢。**
Wǒ zhēn bù néng róng rěn tā de ào màn
난 그의 교만한 태도를 참을 수 없어.

✽ **他总喜欢局高临下地发表见解。**
Tā zǒng xǐ huan jú gāo lín xià de fā biǎo jiàn jiě
그 사람은 언제나 잘난 체하며 의견을 말해요.

✽ **态度蛮横无理。**
Tài dù mán héng wú lǐ
태도가 무지막지하군요.

유치원(幼儿园)은 3세 이상의 취학 연령 전 아동을 모집하며 만 6세에는 초등학교(小学)에 입학합니다. 초등학교(小学)와 중학교(初中)의 학제는 「6, 3제」와 「5, 4제」를 위주로 합니다. 고등학교(普通高中)의 학제는 3년이며 대학의 본과 학제는 일반적으로 4년이고 일부 이공대학은 5년이며 의과대학은 5년과 7년 두 종류의 학제가 있습니다. 대학원의 학제는 2, 3년인데 석사 연구생의 수업 기한은 2, 3년이고 박사 연구생은 일반적으로 3년입니다.

출신학교에 대해서

✽ 请问你在哪个学校读书?
Qǐng wèn nǐ zài nǎ ge xué xiào dú shū
어느 학교에 다니십니까?

✽ 你在哪个大学读书?
Nǐ zài nǎ ge dà xué dú shū

你在什么大学读书?
Nǐ zài shén me dà xué dú shū

你现在上哪个大学呢?
Nǐ xiàn zài shàng nǎ ge dà xué ne
어느 대학에 다니십니까?

✽ 我是北京大学的学生。
Wǒ shì Běi jīng dà xué de xué sheng
저는 북경대학 학생입니다.

✽ 我正在读研究生。
Wǒ zhèng zài dú yán jiū shēng
저는 대학원에 다녀요.

✽ 哪个学校毕业的?
Nǎ ge xué xiào bì yè de
어느 학교를 졸업하셨습니까?

✽ 哪年毕业的?
Nǎ nián bì yè de
몇 년도에 졸업했습니까?

A : 请问你获得过什么学位?
Qǐng wèn nǐ huò dé guo shén me xué wèi
어떤 학위를 가지고 계십니까?

B : 最终学位是博士。
Zuì zhōng xué wèi shì bó shì
최종 학위는 박사입니다.

❋ 她被学校除名了。
Tā bèi xué xiào chú míng le
그녀는 학교에서 퇴학당했습니다.

❋ 他是靠自己打工读完的高中。
Tā shì kào zì jǐ dǎ gōng dú wán de gāo zhōng
그는 고학으로 고등학교를 나왔어요.

전공에 대해서

❋ 你是学什么专业的?
Nǐ shì xué shén me zhuān yè de
무엇을 전공하십니까?

A : 你是什么专业?
Nǐ shì shén me zhuān yè
무엇을 전공하십니까?

B : 学前教育。
Xué qián jiào yù
유아교육학 전공입니다.

❋ 大学学的什么专业?
Dà xué xué de shén me zhuān yè
대학교 때 전공이 무엇이었습니까?

❋ 他没读完大学。
Tā méi dú wán dà xué
그는 대학 중퇴자입니다.

❋ 我在大学学的是经济学专业。
Wǒ zài dà xué xué de shì jīng jì xué zhuān yè
대학교에서 경제학을 전공합니다.

❋ 我读教育学呢。
Wǒ dú jiào yù xué ne
교육학을 전공하고 있습니다.

❋ 你还上学吧?
Nǐ hái shàng xué ba
당신은 아직 학교에 다니죠?

❋ 你是学生吧?
Nǐ shì xué sheng ba
당신은 학생이지요?

❋ 你是大学生吗?
Nǐ shì dà xué shēng ma
당신은 대학생입니까?

❋ 你是不是大学生?
Nǐ shì bú shì dà xué shēng
당신은 대학생인가요?

❋ 几年级了?
Jǐ nián jí le
몇 학년이세요?

❋ 大学四年级。
Dà xué sì nián jí
대학교 4학년입니다.

❋ 我儿子上小学。
Wǒ ér zi shàng xiǎo xué
아들은 초등학생입니다.

❋ 每天有四节课。
Měi tiān yǒu sì jié kè
매일 네 시간 수업이 있습니다.

❋ 课外活动怎么样?
Kè wài huó dòng zěn me yàng
과외활동은 어때요?

* **你打工呢?**
  Nǐ dǎ gōng ne
  지금 아르바이트를 하고 있나요?

* **在中国升学竞争激烈吗?**
  Zài Zhōng guó shēng xué jìng zhēng jī lèi ma
  중국에서는 입시경쟁이 치열합니까?

* **你加入什么团体活动?**
  Nǐ jiā rù shén me tuán tǐ huó dòng
  어떤 동아리활동을 하고 있나요?

* **你参加了什么课外活动小组?**
  Nǐ cān jiā le shén me kè wài huó dòng xiǎo zǔ
  어떤 과외 활동을 하고 있나요?

* **眼看就考试了。**
  Yǎn kàn jiù kǎo shì le
  시험이 임박했어요.(곧 시험이에요.)

* **我得做功课。**
  Wǒ děi zuò gōng kè
  공부를 해야겠어요.

* **那告示板上写着什么?**
  Nà gào shì bǎn shang xiě zhe shén me
  게시판에 뭐가 쓰여있는 거예요?

> A : **那告示板上写着什么?**
> Nà gào shì bǎn shang xiě zhe shén me
> 저 게시판에 뭐가 쓰여있는 거예요?
>
> B : **考试日程。**
> Kǎo shì rì chéng
> 시험 일정이요.

수업에 대해서

* **快要上课了。**
  Kuài yào shàng kè le
  수업이 곧 시작됩니다.

* **你每天几点上课?**
  Nǐ měi tiān jǐ diǎn shàng kè
  매일 몇 시에 수업해요?

❋ 我每天早上九点上课。
Wǒ měi tiān zǎo shang jiǔ diǎn shàng kè
매일 아침 9시에 수업해요.

❋ 你几点下课?
Nǐ jǐ diǎn xià kè
몇 시에 수업이 끝나요?

❋ 下午四点下课。
Xià wǔ sì diǎn xià kè
오후 4시에 수업이 끝나요.

❋ 今天讲到这儿。
Jīn tiān jiǎng dào zhèr
오늘 수업은 여기까지입니다.

❋ 我有一个问题。
Wǒ yǒu yí gè wèn tí
질문이 있습니다.

❋ 我们下课吧。
Wǒ men xià kè ba
수업을 마치겠습니다.

❋ 这个字怎么念?
Zhè ge zì zěn me niàn
이 글자는 어떻게 읽죠?

❋ 这门课太难，没意思。
Zhè mén kè tài nán méi yì si
이 수업은 너무 어려워 재미가 없어.

❋ 李教授的课讲得太死板了。
Lǐ jiào shòu de kè jiǎng de tài sǐ bǎn le
이 교수님 수업은 너무 딱딱해.

A : 李老师讲课讲得太死板了。
Lǐ lǎo shī jiǎng kè jiǎng de tài sǐ bǎn le
이 교수님 수업은 너무 딱딱해.

B : 那门课可不容易。
Nà mén kè kě bù róng yì
그 수업은 쉽지 않아.

❋ 讲课一点水准都没有。
Jiǎng kè yì diǎn shuǐ zhǔn dõu méi yǒu
강의 수준이 형편없어.

❋ 我想去图书馆看书。
Wǒ xiǎng qù tú shū guǎn kàn shū
도서관으로 책 읽으러 갈거야.

❋ 最近学习汉语学得怎么样了?
Zuì jìn xué xí Hàn yǔ xué de zěn me yàng le
요즘 중국어 공부는 어때요?

❋ 你听得懂吗?
Nǐ tīng de dǒng ma
당신은 알아들어요?

A : 你听得懂吗?
Nǐ tīng de dǒng ma
당신은 알아들어요?

B : 能听懂 40%吧。
Néng tīng dǒng bǎi fēn zhī sì shí ba
40% 정도 알아들어요.

❋ 你的汉语水平, 一天比一天好。
Nǐ de Hàn yǔ shuǐ píng   yì tiān bǐ yì tiān hǎo
당신의 중국어 실력은 날이 갈수록 좋아지네요.

❋ 你学汉语学多久了?
Nǐ xué Hàn yǔ xué duō jiǔ le
중국어를 얼마 동안 배우셨어요?

❋ 我学汉语学了三个月了。
Wǒ xué Hàn yǔ xué le sān gè yuè le
저는 중국어를 3개월 배웠어요.

❋ 汉语难吗?
Hàn yǔ nán ma
중국어가 어렵나요?

✳ **汉语比韩国话难得多。**
Hàn yǔ bǐ Hán guó huà nán de duō
중국어는 한국어보다 훨씬 어려워요.

✳ **怪不得，你说汉语说得这么好。**
Guài bu de nǐ shuō Hàn yǔ shuō de zhè me hǎo
어쩐지, 중국어를 잘 하시더라고요.

✳ **我儿子在中国留学。**
Wǒ ér zi zài Zhōng guó liú xué
우리 아들은 중국 유학 중이랍니다.

시험과 성적에 대해서

✳ **他每天都用功到深夜。**
Tā měi tiān dōu yòng gōng dào shēn yè
그는 밤중까지 공부를 해요.

✳ **英语考试得了满分呢。**
Yīng yǔ kǎo shì dé le mǎn fēn ne
영어시험에서 100점을 받았습니다.

✳ **考试结果怎么样了?**
Kǎo shì jié guǒ zěn me yàng le
시험결과는 어떻게 되었나요?

✳ **我对实验结果抱有很高的期望。**
Wǒ duì shí yàn jié guǒ bào yǒu hěn gāo de qī wàng
난 그 실험결과에 큰 기대를 걸고 있어요.

✳ **数学成绩怎么样?**
Shù xué chéng jì zěn me yàng
수학 성적은 어때요?

외국인과 합작하여 만든 회사의 근무자는 회사 책임자의 엄격한 관리에 의해 근무태도가 달라집니다. 책임할당제(包干责任制) 및 성과급제 등의 도입으로 적극적인 근무 자세로 변화된 부분도 있지만 아직도 일반 국영기업체의 경우 철밥통(铁饭碗 : 직장 잃을 걱정이 없는 안정된 직장), 큰솥밥(大饭碗 : 큰 솥에 밥을 해 같이 먹는다는 의미로 능력에 관계없이 균등히 먹는다는 평등 분배주의) 등의 의식이 남아 있어 직업 의식도 없고 근무 태도 역시 느슨한 경우도 있습니다.

직장에 대해서

＊ **您在哪儿工作?**
Nín zài nǎr gōng zuò
당신은 어디에서 근무하십니까?

＊ **在那里干什么工作?**
Zài nà li gàn shén me gōng zuò
거기에서는 무슨 일을 하시지요?

> A : **在那里干什么工作?**
> Zài nà li gàn shén me gōng zuò
> 거기에서는 무슨 일을 하시지요?
>
> B : **做财务工作。**
> Zuò cái wù gōng zuò
> 재무관련 일을 합니다.

＊ **你在那儿工作几年了?**
Nǐ zài nàr gōng zuò jǐ nián le
거기서 일하신 지 몇 년이나 됐죠?

＊ **您在哪个公司工作?**
Nín zài nǎ ge gōng sī gōng zuò
당신은 어느 회사에 근무하십니까?

＊ **你在哪儿上班?**
Nǐ zài nǎr shàng bān
어디에 출근하십니까?

* 你结婚以后还在上班吗?
Nǐ jié hūn yǐ hòu hái zài shàng bān ma
결혼 후에도 계속 직장에 다닐 겁니까?

* 你是干什么的?
Nǐ shì gàn shén me de
무슨 일을 하고 계십니까?

* 一个星期工作几天?
Yí gè xīng qī gōng zuò jǐ tiān
일주일에 며칠 근무합니까?

* 我已经失业三个月了。
Wǒ yǐ jīng shī yè sān gè yuè le
직장을 잃은 지 벌써 3개월이 지났어요.

* 你在公司待遇怎么样?
Nǐ zài gōng sī dài yù zěn me yàng
회사의 대우는 어때요?

A : 你们公司待遇怎么样?
Nǐ men gōng sī dài yù zěn me yàng
회사의 대우는 어때요?

B : 跟工作量比,待遇没那么好。
Gēn gōng zuò liàng bǐ dài yù méi nà me hǎo
업무량에 비해서 대우가 그렇게 좋은 건 아닙니다.

* 我换了一个公司。
Wǒ huàn le yí gè gōng sī
저는 직장을 바꿨어요.

출퇴근에 대해서

* 几点上班?
Jǐ diǎn shàng bān
몇 시에 출근합니까?

* 你现在上班吗?
Nǐ xiàn zài shàng bān ma
지금 출근하십니까?

❋ 你平时怎么上班?
Nǐ píng shí zěn me shàng bān
평소에 어떻게 출근하십니까?

❋ 我一般开车上下班。
Wǒ yì bān kāi chē shàng xià bān
보통 차를 몰고 출퇴근해요.

❋ 通常都坐地铁上下班。
Tōng cháng dōu zuò dì tiě shàng xià bān
보통 지하철로 출퇴근해요.

❋ 你没有迟到过吗?
Nǐ méi yǒu chí dào guo ma
지각한 적은 없습니까?

❋ 你什么时候下班?
Nǐ shén me shí hou xià bān
언제 퇴근합니까?

❋ 从家到公司远吗?
Cóng jiā dào gōng sī yuǎn ma
집에서 회사까지 멉니까?

❋ 从家到公司需要多长时间?
Cóng jiā dào gōng sī xū yào duō cháng shí jiān
집에서 회사까지 가려면 얼마나 걸리나요?

❋ 有到公司的班车吗?
Yǒu dào gōng sī de bān chē ma
회사까지 가는 통근차가 있습니까?

❋ 上班到几点?
Shàng bān dào jǐ diǎn
몇 시까지 일하세요?

A : 上班到几点?
Shàng bān dào jǐ diǎn
몇 시까지 일하세요?

B : 一般工作到五点半, 偶尔会有加班。
Yì bān gōng zuò dào wǔ diǎn bàn ǒu ěr huì yǒu jiā bān
보통 5시간 반까지 일하고 가끔 야근도 해요.

❋ **该下班了。**
Gāi xià bān le
퇴근할 시간이다.

❋ **我先告辞了。**
Wǒ xiān gào cí le
먼저 실례하겠습니다.

❋ **经常加班吗?**
Jīng cháng jiā bān ma
자주 초과 근무를 합니까?

❋ **今天还加班吗?**
Jīn tiān hái jiā bān ma
오늘 또 야근입니까?

❋ **一天工作几个小时?**
Yì tiān gōng zuò jǐ ge xiǎo shí
하루 몇 시간 일합니까?

❋ **星期六, 只上半天班。**
Xīng qī liù zhǐ shàng bàn tiān bān
토요일은 반나절만 일합니다.

❋ **加班累是累, 但有加班费。**
Jiā bān lèi shì lèi dàn yǒu jiā bān fèi
야근을 하면 힘은 들지만 야근수당이 있어요.

❋ **昨天加了两小时班。**
Zuó tiān jiā le liǎng xiǎo shí bān
어제는 2시간 야근을 했어요.

A : **昨天加了两小时班。**
Zuó tiān jiā le liǎng xiǎo shí bān
어제 2시간 초과 근무를 했어요.

B : **你们公司经常加班吗?**
Nǐ men gōng sī jīng cháng jiā bān ma
당신이 다니는 회사는 자주 초과 근무를 합니까?

A : **是的, 几乎没按时下班过。**
Shì de jī hū méi àn shí xià bān guo
네, 거의 제시간에 퇴근한 적이 없어요.

✽ **你们午休时间多长?**
Nǐ men wǔ xiū shí jiān duō cháng
점심 휴식 시간은 얼마나 됩니까?

✽ **那个人怎么样?**
Nà ge rén zěn me yàng
그 사람 어때요?

> A : **那人怎么样?**
> Nà rén zěn me yàng
> 그 사람 어때요?
>
> B : **他很琐碎，大事不抓，只抓小事。**
> Tā hěn suǒ suì　dà shì bù zhuā　zhǐ zhuā xiǎo shì
> 그 사람은 사소한 것에만 신경 써서 큰 일은 잘 못하
> 지만 작은 일은 잘 해요.

✽ **他聪明吧?**
Tā cōng ming ba
그 사람은 똑똑하지요?

✽ **你的上级是谁?**
Nǐ de shàng jí shì shéi
상사가 누구입니까?

✽ **你跟上司的关系怎么样?**
Nǐ gēn shàng sī de guān xi zěn me yàng
당신은 상사와 관계가 어떠세요?

✽ **我讨厌我上司。**
Wǒ tǎo yàn wǒ shàng sī
저는 제 상사가 싫습니다.

✽ **我尊重我的领导。**
Wǒ zūn zhòng wǒ de lǐng dǎo
저는 제 상사를 존경합니다.

✽ **他非常宽宏大量。**
Tā fēi cháng kuān hóng dà liàng
그분은 매우 관대합니다.

358

❋ 他很厚道。
Tā hěn hòu dào
그는 인정이 많습니다.

❋ 他很琐碎。
Tā hěn suǒ suì
그는 잔소리가 심해요.

❋ 他架子可大了。
Tā jià zi kě dà le
그는 정말 으스대는 성격이에요.

❋ 他很喜欢摆架子。
Tā hěn xǐ huan bǎi jià zi
그는 으스대는 걸 좋아해요.

❋ 我跟他合不来。
Wǒ gēn tā hé bu lái
나는 그 사람하고 마음이(손발이) 안 맞아요.

❋ 你们俩总是不对付。
Nǐ men liǎ zǒng shì bú duì fù
당신 둘은 언제나 마음이 안 맞아요.

❋ 他那个人? 别提了。
Tā nà ge rén bié tí le
그 사람이요? 말도 마요.

❋ 他是个老油条。
Tā shì ge lǎo yóu tiáo
그 사람은 닳고닳은 사람이에요.

❋ 谁都猜不透他的心思。
Shéi dōu cāi bú tòu tā de xīn sī
아무도 그 사람 속을 알 수가 없어요.

❋ 他和大家处得很好。
Tā hé dà jiā chǔ de hěn hǎo
그는 사람들과 잘 지냅니다.

❋ 他很能干。
Tā hěn néng gàn
그 사람은 아주 능력 있어요.

* 他很懂事。
Tā hěn dǒng shì
그 사람은 분별력이 있어요.

* 他经常骗人。
Tā jīng cháng piàn rén
그 사람은 자주 사람을 속여요.

* 他目中无人。
Tā mù zhōng wú rén
그 사람은 안하무인이에요.

* 他太骄傲了。
Tā tài jiāo ào le
그 사람은 너무 거만해요.

* 他言行一致。
Tā yán xíng yí zhì
그 사람은 말과 행동이 일치해요.

* 他的责任心很强。
Tā de zé rèn xīn hěn qiáng
그 사람은 책임감이 강해요.

* 他做事不分轻重缓急。
Tā zuò shì bù fēn qīng zhòng huǎn jí
그 사람은 일의 경중을 잘 분별하지 못해요.

* 想起一件做一件。
Xiǎng qǐ yí jiàn zuò yí jiàn
생각나는 대로 행동에 옮기는 편입니다.

* 做事虎头蛇尾。
Zuò shì hū tóu shé wěi
일을 하는 데 있어 처음은 좋지만 끝이 좋지 않아요.

* 他非常守时。
Tā fēi cháng shǒu shí
그 사람은 시간을 아주 잘 지켜요.

* 他从来没有让我失望过。
Tā cóng lái méi yǒu ràng wǒ shī wàng guo
그 사람은 지금까지 나를 실망시킨 적이 없어요.

* 他自吹自擂。
Tā zì chuī zì léi
그 사람은 허풍을 잘 떨어요.

* 他自视过高。
Tā zì shì guò gāo
그 사람은 자신을 과대평가해요.

* 他做事不利落。
Tā zuò shì bú lì luo
그 사람은 일을 깔끔하게 처리하지 못해요.

* 年薪多少?
Nián xīn duō shao
연봉은 얼마인가요?

* 一个月工资是多少?
Yí gè yuè gōng zī shì duō shao
월급은 얼마입니까?

* 今天发工资。
Jīn tiān fā gōng zī
오늘은 월급날이에요.

* 收入怎么样?
Shōu rù zěn me yàng
수입은 어때요?

* 还可以, 生活没问题。
Hái kě yǐ shēng huó méi wèn tí
그런 대로 괜찮아요, 생활하는 데는 문제없어요.

* 薪水太低。
Xīn shuǐ tài dī
월급이 너무 적어요.

* 我的薪水很高。
Wǒ de xīn shuǐ hěn gāo
월급은 많아요.

＊交通费是实报实销的。
Jiāo tōng fèi shì shí bào shí xiāo de
교통비는 실비로 지급합니다.

＊加班就有加班费。
Jiā bān jiù yǒu jiā bān fèi
시간 외 근무는 잔업수당이 있습니다.

＊出差时有出差费。
Chū chāi shí yǒu chū chāi fèi
출장 시에는 출장수당이 있습니다.

＊欢迎您进我们公司。
Huān yíng nín jìn wǒ men gōng sī
우리 회사에 입사한 것을 환영합니다.

＊这么欢迎我，非常感谢!
Zhè me huān yíng wǒ　fēi cháng gǎn xiè
이렇게 환영해 주셔서 감사합니다!

＊我是新来的，叫张晓兰。
Wǒ shì xīn lái de　jiào Zhāng Xiǎo lán
저는 신입사원 장샤오란입니다.

＊我来这儿才一个星期。
Wǒ lái zhèr cái yí gè xīng qī
제가 여기 온 지 1주일 되었어요.

＊我到这儿来工作，真高兴。
Wǒ dào zhèr lái gōng zuò zhēn gāo xìng
여기서 일하게 되어 정말 기쁩니다.

＊请你们多多指教。
Qǐng nǐ men duō duō zhǐ jiào
여러분의 많은 지도 부탁드립니다.

＊欢迎你来我们部门。
Huān yíng nǐ lái wǒ men bù mén
우리 부서에 오신 것을 환영합니다.

A : 你是新来的?
Nǐ shì xīn lái de
새로 오신 분입니까?

B : 是的。我来这儿才两天。请您多指教。
Shì de　Wǒ lái zhèr　cái liǎng tiān　Qǐng nín duō zhǐ jiào
네, 온 지 이틀밖에 안 됐어요. 잘 부탁드립니다.

✽ 我们也很高兴跟你一起工作。
Wǒ men yě hěn gāo xìng gēn nǐ　yì　qǐ gōng zuò
우리도 당신과 함께 일하게 되어 기쁩니다.

✽ 祝贺你升职。
Zhù hè　nǐ shēng zhí
승진을 축하합니다.

휴가에 대해서

✽ 每星期休息两天。
Měi xīng qī　xiū xi liǎng tiān
매주 이틀간 쉽니다.

✽ 这次休几天假?
Zhè cì xiū jǐ tiān jià
이번 휴가는 며칠 쉽니까?

✽ 这次休假你打算怎么过?
Zhè cì xiū jià nǐ dǎ suan zěn me guò
이번 휴가를 어떻게 보내실 겁니까?

✽ 有暑假吗?
Yǒu shǔ jià ma
여름 휴가가 있습니까?

✽ 夏天有一个星期的休假。
Xià tiān yǒu yí gè xīng qī de xiū jiǎ
여름에는 1주일간 휴가가 있습니다.

사직과 퇴직에 대해서

✽ 你到底为什么辞职了?
Nǐ dào dǐ wèi shén me cí zhí le
도대체 왜 회사를 그만뒀어?

✽ 你们公司规定多大岁数退休?
Nǐ men gōng sī guī dìng duō dà suì shu tuì xiū
당신 회사는 정년이 몇 살입니까?

✽ 我决定不干了。
Wǒ jué dìng bú gàn le
그만두기로 결심했어요.

✽ 我不适合做这种工作。
Wǒ bú shì hé zuò zhè zhǒng gōng zuò
이 일에는 안 맞는 것 같아요.

✽ 对新的职业还满意吗?
Duì xīn de zhí yè hái mǎn yì ma
새 직업이 마음에 드세요?

✽ 什么时候退休?
Shén me shí hou tuì xiū
언제 퇴직하십니까?

✽ 我现在在家歇着呢。
Wǒ xiàn zài zài jiā xiē zhe ne
지금 집에서 쉬고 있어요.

✽ 他提交了辞职信。
Tā tí jiāo le cí zhí xìn
그가 사직서를 제출했어요.

✽ 辞职的理由是什么?
Cí zhí de lǐ yóu shì shén me
퇴사한 이유가 뭡니까?

A : 辞职的理由是什么?
Cí zhí de lǐ yóu shì shén me
사직한 이유가 뭡니까?

B : 他说他不适合做这种工作。
Tā shuō tā bú shì hé zuò zhè zhǒng gōng zuò
그 사람은 그 일이 안 맞다고 했어요.

✽ 我早就不想干了。
Wǒ zǎo jiù bù xiǎng gàn le
벌써부터 그만두려고 했습니다.

❋ **退休后想做点儿什么？**
Tuì xiū hòu xiǎng zuò diǎnr shén me
퇴직 후에는 무엇을 하실 겁니까?

❋ **不安心工作。**
Bù ān xīn gōng zuò
일에 전념하지 않아요.

❋ **工作很踏实。**
Gōng zuò hěn tā shi
성실하게 일하지 않아요.

❋ **干了不到一年就跳槽了。**
Gàn le bú dào yì nián jiù tiào cáo le
1년도 안 하고 직업을 바꿨어요.

❋ **这个工作没有什么发展空间。**
Zhè ge gōng zuò méi yǒu shén me fā zhǎn kōng jiān
이 일은 비전이 없어요.

❋ **在他下边干活很累。**
Zài tā xià biān gàn huó hěn lèi
그 사람 밑에서 일하는 건 피곤해요.

❋ **他嫉贤妒能。**
Tā jí xián dù néng
그 사람은 자기보다 잘난 사람을 질투해요.

❋ **公司的人才流失很严重。**
Gōng sī de rén cái liú shī hěn yán zhòng
회사의 인재 유실이 심각해요.

❋ **留不住人才。**
Liú bú zhù rén cái
인재를 붙들어 두지 못해요.

은행과 우체국

중국의 은행은 모두 국영입니다. 중국인은 물론 외국인도 은행에 계좌를 개설할 수 있으며 현금카드도 발급받을 수 있습니다. 요즘은 직접 은행에 가지 않고 폰뱅킹(电话银行 diànhuà yínháng)이나 인터넷뱅킹(网上银行 wǎngshàng yínháng)을 통해 예금조회나 이체 등의 업무를 처리할 수 있습니다. 또한 곳곳에 24시간 자동출금기(自动提款机 zìdòng tíkuǎnjī)가 설치되어 있어 편리하게 출금할 수 있습니다.

환전을 할 때

❋ 这儿能不能兑换?
　Zhèr néng bù néng duì huàn
여기서 환전할 수 있나요?

A : 这儿能不能兑换?
　　Zhèr néng bù néng duì huàn
여기서 환전할 수 있나요?

B : 能，你要换多少钱?
　　Néng nǐ yào huàn duō shao qián
할 수 있어요, 얼마나 환전할 건가요?

❋ 想把这韩币换成人民币。
　Xiǎng bǎ zhè hán bì huàn chéng rén mín bì
이 한국돈을 인민폐로 바꾸고 싶습니다.

❋ 您要换多少?
　Nín yào huàn duō shao
얼마나 바꾸시게요?

❋ 今天韩币和人民币的兑换率是多少?
　Jīn tiān hán bì hé rén mín bì de duì huàn lǜ shì duō shao
오늘 한국 원화 인민폐의 환율은 얼마예요?

❋ 一美元能兑换多少人民币?
　Yì měi yuán néng duì huàn duō shao rén mín bì
1달러를 환전하면 인민폐로 얼마예요?

* 兑换手续费是多少?
Duì huàn shǒu xù fèi shì duō shao
환전수수료는 얼마예요?

* 您用旅行支票换还是用现钞换?
Nín yòng lǚ xíng zhī piào huàn hái shi yòng xiàn chāo huàn
여행자 수표로 바꾸실 건가요, 아니면 현금으로 바꾸실 건가요?

* 能把这旅行支票换成现金吗?
Néng bǎ zhè lǚ xíng zhī piào huàn chéng xiàn jīn ma
이 여행자 수표를 현금으로 바꿀 수 있습니까?

* 我想开个帐户。
Wǒ xiǎng kāi ge zhàng hù
저는 계좌를 개설하고 싶어요.

A : 外国人也可以开帐户吗?
Wài guó rén yě kě yǐ kāi zhàng hù ma
외국인도 계좌를 개설할 수 있나요?

B : 当然可以。
Dāng rán kě yǐ
당연히 됩니다.

* 我要换零钱。
Wǒ yào huàn líng qián
잔돈으로 바꾸려고 하는데요.

* 没有零钱不方便。
Méi yǒu líng qián bù fāng biàn
잔돈이 없으니 불편하군요.

* 数一数。
Shǔ yi shǔ
세어 보세요.

* 这个好像是假币。
Zhè ge hǎo xiàng shì jiǎ bì
이건 위조지폐 같은데요.

* 手续费是多少?
  Shǒu xù fèi shì duō shao
  수수료는 얼마입니까?

* 我想开一个定期帐户。
  Wǒ xiǎng kāi yí gè dìng qī zhàng hù
  정기예금계좌를 개설하고 싶습니다.

* 我想取一万块钱。
  Wǒ xiǎng qǔ yí wàn kuài qián
  1만위엔 인출하고 싶습니다.

* 定期存款的利息是多少?
  Dìng qī cún kuǎn de lì xī shì duō shao
  정기예금 이율은 얼마입니까?

  * 存款 : 저금, 예금

* 当您取款时, 一定要出示存折。
  Dāng nín qǔ kuǎn shí   yí dìng yào chū shì cún zhé
  출금할 때는 반드시 통장을 지참해야 합니다.

* 使用网上结帐, 实在是太方便了。
  Shǐ yòng wǎng shàng jié zhàng shí zài shì tài fāng biàn le
  인터넷 뱅킹을 이용하니 너무 편리합니다.

A : 这附近有没有自动取款机或者银行?
  Zhè fù jìn yǒu méi yǒu zì dòng qǔ kuǎn jī huò zhě yín háng
  이 근처에 현금자동인출기나 은행이 있나요?

B : 一楼门口有自动取款机。
  Yì lóu mén kǒu yǒu zì dòng qǔ kuǎn jī
  1층 입구에 현금자동인출기가 있습니다.

* 我要往家里寄钱。
  Wǒ yào wǎng jiā li jì qián
  집에 송금하고 싶은데요.

* 最快的汇款方式是什么?
  Zuì kuài de huì kuǎn fāng shì shì shén me
  제일 빠른 송금 방법은 무엇인가요?

* 我去银行给分公司汇款。
Wǒ qù yín háng gěi fēn gōng sī huì kuǎn
난 지사로 송금하러 은행에 갑니다.

* 你给家里寄多少钱?
Nǐ gěi jiā li jì duō shao qián
넌 집에 송금을 얼마나 했니?

* 我要给家里的父母汇款。
Wǒ yào gěi jiā li de fù mǔ huì kuǎn
집의 부모님께 송금하려고 하는데요.

대출을 받을 때

* 我想贷款。
Wǒ xiǎng dài kuǎn
대출을 받고 싶습니다.

> A : 我想贷款。
> Wǒ xiǎng dài kuǎn
> 대출을 받고 싶습니다.
>
> B : 如果没有担保, 贷款是不可能的。
> Rú guǒ méi yǒu dān bǎo dài kuǎn shì bù kě néng de
> 담보가 없으면 대출이 불가능합니다.

* 你能当我的担保人吗?
Nǐ néng dāng wǒ de dān bǎo rén ma
저의 보증인이 되어 주실 수 있어요?

* 贷款的年利息是多少?
Dài kuǎn de nián lì xī shì duō shao
대출의 연이율은 얼마입니까?

우체국을 찾을 때

* 你写什么信?
Nǐ xiě shén me xìn
무슨 편지를 쓰고 있습니까?

* 我要去邮局寄信。
Wǒ yào qù yóu jú jì xìn
편지를 부치러 우체국에 갑니다.

✽ **信箱在哪儿?**
Xìn xiāng zài nǎr
우체통은 어디에 있습니까?

✽ **我要去邮信，想不想一起去?**
Wǒ yào qù yóu xìn xiǎng bù xiǎng yì qǐ qù
편지 부치러 가는데 같이 갈래?

✽ **邮票在哪儿买?**
Yóu piào zài nǎr mǎi
우표는 어디에서 삽니까?

✽ **我想买邮票。**
Wǒ xiǎng mǎi yóu piào
우표를 사고 싶은데요.

✽ **这封信要贴多少钱的邮票?**
Zhè fēng xìn yào tiē duō shao qián de yóu piào
이 편지에는 얼마짜리 우표를 붙여야 합니까?

✽ **请给我十张明信片。**
Qǐng gěi wǒ shí zhāng míng xìn piàn
엽서 10장 주세요.

✽ **这个服务台可以办理挂号信吗?**
Zhè ge fú wù tái kě yǐ bàn lǐ guà hào xìn ma
이 창구에서 등기우편을 취급합니까?

* 挂号 : 접수시키다, 등록하다 / 挂号信 : 등기우편

✽ **我不知道邮政编码，你能告诉我吗?**
Wǒ bù zhī dào yóu zhèng biān mǎ nǐ néng gào su wǒ ma
우편번호를 모르는데 좀 알려 주시겠어요?

A : **你要寄什么信?**
Nǐ yào jì shén me xìn
어떤 편지를 부치시게요?

B : **小姐，我要寄快件。**
Xiǎo jie wǒ yào jì kuài jiàn
아가씨, 빠른 우편으로 보내려고 하는데요.

＊ 您要寄航空信，还是平信?
Nín yào jì háng kōng xìn   hái shi píng xìn
항공우편으로 하실 거예요, 아니면 일반우편으로 하실 거
예요?

＊ 请用航空寄往韩国。
Qǐng yòng háng kōng jì wǎng Hán guó
한국까지 항공편으로 보내 주세요.

＊ 有没有特快专递?
Yǒu méi yǒu tè kuài zhuān dì
특급우편 있습니까?

＊ 寄挂号信要几天?
Jì guà hào xìn yào jǐ tiān
등기로 보내면 며칠 걸립니까?

＊ 我要寄包裹。
Wǒ yào jì bāo guǒ
소포를 부치고 싶은데요.

＊ 您先用纸盒包装好。
Nín xiān yòng zhǐ hé bāo zhuāng hǎo
먼저 박스로 포장해 주세요.

＊ 包装箱一个多少钱?
Bāo zhuāng xiāng yí gè duō shao qián
박스 하나에 얼마예요?

＊ 邮费是多少?
Yóu fèi shì duō shao
우편요금은 얼마입니까?

＊ 请用海运寄到韩国。
Qǐng yòng hǎi yùn jì dào Hán guó
한국까지 선편으로 보내 주세요.

＊ 邮费根据包裹的重量来定。
Yóu fèi gēn jù bāo guǒ de zhòng liàng lái dìng
요금은 소포의 무게에 따라 다릅니다.

✽ **我要取包裹。**
Wǒ yào qǔ bāo guǒ
소포를 찾으러 왔는데요.

A : **我要取包裹。**
Wǒ yào qǔ baō gǔo
소포를 찾으러 왔는데요.

B : **是你本人吗? 给我看一下你的身份证。**
Shì nǐ běn rén ma　Gěi wǒ kàn yí xià nǐ de shēn fèn zhèng
본인이십니까? 신분증을 보여 주세요.

✽ **用电汇，也很方便。**
Yòng diàn huì　yě hěn fāng biàn
전신환을 이용하니 매우 편리합니다.

✽ **我想打国际电报。**
Wǒ xiǎng dǎ guó jì diàn bào
국제전보를 치고 싶은데요.

이발과 미용

중국의 미용실은 우리와 마찬가지로 남녀 공용으로 보면 됩니다. 미용실은 거리곳곳에 상당히 많이 있지만 겉모습은 정말 허름해 보입니다. 저기가 뭐 하는 곳인가 살펴 보아야 미용실인지 알 수 있는 곳도 있습니다. 물론 북경 등 대도시에는 상당히 비싸고 좋은 미용실도 있지만 주택가의 미용실은 일반적으로 옛날 시골 이발소나 미용실 정도로 생각하시면 됩니다. 한국인이나 외국인은 현지 미용실에 가기가 조금 망설여지는 것도 사실입니다.

이발소에서

✴ 我要理发。
Wǒ yào lǐ fà
이발 좀 해 주세요.

✴ 理什么发型?
Lǐ shén me fà xíng
어떤 스타일을 원하세요?

✴ 给我剪成一般的发型。
Gěi wǒ jiǎn chéng yì bān de fà xíng
보통 헤어스타일로 잘라 주세요.

✴ 给我剪得稍微短一点儿。
Gěi wǒ jiǎn de shāo wēi duǎn yì diǎnr
약간 짧게 잘라 주세요.

✴ 别剪得太多。
Bié jiǎn de tài duō
너무 많이 자르지 마세요.

✴ 给我理成这个样子。
Gěi wǒ lǐ chéng zhè ge yàng zi
이런 스타일로 잘라 주세요.

✴ 刮脸吗?
Guā liǎn ma
면도를 하시겠습니까?

✽ 照原样理。
Zhào yuán yàng lǐ
늘 하던 대로요.

A : 你要理成什么样儿的?
Nǐ yào lǐ chéng shén me yàngr de
어떤 스타일로 잘라 드릴까요?

B : 照原样理吧。
Zhào yuán yàng lǐ ba
늘 하던 대로요.

✽ 请给我刮刮脸。
Qǐng gěi wǒ guā gua liǎn
면도를 해 주세요.

✽ 不用刮脸。
Bú yòng guā liǎn
면도는 하지 마세요.

✽ 请给我洗洗头。
Qǐng gěi wǒ xǐ xi tóu
머리를 감아 주세요.

✽ 请按摩一下。
Qǐng àn mó yí xià
안마를 해 주세요.

✽ 哟，您理发了!
Yō nín lǐ fà le
어, 이발하셨네요!

✽ 这样分缝行吗?
Zhè yàng fēn fèng xíng ma
어떻게 가르마를 타면 되겠습니까?

미용실에서

✽ 您要什么样的发型?
Nín yào shén me yàng de fà xíng
헤어스타일은 어떻게 할까요?

* 请剪得短一点。
  Qǐng jiǎn de duǎn yì diǎn
  좀 짧게 커트해 주세요.

* 我想约在明天。
  Wǒ xiǎng yuē zài míng tiān
  내일 예약하고 싶은데요.

* 今天上午可以吗?
  Jīn tiān shàng wǔ kě yǐ ma
  오늘 오전 괜찮습니까?

* 我只要洗头。
  Wǒ zhǐ yào xǐ tóu
  머리만 감겨 주세요.

* 请给我烫发。
  Qǐng gěi wǒ tàng fà
  파마해 주세요.

* 请烫得轻一点儿。
  Qǐng tàng de qīng yì diǎnr
  파마를 약하게 해주세요.

* 麻烦您卷得松一点。
  Má fan nín juǎn de sōng yì diǎn
  좀 자연스럽게 말아주세요.

* 我要做头发。
  Wǒ yào zuò tóu fa
  다듬어 주세요.

* 我要把头发染成黑色的。
  Wǒ yào bǎ tóu fa rǎn chéng hēi sè de
  검정색으로 염색해 주세요.

* 这脸型不适合卷发。
  Zhè liǎn xíng bú shì hé juǎn fa
  이 얼굴형에는 파마머리가 어울리지 않아요.

* 就要现在流行的发型。
  Jiù yào xiàn zài liú xíng de fà xíng
  지금 유행하는 스타일로 해 주세요.

중국의 길거리를 지나다 보면「干洗 gānxǐ」라고 써 있는 것을 볼 수 있는데 이는 「드라이 클리닝」을 말합니다. 실크(丝绸 sīchóu) 제품이나 다운(羽絨 yǔróng) 제품 등과 집에서 세탁하기 어려운 카펫 등은 반드시 전문 세탁소에 맡겨야 품질을 오래 유지할 수 있습니다. 그러나 일부 영세점의 경우는 기술상의 문제가 있을 수 있으므로 값비싼 의류나 아끼는 물건이라면 대형 세탁소에 맡기는 편이 좋습니다.

세탁을 맡길 때

✳ 请把这件衣服送到洗衣店。
Qǐng bǎ zhè jiàn yī fu sòng dào xǐ yī diàn
이 옷을 세탁소에 맡겨 주세요.

✳ 我想洗这外套。
Wǒ xiǎng xǐ zhè wài tào
이 코트를 세탁하려고 하는데요.

✳ 我想干洗衣服。
Wǒ xiǎng gān xǐ yī fu
드라이클리닝을 부탁합니다.

✳ 饭店内有洗衣店吗?
Fàn diàn nèi yǒu xǐ yī diàn ma
호텔 안에 세탁소가 있습니까?

✳ 干洗衣服需要几天?
Gān xǐ yī fu xū yào jǐ tiān
드라이클리닝을 하려면 며칠 걸립니까?

A : 干洗需要几天?
Gān xǐ xū yào jǐ tiān
드라이클리닝을 하려면 며칠 걸립니까?

B : 通常只需要十二个小时。
Tōng cháng zhǐ xū yào shí èr gè xiǎo shí
보통 12시간이면 되요.

❋ 请洗洗这西服。
Qǐng xǐ xi zhè xī fú
이 양복 세탁 좀 해 주세요.

❋ 能除掉这衬衫的污痕吗?
Néng chú diào zhè chèn shān de wū hén ma
이 셔츠에 있는 얼룩을 좀 제거해 주시겠어요?

❋ 这个油渍怎么洗也洗不掉。
Zhè ge yóu zì zěn me xǐ yě xǐ bú diào
이 기름때는 아무리 빨아도 지워지지 않아요.

❋ 这件衣服干洗后会褪色吗?
Zhè jiàn yī fu gān xǐ hòu huì tuì shǎi ma
이 옷은 드라이클리닝을 하면 색이 바랠까요?

> A : 洗完了会不会缩小?
> Xǐ wán le huì bú huì suō xiǎo
> 세탁 후에 옷이 줄어들까요?
>
> B : 说不定。
> Shuō bú dìng
> 확실하게 말하기 힘든데요.

❋ 请把这件衣服熨一下。
Qǐng bǎ zhè jiàn yī fu yùn yí xià
이 옷 다림질 좀 해 주십시오.

❋ 请把这件衬衫熨一下。
Qǐng bǎ zhè jiàn chèn shān yùn yí xià
이 셔츠 좀 다려 주세요.

❋ 不要熨出两条裤线。
Bú yào yùn chū liǎng tiáo kù xiàn
주름이 두 개 잡히지 않게 해주세요.

❋ 什么时候能完?
Shén me shí hou néng wán
언제 다 됩니까?

* 能改改这大衣吗?
  Néng gǎi gai zhè dà yī ma
  이 코트를 수선해 주시겠어요?

* 把下摆改短一些。
  Bǎ xià bǎi gǎi duǎn yì xiē
  옷 길이 좀 줄여 주세요.

* 洗衣费是多少?
  Xǐ yī fèi shì duō shao
  세탁비는 얼마예요?

병원 접수 및 진찰

중국 병원에서 진찰을 받으려면 우선 접수(挂号 guàhào)를 해야 합니다. 「挂号处」라고 쓰여진 창구에서 자신이 받고 싶은 진료과목 등을 말하면 됩니다. 특정 의사에게 진료받기를 원한다면 접수할 때 미리 말해야 합니다. 접수처에서 진료수첩(病曆本 bìnglìběn)을 팔기도 하는데, 중국에서는 의사가 진료한 내용과 처방을 진료수첩에 기록해줍니다. 이 수첩은 개인 병력이 기록되어 있기 때문에 다른 병원에 가서 진료를 받을 때도 유용합니다.

예약과 접수를 할 때

✳ 请叫大夫。
Qǐng jiào dài fu
의사를 불러 주세요.

✳ 这附近有没有医院?
Zhè fù jìn yǒu méi yǒu yī yuàn
이 근처에 병원이 있나요?

✳ 想让大夫看病。
Xiǎng ràng dài fu kàn bìng
의사에게 진찰을 받고 싶은데요.

✳ 挂哪科?
Guà nǎ kē
어느 과에 접수하실 건가요?

A : 挂哪科?
Guà nǎ kē
어느 과에 접수하실 건가요?

B : 我过敏了，是不是该挂皮肤科?
Wǒ guò mǐn le   shì bú shì gāi guà pí fū kē
알레르기가 있는데, 피부과에 접수해야 되나요?

✳ 能送我到医院吗?
Néng sòng wǒ dào yī yuàn ma
병원으로 데리고 가 주시겠어요?

❋ 想预约，看病。
Xiǎng yù yuē　kàn bìng
진료 예약을 하고 싶은데요.

❋ 在哪里挂号?
Zài nǎ li guà hào
어디서 접수를 합니까?

❋ 有没有懂韩语的医生?
Yǒu méi yǒu dǒng Hán yǔ de yī shēng
한국어를 아는 의사가 있나요?

❋ 您是来看什么病的?
Nín shì lái kàn shén me bìng de
어디가 아파서 왔습니까?

❋ 你哪儿不舒服?
Nǐ　nǎr　bù shū fu
어디가 불편하세요?

❋ 哪觉得不舒服?
Nǎr jué de　bù shū fu
어디가 불편하세요?

❋ 确诊了吗?
Què zhěn le ma
병명은 무엇입니까?

❋ 能告诉我有什么症状吗?
Néng gào su wǒ yǒu shén me zhèng zhuàng ma
증상을 좀 말씀해 주시겠어요?

❋ 这种症状出现多长时间了?
Zhè zhǒng zhèng zhuàng chū xiàn duō cháng shí jiān le
이런 증상이 나타난 지 얼마나 오래 됐나요?

❋ 还有别的症状吗?
Hái yǒu bié de zhèng zhuàng ma
또 다른 증상이 있어요?

✳ 从什么时候起发烧的?
Cóng shén me shí hou qǐ fā shāo de
언제부터 열이 나기 시작했어요?

✳ 是不是还带寒战症状?
Shì bú Shì hái dài hán zhàn zhèng zhuàng
오한증세도 있죠?

✳ 是不是疼得很难受?
Shì bú shì téng de hěn nán shòu
통증 때문에 괴롭죠?

✳ 先给你量一下体温吧。
Xiān gěi nǐ liáng yí xià tǐ wēn ba
먼저, 체온을 좀 재보죠.

✳ 量量血压。
Liáng liang xiè yā
혈압을 재겠습니다.

✳ 是吗? 要不要打针?
Shì ma   Yào bú yào dǎ zhēn
그래요? 주사를 맞아야 하나요?

A : 我得的是什么病?
Wǒ dé de shì shén me bìng
제 병명이 뭡니까?

B : 没什么，是劳累过度。回家休息休息就会
好的。
Méi shén me   shì láo lèi guò dù   Huí jiā xiū xi xiū xi jiù huì
hǎo de
별거 아니에요. 과로입니다. 집에 돌아가서 쉬시면 좋
아질 거예요.

✳ 回家休息休息吧。
Huí jiā xiū xi xiū xi ba
집에 돌아가서 쉬세요.

✳ 不要太逞强，得多休息几天。
Bú yào tài chěng qiáng děi duō xiū xi jǐ tiān
너무 무리하지 마시고 며칠 쉬셔야 합니다.

✽ **好，大后天再来吧。**
Hǎo dà hòu tiān zài lái ba
그럼, 글피에 다시 오세요.

✽ **我觉得头晕。**
Wǒ jué de tóu yūn
현기증이 납니다.

✽ **身体无力。**
Shēn tǐ wú lì
기운이 없어요.

✽ **没有食欲。**
Méi yǒu shí yù
식욕이 없습니다.

✽ **睡不着。**
Shuì bu zháo
잠이 오지 않습니다.

✽ **大夫，这几天我觉得有点儿不舒服。**
Dài fu   zhè jǐ tiān wǒ jué de yǒu diǎnr   bù shū fu
의사 선생님, 요 며칠 몸이 좀 불편해요.

✽ **头疼，还有点儿晕。**
Tóu téng   hái yǒu diǎnr yūn
머리가 아프고, 좀 어지러워요.

✽ **小孩的状态有点奇怪。**
Xiǎo hái de zhuàng tài yǒu diǎn qí guài
아이 상태가 좀 이상합니다.

✽ **大夫，是什么病?**
Dài fu   shì shén me bìng
의사 선생님, 무슨 병이죠?

✽ **要不要住医院?**
Yào bú yào zhù yī yuàn
병원에 입원해야 하나요?

＊**不用住医院。**
Bú yòng zhù yī yuàn
입원할 필요는 없어요.

＊**这儿疼。**
Zhèr téng
여기가 아파요.

＊**头疼得厉害。**
Tóu téng de lì hài
심한 두통이 있어요.

＊**肚子疼。**
Dù zi téng
배가 아파요.

＊**牙疼。**
Yá téng
이가 아파요.

＊**耳朵疼。**
Ěr duo téng
귀가 아파요.

＊**脖子僵硬。**
Bó zi jiāng yìng
목이 뻐근해요.

＊**腿肿了。**
Tuǐ zhǒng le
다리가 부었어요.

＊**怕光。**
Pà guāng
빛에 약해요.

＊**半边麻木。**
Bàn biān má mù
한쪽에 마비가 있어요.

✽ 耳鸣。
Ěr míng
귀에서 소리가 나요.

✽ 眼睛发干。
Yǎn jing fā gān
눈이 건조해요.

✽ 咽喉肿痛。
Yān hóu zhǒng tòng
목이 부어올라 아파요.

✽ 去医院检查了吗?
Qù yī yuàn jiǎn chá le ma
병원에 가서 검사해 봤어요?

> A : 去医院检查了吗?
> Qù yī yuàn jiǎn chá le ma
> 병원에 가서 검사해 봤어요?
>
> B : 去了。去过三家医院，但却没能确诊。
> Qù le　Qù guo sān jiā yī yuàn　dàn què méi néng què zhěn
> 가봤어요. 병원을 세 군데나 갔었는데 병명을 알 수 없었어요.
>
> A : 这可麻烦了。
> Zhè kě má fan le
> 큰일이군요.

✽ 今年你做过体检吗?
Jīn nián nǐ zuò guo tǐ jiǎn ma
금년에 건강검진을 받아본 적이 있습니까?

✽ 我建议你检查一下身体。
Wǒ jiàn yì nǐ jiǎn chá yí xià shēn tǐ
건강검진을 한번 받아보세요.

✽ 诊断结果怎么样?
Zhěn duàn jié guǒ zěn me yàng
진단 결과는 어떻습니까?

✽ 血液检查结果，是阴性。
Xiè yè jiǎn chá jié guǒ　shì yīn xìng
혈액검사 결과가 음성으로 나타났습니다.

✽ 听说你要动手术？
Tīng shuō nǐ yào dòng shǒu shù
수술을 받는다면서요?

✽ 他最近做手术了。
Tā zuì jìn zuò shǒu shù le
그는 최근에 수술을 받았습니다.

A : 听说你要动手术？
Tīng shuō nǐ yào dòng shǒu shù
수술할 거라고 들었어요.

B : 嗯。不是什么大病。慢性盲肠炎。
Ńg　Bú shì shén me dà bìng　Màn xìng máng cháng yán
네, 큰 병은 아닙니다. 만성맹장염이에요.

✽ 我的身体有什么问题吗？
Wǒ de shēn tǐ yǒu shén me wèn tí ma
제 건강에 무슨 문제가 있나요?

✽ 没什么问题。
Méi shén me wèn tí
아무 문제없어요.

입원과 퇴원에 대해서

✽ 他病了，昨晚住院了。
Tā bìng le　zuó wǎn zhù yuàn le
그 사람은 아파서 어제 저녁 병원에 입원했어.

✽ 他得住院治疗。
Tā děi zhù yuàn zhì liáo
그는 입원치료를 받아야 합니다.

✽ 他已经住院了。
Tā yǐ jīng zhù yuàn le
그는 이미 입원했습니다.

✲ 他可能得住院接受治疗。
　　Tā kě néng děi zhù yuàn jiē shòu zhì liáo
　그는 입원치료를 받아야 할 것 같습니다.

✲ 住院费什么时候交?
　　Zhù yuàn fèi shén me shí hou jiāo
　입원비는 언제 냅니까?

✲ 他住院了，你到医院看看他吧。
　　Tā zhù yuàn le　　nǐ dào yī yuàn kàn kan tā ba
　그가 입원했어요, 병문안 가보세요.

> A : 什么时候可以出院?
> 　　Shén me shí hou kě yǐ chū yuàn
> 　언제쯤 퇴원할 수 있을까요?
>
> B : 一周之内就可以出院了。
> 　　Yì zhōu zhī nèi jiù kě yǐ chū yuàn le
> 　일주일 내에 퇴원할 수 있습니다.

✲ 他已经出院了。
　　Tā yǐ jīng chū yuàn le
　그는 이미 퇴원했습니다.

✲ 出院后，得在家里休息一段时间。
　　Chū yuàn hòu děi zài jiā li xiū xi yí duàn shí jiān
　퇴원 후 집에서 한동안 쉬어야 합니다.

병문안

✲ 他的病好多了。
　　Tā de bìng hǎo duō le
　그 사람의 병은 많이 좋아졌어요.

✲ 听他说，你病了。
　　Tīng tā shuō　　nǐ bìng le
　그 사람이 아프다고 하던데.

✲ 比以前好了很多。
　　Bǐ yǐ qián hǎo le hěn duō
　전보다 많이 좋아졌어요.

✽ 看起来你心情不错。
Kàn qǐ lái nǐ xīn qíng bú cuò
기분이 좋아 보이네요.

> A : 你今天怎么样?
> Nǐ jīn tiān zěn me yàng
> 오늘은 어때요?
>
> B : 好多了。
> Hǎo duō le
> 훨씬 좋아졌어요.

✽ 不太舒服。
Bú tài shū fu
그다지 편안하지 않아.

✽ 吃药了吗?
Chī yào le ma
약은 먹었어?

✽ 你的病好了吗?
Nǐ de bìng hǎo le ma
너 병은 다 나았니?

✽ 医生说，再过几天你就会好了。
Yī shēng shuō zài guò jǐ tiān nǐ jiù huì hǎo le
의사가 며칠 더 지나면 당신이 좋아질 거라고 하더군요.

✽ 怎么讲身体都是最重要的。
Zěn me jiǎng shēn tǐ doū shì zuì zhòng yào de
뭐라고 해도 건강이 제일입니다.

✽ 你是怎么受伤的?
Nǐ shì zěn me shòu shāng de
어쩌다가 다치셨습니까?

✽ 真希望你早日出院。
Zhēn xī wàng nǐ zǎo rì chū yuàn
하루 빨리 퇴원하기를 바랍니다.

집을 떠나면 고생이라는 말이 있습니다. 생활습관이 변하고 음식이 맞지 않으며 게다가 기후에 적응하지 못하면 자칫 소화 장애를 일으키거나 감기에 걸리기 쉽습니다. 이럴 때는 빨리 병원으로 가야 합니다. 북경, 상해 등 대도시에는 외국인 전용의 외래창구를 설치하고 있는 병원이 있습니다. 이곳에는 물론 외국어가 가능한 의사도 있 으며, 최근에는 외국계 클리닉도 개설되어 있습니다. 또 한국 사람들이 한국촌을 이루고 사는 곳에는 한국인 의사가 문을 연 병원도 있습니다.

내과에서

❋ 咳嗽吗?
Ké sòu ma
기침을 하나요?

❋ 晚上咳嗽得厉害。
Wǎn shàng ké sòu dé lì hài
저녁에는 기침이 몹시 심해요.

A : 胃口怎么样?
Wèi kǒu zěn me yàng
식욕은 어때요?

B : 什么都不想吃。
Shén me dōu bù xiǎng chī
아무 것도 먹고 싶지 않아요.

❋ 因为疲劳，嘴唇都裂了。
Yīn wèi pí láo　zuǐ chún dōu liè le
피로 때문에 입술이 텄습니다.

❋ 有发烧，头痛，流鼻涕等症状。
Yǒu fā shāo　tóu tòng　liú bí tì děng zhèng zhuàng
발열, 두통, 콧물이 나는 증상이 있습니다.

❋ 我的腹部有刺痛的感觉。
Wǒ de　fù bù yǒu cì tòng de gǎn jué
배가 콕콕 쑤시는 것처럼 아파요.

❈ 感觉到了一阵剧烈的疼痛。
Gǎn jué dào le yí zhèn jù liè de téng tòng
한차례 심한 통증을 느꼈습니다.

❈ 他烧得厉害。
Tā shāo de lì hai
그가 열이 많이 납니다.

❈ 一闻到那种气味我就想吐。
Yì wén dào nà zhǒng qì wèi wǒ jiù xiǎng tù
저런 냄새만 맡으면 토할 것 같습니다.

❈ 不知怎么的头有点发昏。
Bù zhī zěn me de tóu yǒu diǎn fā hūn
무엇 때문인지 머리가 약간 어지럽습니다.

❈ 我有点头晕。
Wǒ yǒu diǎn tóu yūn
현기증이 좀 납니다.

❈ 太累了，搞得我发昏。
Tài lèi le gǎo de wǒ fā hūn
너무 피곤해서 현기증이 납니다.

이비인후과에서

❈ 听不见。
Tīng bú jiàn
안 들려요.

❈ 听不清楚。
Tīng bù qīng chu
잘 안 들려요.

❈ 听得清楚。
Tīng de qīng chu
잘 들려요.

❈ 耳朵嗡嗡的。
Ěr duo wēng wēng de
귀가 멍멍합니다.

❋ 耳朵里进了什么东西。
Ěr duo li jìn le shén me dōng xi
귀에 뭐가 들어갔습니다.

❋ 耳朵进水了。
Ěr duo jìn shuǐ le
귀에 물이 들어갔습니다.

❋ 耳朵好像堵住了。
Ěr duo hǎo xiàng dǔ zhù le
귀가 막힌 것 같아요.

❋ 耳朵里进了小虫子。
Ěr duo li jìn le xiǎo chóng zi
귀에 조그만 벌레가 들어갔습니다.

❋ 耳朵流脓了。
Ěr duo liú nóng le
귀에서 고름이 나옵니다.

❋ 小时候得过中耳炎。
Xiǎo shí hou dé guo zhōng ěr yán
어렸을 적에 중이염을 앓은 적이 있습니다.

A : 你以前得过什么病吗?
Nǐ yǐ qián dé guo shén me bìng ma
전에 무슨 병을 앓았어요?

B : 小时候得过中耳炎。
Xiǎo shí hou dé guo zhōng ěr yán
어렸을 적에 중이염을 앓은 적이 있습니다.

❋ 满耳朵都是耳屎。
Mǎn ěr duo dōu shì ěr shǐ
귀지가 가득 찼어요.

❋ 鼻塞了。
Bí sāi le
코가 막혔어요.

❋ 鼻子发痒，流鼻涕。
Bí zi fā yǎng liú bí tì
코가 간지럽고 콧물이 납니다.

✽ 擤鼻涕就出血。
Xǐng bí   tì jiù chū xuè
코를 풀면 피가 납니다.

✽ 擤鼻涕要轻点。
Xǐng bí   tì yào qīng diǎn
코를 살살 푸세요.

✽ 咳嗽，咽喉痛。
Ké sou   yān hóu tòng
기침이 나고 목이 아픕니다.

✽ 咽喉热辣辣的。
Yān hóu rè là   là de
목이 따끔거립니다.

✽ 喝水都很困难。
Hē shuǐ dōu hěn kùn nán
물 마시기 힘듭니다.

✽ 咽喉红肿。
Yān hóu hóng zhǒng
목이 부었습니다.

✽ 嗓子哑了。
Sǎng zi yǎ le
목이 쉬었습니다.

✽ 一咳嗽，就有好多痰。
Yī ké sou   jiù yǒu hǎo duō tán
기침하면 가래가 많이 나와요.

외과에서

✽ 我的腿受了伤，疼得厉害。
Wǒ de tuǐ shòu le shāng téng de lì hai
다리를 다쳐서 너무 아파요.

✽ 扭伤了膝关节。
Niǔ shāng le xī guān jié
무릎관절을 삐었습니다.

✽ 不小心扭伤了脚脖子。
Bù xiǎo xīn niǔ shāng le jiǎo bó zi
부주의해서 발목을 삐었습니다.

✽ 我的右腿骨折了。
Wǒ de yòu tuǐ gǔ zhé le
오른쪽 다리가 부러졌습니다.

✽ 踢球时被踢断了脚趾骨。
Tī qiú shí bèi tī duàn le jiǎo zhǐ gǔ
축구할 때 발가락이 채여 부러졌습니다.

✽ 被踢伤的腿肿得厉害。
Bèi tī shāng de tuǐ zhǒng de lì hai
타박상으로 다리가 많이 부었습니다.

✽ 不小心割破伤了手指。
Bù xiǎo xīn gē pò shāng le shǒu zhǐ
부주의하여 손가락이 베었습니다.

✽ 不小心碰伤了膝盖。
Bù xiǎo xīn pèng shāng le xī gài
부주의로 무릎을 다쳤습니다.

✽ 被蚊子叮得都肿了。
Bèi wén zi dīng de dōu zhǒng le
모기한테 물려서 부었습니다.

✽ 骨折了。
Gǔ zhé le
골절되었습니다.

✽ 我的手被火烫伤了。
Wǒ de shǒu bèi huǒ tàng shāng le
불에 손을 데었습니다.

✽ 有点过敏了似的。
Yǒu diǎn guò mǐn le shì de
알레르기가 좀 있는 것 같습니다.

✽ 脸上长什么东西了。
Liǎn shang zhǎng shén me dōng xi le
얼굴에 뭐가 났습니다.

✽ 有点擦伤。
Yǒu diǎn cā shāng
찰과상이 좀 있습니다.

＊ **我打翻了热水烫伤了手。**
Wǒ dǎ fān le rè shuǐ tàng shāng le shǒu
뜨거운 물을 엎질러서 손이 데었습니다.

＊ **我的腿有点儿刺痛。**
Wǒ de tuǐ yǒu diǎnr cì tòng
다리가 약간 쑤시듯이 아픕니다.

＊ **我因为腿麻走不动了。**
Wǒ yīn wèi tuǐ má zǒu bu dòng le
다리가 저려서 걷지 못하겠습니다.

＊ **因为病症两手发麻。**
Yīn wèi bìng zhèng liǎng shǒu fā má
병 때문에 두 손이 저립니다.

*因为 : ～때문에, 왜냐하면 ～이다

＊ **失去知觉了。**
Shī qù zhī jué le
의식을 잃었습니다.

＊ **是神经衰弱。**
Shì shén jīng shuāi ruò
신경쇠약입니다.

＊ **我有畏寒痉挛的症状。**
Wǒ yǒu wèi hán jìng luán de zhèng zhuàng
오한 경련이 있습니다.

＊ **我的手臂有时会失去知觉。**
Wǒ de shǒu bì yǒu shí huì shī qù zhī jué
가끔 팔에 감각이 없습니다.

＊ **脊椎下方部位发酸。**
Jǐ chuí xià fāng bù wèi fā suān
척추 아랫부분이 욱신거려요.

＊ **有时下半身会麻痹。**
Yǒu shí xià bàn shēn huì má bì
가끔 하반신이 마비되는 느낌이 들어요.

✻ **我无法熟睡。**
Wǒ wú fǎ shú shuì
잠을 깊이 못 잡니다.

✻ **夜晚无法入睡。**
Yè wǎn wú fǎ rù shuì
밤에 잠을 이룰 수가 없습니다.

✻ **每晚都做噩梦。**
Měi wǎn dōu zuò è mèng
매일 밤 악몽을 꿉니다.

✻ **什么都不想做。**
Shén me dōu bù xiǎng zuò
아무 것도 하기 싫어요.

✻ **总是很紧张。**
Zǒng shì hěn jǐn zhāng
항상 긴장합니다.

✻ **严重的妄想症困扰着我。**
Yán zhòng de wàng xiǎng zhèng kùn ráo zhe wǒ
심한 망상에 시달리고 있습니다.

✻ **我总是为了小事而烦恼。**
Wǒ zǒng shì wèi le xiǎo shì ér fán nǎo
사소한 일로 걱정을 합니다.

A : **我很容易发火，总为小事烦恼。**
Wǒ hěn róng yì fā huǒ zǒng wèi xiǎo shì fán nǎo
쉽게 화를 내고 언제나 작은 일 때문에 마음을 졸입니다.

B : **以前不这样?**
Yǐ qián bú zhè yàng
예전에는 안 그랬어요?

A : **是的。**
Shì de
네.

B : **你这是亚健康，需要休息了。**
Nǐ zhè shì yà jiàn kāng xū yào xiū xi le
건강상태가 조금 안 좋으니 쉬셔야 합니다.

✽ 我很容易发火。
Wǒ hěn róng yì fā huǒ
쉽게 화가 납니다.

✽ 我的耐性比以前差多了。
Wǒ de nài xìng bǐ yǐ qián chà duō le
참을성이 많이 부족해졌습니다.

✽ 她整天闷闷不乐的。
Tā zhěng tiān mēn mèn bú lè de
그녀는 항상 시무룩합니다.

✽ 我好害怕。
Wǒ hǎo hài pà
무서움을 느낍니다.

✽ 我总想待在家里。
Wǒ zǒng xiǎng dāi zài jiā li
그냥 집에만 있고 싶어요.

안과에서

✽ 看不见。
Kàn bú jiàn
안 보여요.

✽ 我看不清楚。
Wǒ kàn bù qīng chu
흐릿하게 보여요.

✽ 总是流眼泪。
Zǒng shì liú yǎn lèi
눈물이 납니다.

✽ 闭上眼睛就会疼。
Bì shàng yǎn jing jiù huì téng
눈을 감을 때 아픕니다.

✽ 眼睛疼。
Yǎn jing téng
눈이 아파요.

❋ 眼睛痒痒。
Yǎn jing yǎng yang
눈이 가렵습니다.

❋ 眼睛热辣辣的。
Yǎn jing rè là là de
눈이 따끔거립니다.

❋ 眼睛总是一眨一眨的。
Yǎn jing zǒng shì yì zhǎ yì zhǎ de
눈이 항상 깜박거려요.

❋ 你的视力是多少?
Nǐ de shì lì shì duō shao
시력이 얼마나 됩니까?

❋ 眼睛不好受。
Yǎn jing bù hǎo shòu
눈이 침침합니다.

❋ 我看到的东西都是歪歪扭扭的。
Wǒ kàn dào de dōng xi dōu shì wāi wāi niǔ niǔ de
사물이 일그러져 보입니다.

❋ 戴上眼镜就头疼。
Dài shàng yǎn jìng jiù tóu téng
안경을 쓰면 머리가 아픕니다.

A : 戴上眼镜就头疼。
Dài shàng yǎn jìng jiù tóu téng
안경을 쓰면 머리가 아파요.

B : 那一定是眼镜不合适。
Nà yí dìng shì yǎn jìng bù hé shì
분명히 안경이 잘 맞지 않아서 그럴 거예요.

❋ 眼睛发红了。
Yǎn jing fā hóng le
눈이 충혈 되었습니다.

❋ 视力很差。
Shì lì hěn chà
시력이 매우 안 좋습니다.

❈ 视力不好，所以戴眼镜。
Shì lì bù hǎo　suǒ yǐ dài yǎn jìng
시력이 안 좋아서 안경을 씁니다.

❈ 视力不太好。
Shì lì bú tài hǎo
시력이 별로 좋지 않습니다.

❈ 眼睫毛倒着长。
Yǎn jié máo dào zhe zhǎng
속눈썹이 반대로 자랍니다.

❈ 迎风流泪。
Yíng fēng liú lèi
바람을 쐬면 눈물이 납니다.

❈ 散光。
Sǎn guāng
난시입니다.

❈ 老花眼。
Lǎo huā yǎn
노안입니다.

치과에서

❈ 牙疼。
Yá téng
이가 아픕니다.

❈ 我有虫牙。
Wǒ yǒu chóng yá
충치가 있습니다.

❈ 我得补牙。
Wǒ děi bǔ yá
이를 때워야 합니다.

❈ 敲敲牙就会疼。
Qiāo qiao yá jiù huì téng
두드리면 이가 아픕니다.

❊ 牙龈出血了。
Yá yín chū xie le
잇몸에 피가 납니다.

❊ 牙龈疼。
Yá yín téng
잇몸이 아파요.

❊ 牙长歪了。
Yá zhǎng wāi le
이가 비뚤게 났어요.

❊ 牙齿断了。
Yá chǐ duàn le
이가 부러졌어요.

❊ 你也许要戴假牙。
Nǐ yě xǔ yào dài jiǎ yá
틀니가 필요할지도 모르겠습니다.

❊ 漱一下口，然后吐出来。
Shù yí xià kǒu rán hòu tǔ chū lái
양치하고 뱉으세요.

❊ 有很多牙垢。
Yǒu hěn duō yá gòu
치석이 많이 끼었습니다.

❊ 我的牙齿有点松动。
Wǒ de yá chǐ yǒu diǎn sōng dòng
이가 약간 흔들립니다.

❊ 因为虫牙疼得厉害。
Yīn wèi chóng yá téng de lì hai
충치 때문에 치통이 심해요.

❊ 吃凉的牙酸。
Chī liáng de yá suān
차가운 걸 먹으면 이가 시려요.

❊ 我要洗牙。
Wǒ yào xǐ yá
스케일링하려고 해요.

✽ 尿的颜色深。
Niào de yán sè shēn
소변 색깔이 진합니다.

✽ 想要小便就疼。
Xiǎng yào xiǎo biàn jiù téng
소변을 보려고 하면 아픕니다.

✽ 想尿可尿不出来。
Xiǎng niào kě niào bù chū lái
소변을 보려고 해도 잘 안됩니다.

✽ 尿频。
Niào pín
소변을 자주 보게 돼요.

✽ 便血。
Biàn xiě
대변을 볼 때 피가 섞여 나옵니다.

✽ 大便干燥。
Dà biàn gān zào
마른 대변을 봅니다.

✽ 便秘得厉害。
Biàn mì de lì hai
변비가 심합니다.

✽ 我好像有痔疮了。
Wǒ hǎo xiàng yǒu zhì chuāng le
치질에 걸린 것 같습니다.

✽ 他好像有性病。
Tā hǎo xiàng yǒu xìng bìng
그 사람은 성병이 있는 것 같아요.

✽ 皮肤干燥。
Pí fū gān zào
피부가 건조합니다.

✻ 背痒。
Bèi yǎng
등이 가렵습니다.

✻ 我对香水过敏。
Wǒ duì xiāng shuǐ guò mǐn
향수 알레르기가 있습니다.

✻ 皮肤龟裂了。
Pí fū guī liè le
피부가 텄습니다.

✻ 我脸上痘痘长得很厉害。
Wǒ liǎn shang dòu dòu chǎng dé hěn lì hai
여드름이 심각해요.

✻ 我皮肤很粗糙。
Wǒ pí fū hěn cū cāo
피부가 몹시 거칠어요.

✻ 我因化妆品得了皮疹。
Wǒ yīn huà zhuāng pǐn dé le pí zhěn
화장품 때문에 살갗에 발진이 생겼습니다.

✻ 我皮肤泛红，还有斑点。
Wǒ pí fū fàn hóng hái yǒu bān diǎn
피부가 불그스레하고 반점이 있어요.

✻ 我的右臂上起了水泡。
Wǒ de yòu bì shang qǐ le shuǐ pào
오른쪽 팔에 물집이 생겼어요.

산부인과에서

✻ 我跳过一次月经。
Wǒ tiào guo yí cì yuè jīng
생리가 한번 없었습니다.

✻ 我的月经总是迟一周。
Wǒ de yuè jīng zǒng shì chí yì zhōu
생리가 항상 1주 늦습니다.

✻ 分泌物多。
Fēn bì wù duō
분비물이 많습니다.

✳ 月经周期总是三十天。
Yuè jīng zhōu qī zǒng shì sān shí tiān
생리 주기는 항상 30일입니다.

A : 月经量怎么样?
Yuè jīng liàng zěn me yàng
생리량은 어때요?

B : 还好。好像比过去少了。
Hái hǎo　Hǎo xiàng bǐ guò qù shǎo le
그런 대로 괜찮아요. 예전보다 줄은 것 같아요.

✳ 出血量比平时多。
Chū xuè liàng bǐ píng shí duō
평상시보다 피가 많이 나와요.

✳ 我没性欲。
Wǒ méi xìng yù
성욕이 없습니다.

✳ 我一点性欲都没有。
Wǒ　yì diǎn xìng yù dōu méi yǒu
성욕이 조금도 없습니다.

✳ 会不会性冷淡啊?
Huì bú huì xìng lěng dàn a
불감증이 아닐까요?

✳ 阴部发炎了。
Yīn bù　fā yán le
음부에 염증이 생겼습니다.

✳ 阴部有肿块。
Yīn bù yǒu zhǒng kuài
음부에 종기가 있습니다.

✳ 做爱的时候就疼。
Zuò ài　de shí hòu jiù téng
성교를 할 때 아픕니다.

✽ 我好像怀孕了。
Wǒ hǎo xiàng huái yùn le
임신한 것 같습니다.

✽ 怀孕六周了。
Huái yùn liù zhōu le
임신 6주입니다.

✽ 我害口很厉害。
Wǒ hài kǒu hěn lì hai
입덧이 심합니다.

✽ 羊水破了。
Yáng shuǐ pò le
양수가 터졌어요.

✽ 每隔五分钟，我的阵痛就发作一次。
Měi gé wǔ fēn zhōng wǒ de zhèn tòng jiù fā zuò yí cì
5분마다 산통이 있어요.

✽ 孩子好像感冒了。
Hái zi hǎo xiàng gǎn mào le
아이가 감기에 걸린 것 같습니다.

✽ 孩子鼻塞了。
Hái zi bí sāi le
아이의 코가 막혔습니다.

✽ 孩子不吃饭。
Hái zi bù chī fàn
아이가 먹지를 않아요.

✽ 孩子扁桃腺发炎了。
Hái zi biǎn táo xiàn fā yán le
아이의 편도선이 부었습니다.

✽ 孩子不大会吮奶。
Hái zi bú dà huì shǔn nǎi
아이가 젖을 잘 못 빨아요.

✻ 孩子直哆嗦。
  Hái zi zhí duō suō
  아이가 온 몸을 떱니다.

✻ 孩子的耳朵发炎了。
  Hái zi de ěr duo fā yán le
  아이의 귀에 염증이 생겼습니다.

✻ 孩子总是流鼻血。
  Hái zi zǒng shì liú bí xuè
  아이가 코피를 자주 흘립니다.

✻ 孩子无缘无故地哭闹。
  Hái zi wú yuán wú gù de kū nào
  아이가 이유 없이 웁니다.

✻ 孩子食欲不好。
  Hái zi shí yù bù hǎo
  아이가 식욕이 별로 없습니다.

✻ 孩子好像很痒痒。
  Hái zi hǎo xiàng hěn yǎng yang
  아이가 몹시 가려운 것 같습니다.

✻ 孩子不会有事吧?
  Hái zi bú huì yǒu shì ba
  아이가 괜찮을까요?

✻ 请帮忙把住这孩子，可以吗?
  Qǐng bāng máng bǎ zhù zhè Hái zi kě yǐ ma
  아이를 잡아주시겠어요?

✻ 这孩子有尿布皮疹。
  Zhè hái zi yǒu niào bù pí zhěn
  이 아이는 기저귀 발진이 있습니다.

✻ 孩子总是全身发凉。
  Hái zi zǒng shì quán shēn fā liáng
  아이 몸이 항상 차가워요.

✻ 孩子的大便颜色不对。
  Hái zi de dà biàn yán sè bú duì
  아이의 변 색깔이 이상해요.

약국

일반 병원에서는 의사가 처방전(药方 yàofāng)을 지어주면 그것을 가지고 「汇价 huìjià(계산)」라고 쓰인 곳에 가서 치료비와 약값을 지불한 다음 약 타는 곳(取药 qǔyào)에서 약을 받으면 됩니다. 대부분의 병원은 「中药 zhōngyào(중의약)」, 「西药 xīyào(양약)」을 취급하는 곳이 구분되어 있습니다. 중국의 약국에서 파는 약들은 포장지가 대체로 조잡하지만 어떤 약은 한국약보다 뛰어난 효과를 지닌 것도 있습니다.

처방전을 보이며 약을 달라고 할 때

＊ **带来处方了吗?**
Dài lái chǔ fāng le ma
처방전을 가져 오셨나요?

＊ **没有处方不能买药。**
Méi yǒu chǔ fāng bù néng mǎi yào
처방전 없이는 약을 살 수가 없어요.

＊ **请开药。**
Qǐng kāi yào
약을 처방해 주십시오.

＊ **请按处方给我配药。**
Qǐng àn chǔ fāng gěi wǒ pèi yào
처방대로 약을 조제해주세요.

＊ **我给你开个药方吧。**
Wǒ gěi nǐ kāi ge yào fāng ba
처방전을 써드릴게요.

＊ **你在开处方的地方抓药吧。**
Nǐ zài kāi chǔ fāng de dì fang zhuā yào ba
처방전을 쓴 데서 약을 지으세요.

＊ **这是按照处方调配好的药。**
Zhè shì àn zhào chǔ fāng diáo pèi hǎo de yào
이것은 처방대로 조제한 약입니다.

✽ 这附近有药房吗?
Zhè fù jìn yǒu yào fáng ma
이 근처에 약국이 있습니까?

✽ 离这儿近的药房在哪儿?
Lí zhèr jìn de yào fáng zài nǎr
여기에서 가장 가까운 약국은 어디에 있습니까?

✽ 这药有效果。
Zhè yào yǒu xiào guǒ
이 약은 효과가 있습니다.

✽ 这药对治疗感冒疗效显著。
Zhè yào duì zhì liáo gǎn mào liáo xiào xiǎn zhù
이 약은 감기 치료에 아주 효과가 빠릅니다.

＊疗效 : 치료효과

✽ 这药对我来说没有效果。
Zhè yào duì wǒ lái shuō méi yǒu xiào guǒ
이 약은 나에게는 효과가 없습니다.

✽ 这药对治疗咳嗽有特殊效果。
Zhè yào duì zhì liáo ké sou yǒu tè shū xiào guǒ
이 약은 기침 치료에 특효가 있습니다.

✽ 对于治疗疾病有神奇的效果。
Duì yú zhì liáo jí bìng yǒu shén qí de xiào guǒ
질병 치료에 신기한 효과가 있습니다.

＊对於 : ～에 대하여

✽ 这药有效果吗?
Zhè yào yǒu xiào guǒ ma
이 약은 잘 듣습니까?

A : 药房卖中药吗?
Yào fáng mài zhōng yào ma
약국에서 한약도 팔아요?

B : 卖。你拿处方来就卖。
Mài　Nǐ ná chǔ fāng lái jiù mài
팝니다. 처방전을 가지고 가시면 팔 거예요.

✽ 一天吃几次药?
Yì tiān chī jǐ cì yào
약을 하루에 몇 번 먹죠?

> A : 这药什么时候吃啊?
> Zhè yào shén me shí hou chī a
> 이 약은 언제 먹습니까?
>
> B : 饭前三十分钟。
> Fàn qián sān shí fēn zhōng
> 밥 먹기 30분 전에 먹습니다.

✽ 你要按时吃药。
Nǐ yào àn shí chī yào
시간에 맞춰 약을 먹어야 해요.

✽ 一次要吃几片?
Yí cì yào chī jǐ piàn
한 번에 몇 알 먹습니까?

✽ 吃药了吗?
Chī yào le ma
약을 먹었니?

✽ 吃了药好点儿吗?
Chī le yào hǎo diǎnr ma
약을 먹으니까 좀 좋아졌니?

✽ 还是按大夫的处方开的药见效快。
Hái shi àn dà fu de chǔ fāng kāi de yào jiàn xiào kuài
역시 의사의 처방대로 지은 약을 먹는 것이 약효가 빨라요.

✽ 这药可以消除病痛。
Zhè yào kě yǐ xiāo chú bìng tòng
이 약으로 통증을 없앨 수 있습니다.

✽ 吃完药，睡一觉就会好的。
Chī wán yào shuì yí jiào jiù huì hǎo de
약을 먹고 한잠 자면 나을 거예요.

중국 명연설문 베스트 30

서지위, 장현애 저 | 170*220mm
332쪽 | 15,000원

일상 중국어회화 사전

이원준 저 | 116*170mm
511쪽 | 10,000원

자신만만 통 중국어

장지연, 서지위, 장현애 저
128*188mm | 388쪽 | 12,000원

自信滿滿 通 韩国语(자신만만 통 한국어)

서지위(徐志伟), 장현애(张贤爱), 장지연(张志连) 저
128*188mm | 320쪽 | 15,000원